[美] 迈克尔·莫
（Michael Moe） 著
郝杰 译

全球科技创新路线图

THE GLOBAL SILICON VALLEY HANDBOOK

中信出版集团 | 北京

图书在版编目（CIP）数据

全球科技创新路线图 / (美) 迈克尔·莫著 ; 郝杰译 . -- 北京 : 中信出版社 , 2020.6

书名原文 : The Global SILICON VALLEY Handbook

ISBN 978-7-5217-1380-0

Ⅰ . ①全… Ⅱ . ①迈… ②郝… Ⅲ . ①企业管理—美国—手册 Ⅳ . ① F279.712.3-62

中国版本图书馆 CIP 数据核字 (2020) 第 029621 号

全球科技创新路线图

著　　者：[美] 迈克尔·莫

译　　者：郝　杰

出版发行：中信出版集团股份有限公司

（北京市朝阳区惠新东街甲 4 号富盛大厦 2 座　邮编　100029）

承 印 者：北京诚信伟业印刷有限公司

开　　本：787mm × 1092mm　1/16　　印　　张：15.25　　字　　数：200 千字

版　　次：2020 年 6 月第 1 版　　印　　次：2020 年 6 月第 1 次印刷

广告经营许可证：京朝工商广字第 8087 号

京权图字：01-2019-4040

书　　号：ISBN 978-7-5217-1380-0

定　　价：69.00 元

服务热线：400-600-8099

投稿邮箱：author@citicpub.com

致所有企业家，对于他们来说，没有什么比拥有一个伟大的想法和有胆识去实现这个伟大想法更强大了。

致我的同事们，他们在硅谷坚持着自己的梦想，有了不可思议的成长。

致我的朋友和教练比尔·坎贝尔（Bill Campbell），感谢他对我无微不至的关怀和他做过的所有善事。

致我的家人，尤其是我的妻子邦妮（Bonnie）及我的女儿麦琪（Maggie）和卡罗琳（Caroline），她们每天都在启发和激励着我。

目录

第一部分　介绍

相关须知

第二部分　全球前50个创新中心

第一部分 1

介绍

关于手册

美国人的信仰是：每个人都享有生命权、自由权和创业的权利。但不知为何，传统思维给渴望成为企业家的人们开出了一张很长的任务清单：从哈佛辍学，去上书法课，创造新字体或个性空间字体，在车库里制造电脑……这不一定适合每一个人。事实上，我们坚信，成为一个成功的创业者可以从阅读这本书开始。

从西雅图到悉尼，从斯德哥尔摩到首尔，《全球科技创新路线图》致力于回答每一位创业新手可能遇到的所有问题，你会在这本书里领略到全球最核心的创业城市的魅力。这本书还会告诉你上海的哪家餐厅最靠近交易所，在见安德森·霍洛维茨（Andreessen Horowitz）时哪些话绝对不能说，色拉布（Snapchat）使用了哪个过滤器，有很多信息等着你来探索。

《全球科技创新路线图》致力于回答每一位创业新手可能遇到的所有问题，你会在这本书里领略到全球最核心的创业城市的魅力。

读完这本书，你日后无论是做融资推介还是做发行的工作，都能游刃有余。你会知道，哪个加速器值得信任，哪家咖啡厅可以促成生意，什么时候该拉上衣服的拉链，什么时候该掏出你的手机。

渐渐地，你将会一步步地筹集更多风险基金。你再也不用顾忌自己是从哪所大学毕业，父亲是谁，你在哪家公司实习过，什么时候开始编程的。其实，并不是所有企业家都是身家不菲、20 岁出头、支持老派自由主义的白人男性。他们多是简简单单的人，做的是发现问题，然后将问题解决——就和你一样。

用户指南

创业会非常有趣且振奋人心，但同时也很艰难。全球硅谷的目标是提取最有趣的鲜为人知的信息，来帮助你成就下一次伟大的创业。这本书会帮你从一个新人变成全球硅谷创业的“原住民”。

关键点

我们列出了创业的关键点，为什么呢？因为要成为一个成功的企业家，除了天赋之外，两个关键因素是吸引人才和聚集资金。与合适的优秀人才一起工作，会让你的想法顺利“启航”。当然，兴趣也是成功的一个重要因素。

风险投资

这一部分会展示来自互联网创业公司和风险投资数据库的数据，展示特定市场在吸引风险投资过程中的活力。资本会到处寻找好点子，这句话一点儿没错。如果你想钓鱼，你得去有鱼的地方。追踪和掌握风险投资的动向之后，你就能找到正确的“池塘”。

最佳天使投资人

天使投资人与创投公司不同，在开具支票之前，他们通常不会花太多时间和精力去做尽职调查。因此，你知道谁是你圈子里最合适的天使投资人，对于实现你的想法是非常重要的。然而，天使投资人也仅是你创业拼图中的一块，公司需要启动资金来实现早期发展。

顶级孵化器和加速器

孵化器和加速器取代了车库和你好朋友的空闲办公室，为创业公司的早期发展提供了很多支持。顶尖的孵化器和加速器不仅会提供办公空间，更重要的是会给企业提供发展建议、各种资源和资金的支持。

最好的酒吧、咖啡厅……

你以为只知道“关键点”就够了？面对现实吧，很多关系不是靠商业会议建立的，而是大家聚在一起，几杯啤酒下肚以后自然建立的。因此，我们罗列出了办公室以外的最佳谈生意场所。特别是风险投资人和天使投资人，他们和普通人没什么两样，几次装酷之后，就会变得亲切，也更有趣。

着装指南

就像在战斗中要穿盔甲上阵一样，成功的着装是商场的基本原则。什么样的着装才算恰如其分？这取决于具体的环境。全球硅谷的企业家着装有一套标准，酷酷的 T 恤衫加时髦的运动鞋，还得配上硬气的态度。

消息小灵通

我们从创建全球硅谷的当地人那里收获了很多建议和见解，而且永不过时。尽管伟大的想法不尽相同，但形成伟大想法的基本要素是不变的。接受这些建议，你就能像当地人一样轻松融入环境，在你的创业之旅中获得极致的体验。

HOTEL

致读者的信

首席执行官 迈克尔·莫

欢迎来到全球硅谷!

1849 年，全世界的淘金者来到加州，将一片自然美景变成人口稠密的“大炼金炉”。160 多年[1]过去了，黄金时代已经不复存在，但这片土地上的机会更多了！人们仍然涌向加州追求梦想，只不过如今的梦想变成与微芯片、应用程序和社交网络等有关，而其中最重要的是硅谷。

处于技术革命的风暴中心，硅谷是苹果（Apple）、谷歌（Google）、脸书（Facebook）等明星企业以及英特尔（Intel）和惠普（HP）等老牌巨头的家园，当然，也有成千上万默默无闻的小人物正在硅谷努力创业。但是，硅谷正在突破地域的限制，它的创新思维在迅速席卷全球，这也是我们全球硅谷奋斗的目标。

我们非常高兴与这些渴望改变世界的创新者聚在一起，将世界变得更美好，这是我们的愿景。

100 年前，硅谷满是杏树和苹果树，还有一所仅有 20 年历史被称为“农场”的大学。底特律是当时世界的创新之都，雄心勃勃的年轻人移居到这座汽车城来追求名望和财富。汽车技术曾是颠覆性技术，而亨利·福特（Henry Ford）就是“那个时代的史蒂夫·乔布斯（Steve Jobs）”。

先锋大厦的名字是用醒目的粗体字表示的，它是全球硅谷资产管理公司的所在地。作为伍德赛德公路西段到大山之间的第一个大楼，它体现了全球硅谷在调研、投资和与“明日之星”合作等方面的行业先锋精神。

---

① 本书数据截至2017年。

如今，底特律已经破产，全球崇尚创新的企业家涌入硅谷。斯坦福大学就像电视里学生创业真人秀中那样，成为追梦者的聚集地。

过去的 50 年，那些诞生于星巴克餐巾纸上的构想，在旧金山和圣何塞的车库里生根发芽，改变了社会环境和商业模式，令我们无比惊叹。

苹果、谷歌、脸书、甲骨文（Oracle）、思科（Cisco）、易趣（eBay）、财捷（Intuit）、英特尔、特斯拉（Tesla）、优步（Uber）、推特（Twitter）、来福车（Lyft）、课程时代（Coursera）、多宝箱（Dropbox）只是硅谷大家族中革命性企业的一部分。

在旧金山和圣何塞之间约 100 千米的地方，仍然是创新、勇气和创业家思维的中心，这让硅谷这个神奇的地方以病毒式的速度享誉全球。

从奥斯汀到波士顿，再到芝加哥和圣保罗，从上海到孟买，再到迪拜，硅谷掀起了一场风暴，正在席卷全球。而且，这场风暴也不一定和周围的一切合拍。

《全球科技创新路线图》的目的在于激发下一个乔布斯或埃隆·马斯克，去创造他们能预见的未来。

全球硅谷创造了一套体系，这套体系根据风险基金、创业、教育机构和商业环境等要素，筛选出了全球五十大市场。我们调研了每个市场，归纳了显著的特征，也咨询了当地的专家，了解了城市的特点。我们告诉企业家所有的必要信息，帮助他们成功地把自己的理念变成现实。谁是顶级的天使投资人？哪一个孵化器最好？哪些项目值得投资？哪些项目不应该投资？早餐会应定在哪里？怎么打扮才合适？更多的答案等着你来发掘。

《全球科技创新路线图》的目的在于激发下一个乔布斯或埃隆·马斯克（Elon Musk），去创造他们能预见的未来。我们相信，一个人的想象力能改变世界，无论什么想法和构思都可以被实现。

这就是为什么这本书可以被称为全球硅谷的官方指南。

别停，请继续读下去。

迈克尔·莫

你开始下一个创业计划之前，先回过头来看看数据。过去的15年，企业融资和公司上市的速度越来越快，它们的数量以惊人的速度增长。

2000年与2015年的风险投资活动和首次公开募股对比情况

指标	2000年	2015年
独角兽数量	1	133
纳斯达克 100指数的市盈率	105倍	22倍
首次公开募股数量	445	152
首次公开募股收益	1 080亿美元	250亿美元
首次公开募股的平均时间	3年	10年
首次公开募股发行规模中位数	8 400万美元	9 200万美元
首次公开募股首日涨幅/年收益的平均数	53%/－19%	16%/－0.4%
首次公开募股公司的盈利百分比	26%	30%
首次公开募股公司的年均收入	1 800万美元	3 900万美元
风险投资金额	1 050亿美元	590亿美元
后期风险投资金额	180亿美元	160亿美元

资料来源：美国风险投资协会、普华永道、威凯平和而德律师事务所、《财富》杂志

以下两种趋势使得大型私营公司的数量大幅度增加。

第一，有风险投资支持的私营公司维持私营状态的时间更长（2000年平均时间是3年，而2015年平均时间是10年）。第二，现在有超过30亿互联网用户，使用的智能手机达到26亿台，这使得企业家把一个构思以超乎寻常的速度转化为数十亿人使用的产品成为现实。

关键点

指导

下面的统计数据供我们参考，这些相关的数据能帮我们理解股市和私有市场的不同。

我们正在顺势而为，飞速改变着这个我们熟悉的世界。

2000年，仅有3.7亿人（大概占全世界人口的6%）在使用网络，当时还没有人听说过智能手机和宽带，手机应用程序也尚未出现。如今，“数字追踪”已经深入我们的生活，人们从苹果公司

和谷歌公司下载了 1 400 亿个应用程序。

此外，在 2000 年互联网泡沫期，10 家最大的互联网公司的估值已经超出了人们的想象。泡沫期和繁荣期的具体情况见下表。今天，公司主要根据当下的现金流来计算未来的现金流，即估值。苹果公司市值达到 6 400 亿美元，但只有 2 000 亿美元的销售额和 1 900 亿美元的现金。

关键点

风暴

一系列的推文，每篇通常五六行，被反复地发布在推特上。用户发起推特风暴是想要在推特上表达自己的想法，但不能超过 140 个字。

泡沫期和繁荣期的对比

指标	2000年	2015年
互联网普及率	6%(3.7亿)	43%(31亿)
宽带普及率	1%(6 000万)	32%(23亿)
电脑普及率	3%(1.8亿)	20%(14亿)
移动电话普及率	12%(7.4亿)	98%(70亿)
智能手机普及率	0	28%(26亿)
平板电脑普及率	0	7%(5亿)
手机应用下载量	0	2 260亿
运算成本（每人）	7.03美元	0.04美元
计算机储存成本（每人）	4.77美元	0.02美元
数字原生代员工占比	6%	35%
全球中产阶级人数	14亿	25亿

资料来源：高德纳公司、尼尔森公司、科尔尼管理顾问公司、电子营销者市场研究公司、凯鹏华盈和全球硅谷资产管理公司。

然而，见识过基准投资公司（Benchmark）的投资人比尔·柯尔利（Bill Gurley）的推特风暴后可知，私营公司的估值已经达到非常高的水平了。一方面，独角兽的估值加起来比脸书的市值还低，估值较低意味着投资人投的钱更少。另一方面，许多基本没有利润的独角兽拥有很高的估值，这意味着市场正在按照秩序进行调整。正如柯尔利所提出的，这意味着风投市场可能会从只注重未来发展向关注盈利方式转变。

贴士

如果有人直接向你提问，你就正面回答，告诉投资人，你会稍后回复他们，这是一种与投资人沟通的可靠方法，他们会在稍后联系你。

风险投资如何运作

风险投资人大部分上进心强、聪明且极富竞争力，他们不会没事找事。

一封以“尊敬的先生或女士”开头的商业计划电子邮件，很可能被投资人当作垃圾邮件一扫而过。一位顶尖的风险投资人每天会收到 500~1 000 封电子邮件，所以想要突破收件箱的界限，就不要和处理邮件的助理为敌，这个助理的工作就是负责删除电子邮件的。从特拉维斯（Travis）创立优步以后，你可能认为你也有最棒的想法，但是，如果投资人的人脉中没有一个让人信任的人热情介绍你，你的想法可能被埋没。

不要发送商业计划书。商业计划需要花太多时间去阅读，在没有被完全解读的情况下，投资人通常没法完全理解。

如果你想找到合适的关系网络，第一步可以试试领英（LinkedIn），它可以帮助你和你的目标风投机构建立沟通的渠道。遗憾的是，许多人并不是在领英上建立真正的联系，而是随便对陌生人发送邀请或接受陌生人的邀请。社团是进入这个圈子非常好的途径，去风险投资人的大学或高中读书也是非常有用的办法。投资人会对来自他们家乡或同一所母校的人很谦和（他们不喜欢被称为忘本的人）。

通过业务合作建立关系网络是获得与投资人会面机会的最好方法之一。如果投资人身边有人能证明你才华横溢，或者你的公司潜力无限，这实际上是在帮助投资人找下一个伟大的事业。

贴士

在硅谷，简历上写有失败的创业经历并非坏事（人们会觉得你从中学到了东西），但是如果你在一家僵化官僚的机构有过工作经历，则会使人避之不及。

你不要发送商业计划书。商业计划书需要花太多时间去阅读，在没有被完全解读的情况下，投资人通常没法完全理解。简短介绍你的想法会如何改变这个世界，才是引起他们注意的正确方法。

你可以采用 4P 方法描述你

排行榜

创业最好的地方是学校，即使你没有完成学业。以下是顶尖大学的创业情况。

2010—2015年风投机构支持的创业者数量最多的全球前十所大学

排名	学校	创始人数量	公司数量	融资金额
1	斯坦福大学	378	309	35亿美元
2	加州大学伯克利分校	336	284	24亿美元
3	麻省理工学院	300	250	24亿美元
4	印度理工学院	264	205	32亿美元
5	哈佛大学	253	229	32亿美元
6	宾夕法尼亚大学	244	221	22亿美元
7	康奈尔大学	212	190	20亿美元
8	密歇根大学	176	158	12亿美元
9	以色列特拉维夫大学	169	141	13亿美元
10	得克萨斯大学奥斯汀分校	150	137	13亿美元

的生意：什么人（people）、什么产品（product）、潜力（potential）如何和执行的预测性（predictability）如何。

你一旦获得了一次会面机会，项目推介就全靠你的精准和激情了，切勿描述得含糊不清，但你也不能像教授那样有学究气。没有风险投资人会想了解如何制造一个钟表——他们只想知道具体的时间。

首先，你如果不能给投资人一个宏伟愿景，很可能被踢出局。前面几分钟是向投资人保证和建立信任的阶段。你要知道向他们递来的 99.9% 的投资方案都被他们拒绝了，你需要给投资人留下一个印象：你的创意是革命性的，你就是下一个马克·贝尼奥夫（Marc Benioff）。

其次，你要做的就是解释你正在追寻什么样的机会，即将开发的市场规模会多大，盈利模式是什么，这将给世界带来什么样的大趋势。

再次，你需要解释你的竞争对手是谁，你将如何“称霸”世界，你的最佳市场营销方案是什么，你的方案将如何突破现状，你需要什么样的员工和合伙人来执行你的想法。

最后，你要介绍你的财务模式和主要绩效指标，以及如何进行价值驱动，如何集中精力实现目标，并列出确切的小目标，即如何一步步地沿着正确的方向占领这个领域。

完成陈述之后，你不要停下来感谢，而要确保你给他们留下的印象是你的日程很满，无论你有没有会议，你都要表现出你马上要赶去参加下一个会议。你越是表现得出现在当时当地是多么不容易，他们越想和你合作。投资人和其他人一样，他们最想要那些别人想要而无法拥有的东西。你越难让人接近，他们就越想要接近你。至此，约见的问题已经全部解决。

全球硅谷的 4P 方法

投资人也不是对所有他们找的“赚钱”项目都很熟悉。但是事实上，我们相信 99% 的投资人都被这 4 个典型特征所吸引——人才、产品、潜能和可预测性。

第一个字母“P”指的是人才，是投资各项要素中最重要的。创业公司可能没有很长的历史，但是公司里的人可以有丰富的经历。成功的创业者知道出路在何方，并且知道如何获得信任，将想法变成现实。

第二个字母“P”指的是产品，这是决定性因素。投资人希望自己支持的企业成为行业领导者。对于科技而言，特别是对于互联网而言，行业领导者通常能够获得绝对优势。

第三个字母“P”指的是潜力，这是投资人需要去预想的。他们相信羽翼未丰的企业将会成长为独角兽。在大趋势的推动下，星星之火也可以燎原。

第四个字母“P”指的是可预测性，这看起来像一个挑战，因为没什么比一个创业公司的不可预测性更难预测了。然而，创业公司的存亡取决于公司及创业者是否有信心，以及公司面对各种可能发生的情况的应对策略（这要依靠第一个“P”——人才）。

全球五十大创新中心名单

1. 硅谷
2. 纽约
3. 硅滩与洛杉矶
4. 伦敦
5. 波士顿与剑桥
6. 北京
7. 上海
8. 芝加哥
9. 柏林
10. 特拉维夫
11. 巴黎
12. 多伦多与滑铁卢
13. 奥斯汀
14. 班加罗尔
15. 圣保罗
16. 西雅图
17. 新加坡
18. 阿姆斯特丹
19. 丹佛与博尔德
20. 巴尔的摩—华盛顿哥伦比亚特区—弗吉尼亚州都会区
21. 迈阿密
22. 孟买
23. 亚特兰大
24. 首尔
25. 斯德哥尔摩
26. 新德里与古尔冈
27. 达拉斯与沃思堡
28. 都柏林
29. 迪拜
30. 匹兹堡
31. 明尼阿波利斯
32. 蒙特利尔
33. 费城
34. 温哥华
35. 盐湖城
36. 香港
37. 安娜堡与底特律
38. 东京
39. 马德里
40. 波特兰
41. 雅加达
42. 悉尼
43. 吉隆坡
44. 赫尔辛基
45. 纳什维尔
46. 哥本哈根
47. 汉堡
48. 莫斯科
49. 约翰内斯堡
50. 拉各斯

全球五十大创新中心选取因素

我们使用特定模式确定了全球硅谷的顶尖创新市场。

我们所关注的

- 资金逐年增长率
（2 年到 5 年）
- 年度同期交易率
（2 年到 5 年）
- 2015 年第四季度至 2016 年第三季度风险投资金额
- 2015 年第四季度至 2016 年第三季度交易数量
- 2015 年第四季度至 2016 年第三季度退出数量
- 年度同期退出增长率
（2 年到 5 年）
- 《财富》杂志上各地区全球 2 000 强的企业数量
- 脸书和谷歌在各地区的办公室数量
- 加速器数量
- 全球 500 强大学的数量
- 互联网平均下载速度
- 全球硅谷调查反馈

第二部分 2

全球前 50 个创新中心

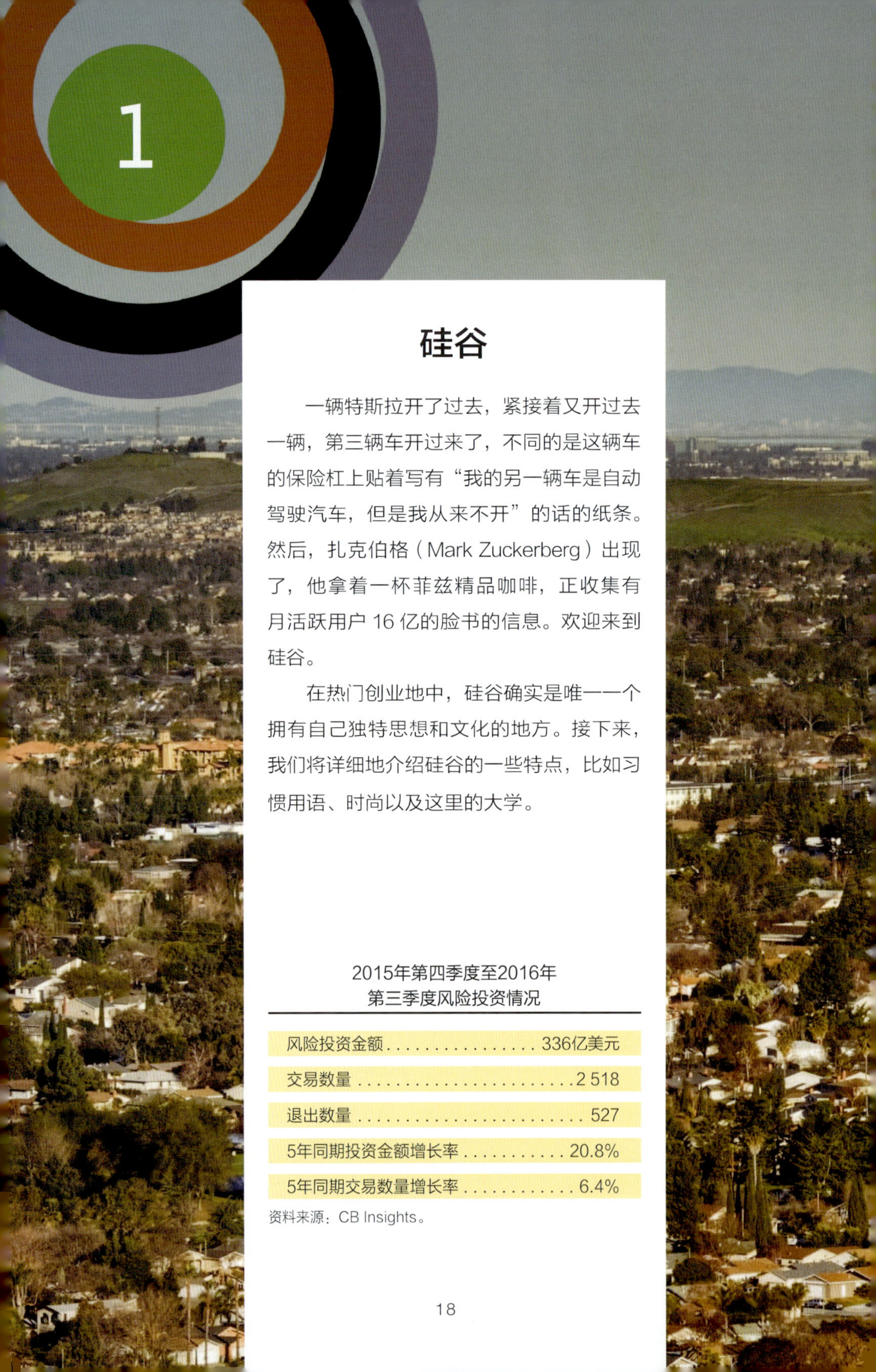

1

硅谷

一辆特斯拉开了过去，紧接着又开过去一辆，第三辆车开过来了，不同的是这辆车的保险杠上贴着写有“我的另一辆车是自动驾驶汽车，但是我从来不开”的话的纸条。然后，扎克伯格（Mark Zuckerberg）出现了，他拿着一杯菲兹精品咖啡，正收集有月活跃用户 16 亿的脸书的信息。欢迎来到硅谷。

在热门创业地中，硅谷确实是唯一一个拥有自己独特思想和文化的地方。接下来，我们将详细地介绍硅谷的一些特点，比如习惯用语、时尚以及这里的大学。

2015年第四季度至2016年
第三季度风险投资情况

风险投资金额	336亿美元
交易数量	2 518
退出数量	527
5年同期投资金额增长率	20.8%
5年同期交易数量增长率	6.4%

资料来源：CB Insights。

如何着装

创始人

（其实硅谷人都是创始人）

连帽衫

拉上拉链就能去开会，拉开就可以编程，通常比较宽松。

带公司标志的T恤衫

穿一件科技公司的T恤衫，无论你是不是这个公司的员工，即使是你从招聘会上得到的印着该公司标志的T恤衫也可以。

可穿戴式科技

色拉布眼镜、苹果手表这些装备都是必要的，有“钢铁侠的心脏”就更好了。

斜挎包

磨损的松垮单肩包，表明使用者丝毫不在意丢失，因为老板会替他换掉。

牛仔裤

要么稍微宽松一点儿，要么稍微紧身一点儿，就是不穿合身的牛仔裤。

运动鞋

越花哨越能表现出你缺乏运动。

银行投资人

勤奋工作使他们看起来像西岸酷派爵士，不过他们可以再加把劲。

苹果手表

崇拜硅谷之王的信号。

发型

用发胶定型，在咖啡厅里聊几个小时，发型也能依然不乱。他们管那群创业的书呆子叫“公子哥儿”。

眼镜

不带度数的瓦尔比派克眼镜能够突出时尚和智慧。

微笑

在镜子前练习自信的微笑，对自己说“我比弗兰克·奎特隆会更自信”，练习10次再开始新的一天。

套装

纽约的老板们一定会让员工穿西装，不过穿成这样一定会被硅谷的老板们炒鱿鱼。

苏博士袜子

穿着苏博士袜子度过华尔街的培训时光。

公文包

创业者通常在里面塞满了实体比特币，以替代现金。

工程师

看起来像流浪汉，但是与大联盟球员工会的人有相同的经纪人。

外表

长期不变的样子看起来像是被施了永久僵化的魔咒。

发型

这样的发型，会让自己觉得有在水上行走的能力。

连帽衫

不拉拉链以显示个性。

五颜六色的表带

似乎在对当权派说“来咬我啊”。

姓名吊牌

这表明，一方面他属于某个群体，另一方面他已经完全融入自己的小空间，他为此感到自豪。

牛仔裤

牛仔裤标志着他是创意阶层的一员。

网球鞋

时髦的网球鞋，不管为什么穿，反正不是用来运动的。

律师

用10分钟时间看了两本书，便可以在股市里获得投资类似脸书股票的机会。

表情

万年冰霜的表情，看起来就像恨不得“把你的心脏掏出来爆炒了”。

西装

蓝色西装里藏着一套刀具，随身备着用来清理鱼骨头。

饮食

在乡村酒吧拥有自己的桌子，要求餐具放在桌边。

裙装

穿短裙可以引人注意，先露膝盖，再露大腿。

高跟鞋

细高跟通常可以用来对付劲敌，也可以对付企图赖掉一小时1 000美元费用的客户。

如何像硅谷原住民一样说话

人才收购　收购一家公司的目的是“收购”它的员工而不是它的产品，就好像和一个人约会，只是因为对方的眉毛和最爱的超模一模一样。

天使投资人　富有的人。他们的孩子通常已经上大学，他们手里有很多闲钱，而且对玩游戏机很狂热。

大数据　只有帕兰特科技公司（Palantir）能预测到，在美国谢尔学院大楼地下室里的学生，是不会去上大学的。

白手起家　如果一名企业家用自己的钱去创办一家公司，最常见的理由是他离婚了。

风险投资人

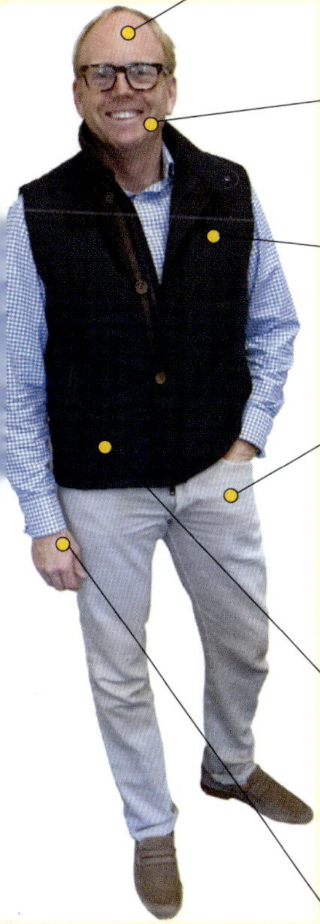

财富

在花梨轩酒店徘徊时额头上的皱纹成 W2 的形状。

微笑

使用佳洁士洁白牙膏，每天露齿微笑两次。

背心

背心是抵抗硅谷早晨寒冷的最好衣服，穿着它看起来像一个普通人。

裤子

万年不变的卡其裤、山羊皮休闲鞋，尽管威尔斯克·巴适福德（Wilkes Bashford）的外套需要 1 500 美元。

体型

雇私人主厨和每天两次的私人教练训练使身体零脂肪，美国食品及药物管理局第一批无脂肪药品的试验激进分子。

褐色

只有在拉帕谷上了很长时间的高尔夫课程才可能晒出的一种褐色。

硅谷穿鞋指南

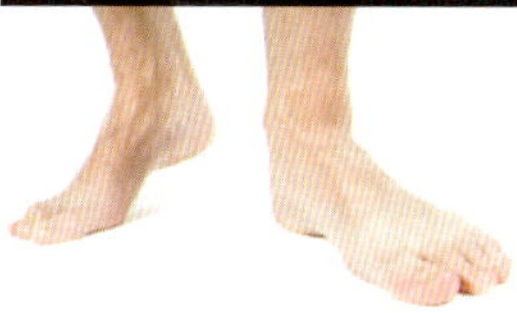

光脚

要么是修道士，要么是想要成为乔布斯的人。

凉鞋

向风险投资人推介项目的时候，表现出自信和冷静（也可能是无知）。

袜子可穿可不穿，但是不推荐穿。男士们可以去修修脚，这不是淑女的专享。

乐福鞋

乐福鞋是风险投资人对鞋子的最常见选择，由小山羊皮、小牛皮和意大利纱线制成。

网眼鞋

经常在早上 6 点左右看到一些人穿着它们在循环踏车课程上开始运动了。

胶底运动鞋

被工程师穿久了，旧了也就合脚了。

这些鞋子以前从没在健身房里出现过。

自带设备　携带自己的办公设备，可以经常在办公的同时观看勇士队的比赛直播，不用担心公司电脑中留下浏览的历史记录、工作没效率或者干私活会被发现等问题。

融资敲定　签署所有的法律文件，敲定投资。

平衡生活与工作　这个神秘的概念一直被当作传说，数百万个 20 至 30 岁的硅谷毕业生也把它当作一个神话。

MVP　最小可行性产品，是指一个产品只要有足够的功能将它的潜力展现给早期使用者即可，他们能提供促进产品改进的反馈。

必须参加的当地活动

二月 由科技博客网站举办的Crunchies颁奖典礼

这一奖项堪称科技界和硅谷的奥斯卡，Crunchies 奖被颁发给顶级的风险投资家、企业家、天使投资人、企业创新者及来自不同行业的其他人。这个活动会颁发许多奖项，就像青少年足球比赛一样，人人都有奖。这个奖项像是硅谷人自己在自己的背上拍一下，安慰地说声“干得好”。当然，有明星在场当主持人时，现场会更加热闹。

五月 越湾马拉松长跑嘉年华

把万圣节、马拉松和一群喝酒的疯狂未成年人结合在一起，会是什么样？欢迎来参加越湾马拉松长跑嘉年华——这是一年一度的环旧金山的长跑比赛。带上你的运动装备，带上红牛，你在这次一万两千米的赛跑旅程中，喝的酒会比水还多。

六月 苹果全球开发者大会

这场大会会让你意识到自己的苹果手机已经过时，所有酷小子都买了新的苹果手机，你也不得不换新的。苹果全球开发者大会以引领硅谷时尚而著名，套头衫加牛仔裤已经无法引领硅谷时尚了。

六月 “逃出恶魔岛”铁人三项赛

如果你还不了解这个，试着搜索一下“逃出恶魔岛”铁人三项赛的资料，包含 2.4 千米游泳赛、29 千米自行车赛和 13 千米赛跑。“逃出恶魔岛”铁人三项赛让人望而生畏，大部分人宁可试试真实的越狱。

排行榜

天使投资人

克里斯・萨加（Chris Sacca）
丹・罗森维格（Dan Rosensweig）
戴维・麦克卢尔（Dave McClure)
戴维・波特拉克 (Dave Pottruck)
大卫・萨克斯 (David Sacks)
哈里斯・巴顿 (Harris Barton)
劳伦娜・鲍威尔・乔布斯(Laurene Powell Jobs)
马克・贝尼奥夫
玛丽莎・梅耶尔 (Marissa Mayer)
马克・扎克伯格
迈克・马普勒斯 (Mike Maples)
米切尔・卡普尔 (Mitch Kapor)
尼克什・阿罗拉 (Nikesh Arora)
罗恩・康韦 (Ron Conway)
龙尼・洛特 (Ronnie Lott)
萨姆・奥特曼 (Sam Altman)

风险投资普通合伙人

艾莉・李 (Aileen Lee)
本・霍洛维茨 (Ben Horowitz)
比尔・柯尔利 、米奇・拉斯基（Mitch Lasky）、基准兄弟（Benchmark Boys)
布莱恩・斯瑞尔 (Bryan Schreier)
大卫・斯泽 (David Sze）
弗雷德・哈曼（Fred Harman）
伊拉埃伦・普赖斯（Ira Ehrenpreis）
杰・赫格（Jay Hoag）
吉姆・布雷尔（Jim Breyer）
乔・朗斯代尔
乔恩・卡拉汉（Jon Callaghan）
约翰・杜尔（John Doerr）
马克・安德森（Marc Andreessen）
迈克尔・艾伯特（Michael Abbott）
迈克尔・莫里茨（Michael Moritz）
彼得・贝尔（Peter Bell）
彼得・蒂尔（Peter Thiel）
李平（Ping Li）
桑迪米勒、陶德・查菲、IVP 团队

八月　Outside Lands音乐艺术节

这是湾区最流行的音乐节，连续几年都吸引了音乐界的大牌明星。这个音乐节一定要带朋友去，不过得跟紧他们。科切拉艺术节是“书呆子”才去的。

十月　蓝天使飞行表演

在哥伦布节的周末，美国海军飞行员会在旧金山舰队周会上进行精彩绝伦的表演。在这里，你会获得人脉。

十月　赛富时年度大会Dreamforce

Dreamforce 是世界上最大的技术会议之一，每年吸引超过 17 万人参加。会议规模很大，使旧金山的部分地区在会议期间完全封锁。虽然有些人是真的去了解如何创新的，但是也有一大群人仅仅是去看马克 · 贝尼奥夫穿什么鞋子。

九月　全球硅谷先锋峰会

这是在 ABC 电视台真人秀《创智赢家》（*Shark Tank*）栏目中出现的一些投资项目：一个能够散发出熏肉味道唤醒你的闹钟，一种闻上去像屁一样臭的蜡烛，一瓶“美洲狮风格”的功能饮料。这些烂点子有时候会让人忘记在这个世界上，有许多有才气的创新者为了一些有意义的事情正在日夜不停地工作。这个峰会会帮助你记住他们，记住这群顶尖创新者正在解决极富挑战的问题。我们称他们为全球硅谷先锋创新者。

（Sandy Miller, Todd Chaffee + the IVP Team）
斯科特 · 桑德尔（Scott Sandell）
蒂姆 · 哈利（Tim Haley）
维诺德 · 科斯拉（Vinod Khosla）

2015 年第四季度至 2016 年第三季度顶级融资情况
优步——35 亿美元
爱彼迎（Airbnb）——10 亿美元
来福车——10 亿美元
帕兰特科技公司——8.8 亿美元
桑格威迪公司（Sungevity）——6.5 亿美元

律师
鲍勃 · 甘德森（Bob Gunderson）
戈迪 · 戴维森（Gordy Davidson）
肯 · 根西（Ken Guernsey）
拉里 · 松西尼（Larry Sonsini）
特洛伊 · 福斯特（Troy Foster）

银行家
弗兰克 · 奎特隆
乔治 · 李（George Lee）
迈克尔 · 格里姆斯（Michael Grimes）
汤姆 · 魏塞尔（Thom Weisel）

最常被提到的名人
比尔 · 坎贝尔
马克 · 安德森
彼得 · 蒂尔

本地大佬
比尔 · 坎贝尔
比尔 · 休利特 (Bill Hewlett)
戴维 · 帕卡德 (Dave Packard)
埃隆 · 马斯克
戈登 · 摩尔（Gordon Moore）
马克 · 安德森
马克 · 贝尼奥夫
马克 · 扎克伯格
史蒂夫 · 乔布斯

玩转斯坦福大学

没有斯坦福，就没有硅谷，没有硅谷，也就没有斯坦福。

必做的事

✔ **去听讲座** 如果你从来没有上过大学，那现在你可以试一试真实世界的大学课堂，斯坦福的讲座是值得去听的。从研究生院的战略管理到本科的计算机科学，你可以登录斯坦福大学官方网站，按照学科选择课程听一听。最令人心动的是，你不需要支付6万美元的学费。

✔ **加入俱乐部** 在同一个俱乐部里见到7 000个优秀的本科生，那是何等壮观？如果有7 000个不同的俱乐部呢？无论你想在斯坦福实现什么，斯坦福都有相关的俱乐部。斯坦福的企业家俱乐部有：BASES俱乐部、SENSA俱乐部和ASES俱乐部。

✔ **获得正确的投资意向** 无论你想在班级中招聘员工还是想找一个潜在的合作伙伴，斯坦福的学生绝对对创业充满热情。当你和他们聊的时候，记得激发他们的创造力，肯定他们创新的价值和他们“我是上帝赐给地球的礼物”的情结。

不能做的事

✘ **在硅谷沙丘路上挨家挨户走访** 你的想法可能很好，但是风险投资人可不希望在自己家门口看到你。如果你找不到一个对你的想法感兴趣的风险投资人，去上《创智赢家》栏目吧。

✘ **试图在网上认识名人的孩子** 如果你想在微软（Microsoft）找一个实习机会，同一轮又一轮磨人的技术面试相比，和比尔·盖茨（Bill Gates）的女儿做朋友看起来似乎更容易。然而，你很快会发现，这些人几乎都不会给自己的孩子职位，更不用说你了。

✘ **请求下载** 比让斯坦福学生搬到东海岸更难的事情是让他们下载你的应用软件。即使这个应用软件有未知的词汇，但真的值得他们花10秒钟下载，占用7兆的空间吗？

投资推介会上应避免的用语

目标是启动一件事，而不是一开始就栽跟头。

“我们总可以招聘人来负责这个事情。”

说这样的话就像深深凝视维诺德 · 科斯拉的眼睛，坦白地告诉他，你要花他的钱，而不是为他赚一分钱。

“我们像 ________ 领域的优步。”

遗憾的是，已经有一个优步了，还提供了所有的服务。它的名字就叫优步。

“这就像脸书吃了兴奋剂一样。”

好像你要在社交网络推销祛除青春痘的用品、治疗不孕不育的药品、防止男性秃顶的药品似的。

“我们没有竞争对手。”

要么是你在妄想，要么是你入错了行。

“我们不怕被颠覆。”

你对你的想法失去了信心，你的合作伙伴对你的想法失去了信心，现在我们也对你失去了信心。

“获取用户是我们目前的重中之重。”

这句话会让人想起创业者挨家挨户去敲门，恳求所有人去使用他 / 她的产品的景象，理由是他 / 她需要养家糊口。

“这是神圣的象征。”

你的公司不值 100 万美元，更不用说永久存在了。

“最坏的情况是，我们公司会被谷歌以 1 亿美元收购。”

最坏的情况是，你的公司现在的承诺永远不会实现，而且公司会败得很惨，通常友好的投资人会把你介绍给一家硅谷公司，你会在那里度过余生。

“非常有卖点是产品的附加功能，不是产品本身。”

但是，如果产品很差，为什么我们要使用产品的附加功能呢?

老帕洛阿尔托酒吧

帕洛阿尔托酒吧是帕洛阿尔托的标志性场所，也是全球硅谷的最爱，来这里的硅谷人和机器牛吸引了不少湾区的人。如果你喜欢看球、喝啤酒、猜这里任何一桌人的净值，这个酒吧绝对是你想要的。

商务社交的注意事项

在硅谷，你的关系网就是你的净资产。新来的？想引起轰动？认真听取以下建议，你会超过扎克伯格，尽管扎克伯格比你多拥有16亿的网友。

不可以做的事情

- ✘ 口袋里装着食物——如果你不想被看成拥挤集市里的流浪汉，那就别让你的裤兜看起来鼓鼓的。
- ✘ 通过领英的消息寻求投资意向——相比之下，你通过信鸽获得风投的成功率更高。
- ✘ 在色拉布上跟踪某人——这个行为令人毛骨悚然。
- ✘ 谈论政治或宗教信仰——除非你要谈奥巴马（Barack Obama），或者说某个品牌的手机是多么差劲。
- ✘ 主动发送你的商业计划书——要让别人求着你拿出商业计划书才发送。
- ✘ 把撒旦威士忌扔回吧台——你会毁掉整个派对。

可以做的事情

- ✔ 少说，多微笑——就像阿伦·伯尔（Aaron Burr）说的那样：“不要让他们知道你在反对什么或你想得到什么。”
- ✔ 使用漱口水和口香糖——没人喜欢你讲话的时候，嘴巴还有早餐吃的洋葱百吉饼的味道。
- ✔ 记住人名——他们最喜欢的就是你叫对了他们的名字。
- ✔ 交换手机输入对方信息，而不是交换名片——现在没有年轻人交换名片。
- ✔ 尝试一下撒旦威士忌——你将成为这个派对的核心人物。

贴士

没人会真的在意你在哪所大学上学或你的父母是谁，但你从6年级就开始做生意，或者你是怎么样从大学辍学的，会让你获得更多赞许。

硅谷一瞥

在这些地方可以找到硅谷原住民。

早餐会最佳地点

伍德赛德巴克餐厅
门洛公园安妮咖啡吧
门洛公园斯塔克斯餐厅
帕洛阿尔托第二面包店
门洛公园马德拉餐厅

上流社会俱乐部

阿塞顿门洛马戏俱乐部
旧金山奥林匹克俱乐部
旧金山高尔夫俱乐部
门洛公园沙伦岭乡村高尔夫俱乐部
旧金山巴特瑞俱乐部

线下约会最佳地点

旧金山 DNA 俱乐部
帕洛阿尔托俱乐部
门洛公园花梨轩

这个漂亮的花梨轩酒店有可口的饭菜、饮品和周到的服务，在 Yelp（美国最大的点评网站）上享有四星级的评价，不好玩都难。

这里著名的“美洲狮之夜”并不适合每一个人。如果你是 35 岁左右刚离婚的妇女、50 多岁有些“变态”的大叔，或者还不到 25 岁的“技术宅”，只要跳上一段中学舞蹈，就可以真正融入“美洲狮之夜”。“美洲狮们”总是做好了觅食的准备，但是在成为他们的猎物之前，你应该认真思考一下他们内心真正想要的是什么。

贴士

越快说出你的故事，别人对你的兴趣就越大。在你简短的发言中，需要解释你的产品有多么独特，发展会有多快，可以做到什么程度。

最佳比萨店

帕洛阿尔托的德尔菲纳比萨店
门洛公园埃米西餐厅

最佳庆祝晚宴的餐厅和酒馆

伍德赛德餐厅
老帕洛阿尔托酒吧
帕洛阿尔托依瓦餐厅
红木城尚帝伊餐厅
红木城约翰宾利餐厅
旧金山可利卡 · 艾斯塔多利餐厅
旧金山林荫大道餐厅

最适合写商业计划的咖啡馆

帕洛阿尔托蓝瓶咖啡馆
帕洛阿尔托库帕咖啡馆
旧金山玻璃观察咖啡馆
帕洛阿尔托菲兹咖啡馆

菲兹咖啡馆是一个专为年轻人、崭露头角的学生、企业家和咖啡专家提供外卖的咖啡馆。招牌饮品是薄荷莫吉托（Mint Mojito）。你在家也可能会做这种咖啡，但是只有在菲兹咖啡馆的气氛里，才能喝出这种主打饮品的细腻。

硅谷停车库

特斯拉 S 型

- 硅谷的汽车标杆，首席执行官们开的车，通常停在特斯拉首席财务官的车旁边。
- 既有兰博基尼的制造工艺和价格，又安静得像一只雪貂。

丰田普锐斯

- 职工用车。
- 停车方便、平价、实用、小空间、功能齐全。
- 大众喜欢、随处可见。

宝马 M3 系

- 即使开车的是某一位环保人士或者流浪汉避难所的志愿者，行人还是会认为他是一个爱炫耀的财迷。
- 富二代的高端车型。

摩托车

- 便宜、危险、令人生畏，是所有妈妈黑名单上的头号交通工具。
- 大多数开摩托车的都是《混乱之子》(*Sons of Anarchy*)的会员，要么是在网飞（Netflix）上爱看这部剧的人。

菲亚特

- 通常买这种车的人都认为这种车型很可爱。
- 停在豪车旁边都会有自卑感的车型。

本田奥德赛

- 足球爱好者父母最爱的车型。
- 拥有超强的超车能力。

路虎揽胜

- 富有的年轻妈妈最爱的车。
- 通常是非常有钱、非常时髦的妈妈驾驶。
- 司机绝对是赶潮流的年轻妈妈。

兰博基尼

- 通常是中年危机男购买，后面还跟着一个 20 来岁的金发女郎。
- 通常开在左车道，车速马上就要超过限速。

马车

- 谷歌的阿米什工程师的首选。
- 也是时髦人士的专车。

如果你有以下的任何一条，你就不算是一个创业者。

- 问“哪个史蒂夫”或者“哪个埃隆”。
- 银行放假的时候正是你办公的时间。
- 你超车拿到罚单，却忘了向警察宣传你的初创公司。
- 你没有周日，因为这是你一周工作时间的开始。
- 雇用一个顾问，看看你的计划是否可行。
- 做生意的目的是把你的公司卖掉。
- 尽管你喜欢看巨人队打棒球，但是对如何做一个好玩的棒球游戏 App，你一个创新的想法都没有。
- 为了让公司正常运转，竟然没有刷爆两张以上的信用卡。
- 朋友们没有这么夸过你：“你是个现实主义者”或者“你的工作做得真棒”。
- 你的另一半让你选“你是要我还是要你的生意”，你居然不知道该这么说：“我爱你，但是我会想你的。”

湾区英语和标准美式英语

作者是路易斯·温斯坦（Louis Weinstein），由蒂莫西·麦克斯威尼出版。

湾区人会这么问：“你叫什么来着？”
实际意思是：“你在什么公司工作？”

湾区人会问：“你住在这个街区吗？”
实际意思是：“你负担得起旧金山的生活吗？”

湾区人会说：“我知道我们的新手机优化程序可以改变互联网。”
实际意思是：“我的公司正准备上市，正在积极地寻找天使投资人。”

湾区人会问：“你的脸书账号是什么？”
实际意思是：“我想在互联网上挖掘那些根据社交礼仪不适合直接问的相关信息。”“我想跟踪你。”

湾区人会说：“我要喝你们这儿最贵的酒。”
实际意思是：“在陷入痛苦之前，我要玩个够，是的，我 22 岁了。”

湾区人会说：“多谢你的意向，但是我们决定提拔米切了。”
实际意思是：“在这个城市里身为女性，只能祝你好运了。拜托，请不要有情绪。”

湾区人会说：“我们一起吃午餐吧。”
实际意思是：“我看中了你的才华，希望能一起开发你的才能。”

湾区人会问：“你现在在哪里？”
实际意思是：“我们之间的关系完全是基于我们之前一起工作的经验和社会认可的关系，请通过你目前的雇主来定位一下你自己。我们可以讨论一下，看看我们是否互相认可，要是我觉得聘用你对我来说非常有价值，我会邀请你一起吃午餐。”

湾区人会说：“诺布山丘的考狮地区的工作室，2 400 美元一个月。”
实际意思是：“田德隆区那边的那间储藏室曾经是可怕的实验室，你将有两个室友，没有厨房。实际上，它位于顶楼，价格是 3 845 美元一个月。”

空中鸟瞰阿瑟顿

这片邮政编码为94027的区域被《福布斯》（*Forbes*）冠以“全美最昂贵的邮编号码地段”，这里住着硅谷大佬（以及他们的前妻）。许多亿万富翁的豪宅坐落在这个约13平方千米的地方，他们常常在门洛马戏俱乐部出现，他们的孩子在圣心幼儿园读精英班，欢迎来到阿瑟顿。

1. 保罗·艾伦（Paul Allen，微软联合创始人）

他在2013年购买了2 000多平方米的房产，房子有8个卧室、9个卫生间、7个壁炉……壁炉一星期正好一天换一个。

2. 埃里克·施密特（Eric Schmidt，Alphabet总裁）

他住的房子大约460平方米。感谢谷歌让我们看不到别人的隐私，善有善报，恶有恶报。

3. 雪莉·桑德伯格（Sheryl Sandberg，脸书首席运营官）

雪莉是这套有7个卧室、8.5个卫生间，共占地约1 000平方米房子的前房主，该房子2014年以925万美元出售。

4. 拉里·埃里森（Larry Ellison，甲骨文总裁）

这是埃里森30多套房子中的一套，2015年以2 500万美元售出，现在迷恋日本文化的埃里森可以全天住在自己斥巨资建造的日本花园式宫殿里。

5. 吉利安·曼奴斯（Jillian Manus，硅谷风险投资人和慈善家）

旧金山湾区半岛上最好的派对都是他开的。

6. 马克·安德森（a16z创始人）、比尔·柯尔利（基准公司的普通合伙人）

他俩是现实版的宋飞和纽曼，他们住的地方中间就隔着一座高尔夫球场。

7. 门洛马戏俱乐部

这里没有小丑，也没有高空秋千，但是周日的马球会引来一大批美女，这里还有纳帕酒庄的极品白葡萄酒。

8. 查尔斯·施瓦布（Charles Schwab，嘉信理财公司创始人）

这个线上经纪人住在阿瑟顿的埃尔卡米诺大街的另一头，不确定他到底是住在房子里还是森林里。

9. 梅格·惠特曼（Meg Whitman，惠普首席执行官）

她一开始是把车库里卖的东西放到网上卖，后来公司越做越大，她也变成了公司的高管。

伟大的转型

我们都记得扎克伯格从脸部混搭（Facemash）转做脸书，但是你可能不知道，这里许多名声赫赫的公司最初都默默无闻。你可以猜猜以下公司最初的点子是什么。

转型之后		原始想法
1. 推特　简单的交流平台	□	A. 电子邮件推荐引擎
2. 优兔（YouTube）视频和音乐平台	□	B. “辣妹和帅哥”的交友平台
3. Slack　商务沟通工具	□	C. 电饭煲
4. Instagram　照片分享平台	□	D. 橡胶靴制造厂
5. 诺基亚（Nokia）　移动电子设备	□	E. 家具零售店
6. 索尼（Sony）　消费型电子产品	□	F. 赌博网站
7. 高朋网（Groupon）　优惠券服务集团	□	G. 消费者打赏平台
8. EMC　企业数据存储	□	H. 位置打卡服务
9. Yelp　美国最大的点评网站	□	I. 个人博客分享平台

1.I, 2.B, 3.F, 4.H, 5.D, 6.C, 7.G, 8.E, 9.A

荣誉奖

隔壁镇伍德赛德本身也是一个庞然大物，这里有拉里·埃里森的价值超过 2 亿美元的日式豪宅，这座 2004 年建造的豪宅拥有 10 多幢楼、一个人工湖、一间茶室，还有锦鲤池塘等。

硅谷最厉害的孵化器掌门人萨姆·奥特曼和谷歌教给我们的

我们喜欢这位硅谷联创公司（Y Combinator）的总裁，以及他创立的一系列创业者必看的节目，但是听一大堆讲座也并不一定有效。怎么办？答案是在看《如何开始创业》（*How to Start a Startup*）节目的同时，看家庭影院频道的热播剧《硅谷》（*Silicon Valley*），这部剧很欢乐、老套，也富有教育意义。

奥特曼	《硅谷》	你将学到
讲座一 如何创业 [萨姆·奥特曼、达斯汀·莫斯科维茨（Dustin Moskovitz）]	第一季第一集：最小可行性产品 第一季第八集：最佳贴士选择	· 想法和产品是截然不同的两码事。 · 做一个企业创始人会经历难以想象的艰难，你还会失去好几年可自由支配的时间。 · 让你创业的唯一原因是你别无选择。
讲座二 团队及执行 （萨姆·奥特曼）	第一季第二集：股权结构表 第一季第六集：第三方内包	· 招聘是最后的办法，这个手段昂贵，也有风险。 · 招聘的时候，绝对要招聘最棒的人——平庸的人会扼杀公司。 · 对于不工作的员工，无论多么痛苦，都需要尽快开除。
讲座三 创业之前 [保罗·格雷厄姆（Paul Graham）]	第二季第三集：无利可图的钱 第三季第五集：服务器空间	· 创业会消耗你的生命。 · 创业会充满未知，会有很多不可预估的问题，也会有很多方案解决未知的问题并展现自己的才能。 · 有一技之长会很有用，但并不是必需的。
讲座四 制造产品，与客户交谈，和客户一起成长 [阿朵拉·张（Adora Cheung）]	第二季第六集：杀人犯 第二季第八集：白帽子 / 黑帽子	· 与用户和消费者沟通对产品开发非常重要。 · 保密是愚蠢的，不应该妄想别人会偷窃你的想法。 · 转型是一种艺术，但并非总是必要的。
讲座五 只有失败者才需要竞争 （彼得·蒂尔）	第一季第四集：信托责任 第二季第一集：沙丘洗牌	· 公司的目标是形成垄断。 · 模仿他人以及将竞争视作一项检验并不会让你名满天下。 · 竞争使你更优秀，但是不要盲目，永远不要停止解决更大的问题。

1.5

旧金山

这里租金昂贵，是时髦人士、嬉皮士、中产阶级及更高阶层人士的聚集地。旧金山像是硅谷版的韦斯·安德森（Wes Anderson）—— 一位可爱的老大哥，更喜欢在 Yelp 上写下好评或者差评，而不是与人发生现实冲突。

尽管不能将其视为自己启动创业的生态系统，但是只有在旧金山，科技实习生才能在家长毫不知情的情况下举办夏季聚会。也只有在旧金山，你早上 11 点手里拿着星巴克咖啡走进办公室，别人会奇怪地看你一眼。（对街有菲兹咖啡、蓝瓶咖啡，还有玻璃观察咖啡，你居然选择星巴克？）

而旧金山的人才多得令人不可思议：这里遍布独角兽、超级独角兽，还有多得数不过来的生意。旧金山的本地特色和独特魅力吸引着全世界精英中的精英。与其说旧金山是一个太年轻或者不成熟的城市，不如说这里是一个规则很少、创业成功概率很大的年轻人聚集地。旧金山不仅是企业家的诞生地，还是成就企业家的地方。

2015年第四季度至2016年第三季度风险投资情况

风险投资金额	182亿美元
交易数量	1 179
退出数量	220
5年同期投资金额增长率	24.6%
5年同期交易数量增长率	7.6%

资料来源：CB Insights。

拉帕谷
70 千米
1
6
2
5
3
4
7
8
9
10
13
15
14
11
16
19
17
12
18
20
21
22
24
25
26
蒙特利
100 千米

1 赛富时
2 优步
3 多宝箱
4 爱彼迎
5 来福车
6 加州大学旧金山分校
7 基因泰克公司
8 吉利德
9 甲骨文
10 全球硅谷实验室（GSVlabs）
11 全球硅谷
12 沙丘风投
凯鹏华盈的安德森·霍洛维茨，IVP 的红杉，凯鹏华盈的格雷洛克
13 脸书
14 帕兰特科技公司
15 阿克赛尔合伙公司
16 斯坦福
17 特斯拉
18 威睿虚拟系统（VmWare）
19 惠普
20 财捷
21 谷歌
22 赛门铁克
23 雅虎
24 联创公司
25 课程时代
26 苹果公司
27 应用材料公司
28 英特尔
29 英伟达
30 多比公司
31 易趣
32 思科
33 闪迪
34 联强国际
米提
240 千米
34
33
32
28
31
27
29
30

交通问题

旧金山的公共交通系统不尽如人意。

旧金山市政交通

Muni 是旧金山最主要的交通运营系统，主要用于短途出行，该系统主要由火车、巴士和地铁组成。

Muni 巴士

在你准备搭乘 44 条巴士线路之前，确保你口袋里有几元零钱，这样你就可以横穿旧金山，还能在每个站点停靠。

Muni 地铁

对于预算有限的企业家来说，这是一个很好的选择。但是到达时间不可预计，就像在麦当劳店，你无法预测麦香鸡三明治里到底夹着什么肉一样。

有轨车

有轨车价格更贵，乘坐有轨车更像是乘坐观光车。但是，这段美好的旅程会让你记得，在科技、摩天大楼以及产品优化之外，还有美好的生活。

优步 / 来福车 / 利用风险投资人的钱运营的出行公司

乘这些公司的交通工具通常比乘出租车便宜。

出租车

没有便宜的出租车。

公寓和意大利的城堡一样贵

公寓平均租金……3 803 美元 / 月

中等公寓售价……1 130 000 美元

一个卧室的中等公寓售价……………………797 000 美元

然而，请看以下价格。

带瞭望塔和游泳池的意大利风格的马尔什的城堡………897 000 美元

威斯康星精灵岛（约 4 000 平方米）……560 000 美元

如何成为一名低调的巨人队球迷

1 了解花名册

不能只知道花名册，要定期测试每一个自称是“巨人队球迷”的人，某位球星穿几号球衣、昵称是什么，等等。“伙计，知道麦迪逊 · 邦格纳的昵称是什么吗？”“他的昵称是‘麦邦’，你们这帮装腔作势的伪球迷连这个都不知道，只能说明你们不懂球赛精神。”

2 喝得酩酊大醉，大喊大叫

可以对球赛现场、裁判员、你的座位或者其他任何事情大喊大叫。

毫无疑问，没有什么比喝得酩酊大醉并且在三振出局时从座位上蹦起来大喊大叫更能释放自己的激情了。

3 编造故事

你需要一个故事来成为巨人队的球迷，可能是你的狗在看巨人队的比赛时激动身亡，可能是你爸爸的大学室友的妹妹的丈夫的姑姥姥来自旧金山。无论怎么样，绝对不能让支付高额机票的铁杆粉丝知道真实的理由：你需要给自己找一个精神支柱。

全球硅谷实验室

1970年，施乐公司在帕洛阿尔托建立了施乐帕克研究中心，创立了“未来办公室”。这个办公室还配备了一个世界级的信息技术和物理学的专家小组。施乐帕克研究中心是一个创新孵化器——这里诞生了个人电脑的最初设计（这个设计启发史蒂夫·乔布斯创造了麦金塔电脑）、第一个图形用户界面，甚至电脑鼠标。在此基础上，硅谷 1.0 出现了。

从历史观点上说，硅谷的悍将苹果、惠普，还有谷歌都开始于车库。它们的创始人用回收的金属和借来的物品，从昏暗的车库开始，最终建造出了他们价值数十亿美元的公司。

快进至今时今日，1/3 得到 A 轮融资的创业公司都在孵化器里待过。这是为什么呢？一个合情合理的解释是：如果你想得到一份工作，就自己创造一份工作，然后找到一个孵化器并加速创业的进程。这类组织提供企业家需要的信息和培训、行业洞察、资源关系，在某种情况下还会带来资金，帮他们把想法变成现实。想崭露头角的大学生无须再去车库创业，而是可以和志趣相投的人一起干一些大事，从而改变世界。

全球硅谷实验室成立于 2012 年，是硅谷为全球创新成立的一个平台公司。

该平台为创业公司加速，并将企业与指数技术、商业模式、企业家联系起来。我们相信这将是下一代的施乐帕克研究中心。硅谷 3.0 欢迎你！

让世界连接硅谷，让硅谷连接世界

全球硅谷实验室的核心是一个改变游戏规则的企业家群体，他们专注于重要的垂直领域，包括大数据、可持续发展、教育技术（Ed-Tech）、娱乐和手机。2015 年，全球硅谷实验室内部诞生了超过 170 家创业公司，筹集了 2 亿美元。

全球硅谷实验室通过扶持创业公司和企业加速发展，实现了超大的经济价值创新，配备专家团队和咨询网络后，不断变大变强。全球硅谷实验室结合以上要素，实现了强大的网络关系效应。顶级的企业家加入该生态系统带来了高价值的资源和人脉，进而又吸引了全球的商业机会和人才。

硅谷依然是全球创新中心，2015 年，这里活跃着 15 000 多家创业公司，吸引了超过 270 亿美元的风险投资基金。但激动人心的是，全球硅谷正在崛起，2015 年全球硅谷获得了 1 290 亿美元的全球风险投资基金。

先锋峰会

先锋峰会是全球硅谷的旗舰盛会，科技界众多大咖会在这个为期两天的峰会上做演讲。

演讲嘉宾包括比尔·坎贝尔、安妮·伍吉西奇（Anne Wojcicki）、约翰·多纳霍（John Donahoe）、乔·朗斯代尔、安·缪拉·科（Anne Miura Ko）、卡罗尔·巴茨、麦克·阿伯特（Mike Abbott）、罗恩·约翰逊（Ron Johnson）、莱拉·布拉海姆（Lila Ibrahim）、卡洛斯·沃森（Carlos Watson）、黛安·格林（Diane Greene），还有尼克什·阿罗拉（Nikesh Arora）。峰会上精选的创业公司筹集了逾 50 亿美元。

迈克尔·莫 和乔·朗斯代尔

全球硅谷名人堂

硅谷不仅是比特、芯片和薯条的天下，而且代表了一种创新、成长和创业的思维模式。为了颂扬那些奠定了硅谷基础、改变了世界的先驱者，我们创建了全球硅谷名人堂。

这些先驱者进入了全球硅谷名人堂，在旧金山和圣何塞之间约 100 千米的地方建立了一个基金会，改变了世界。如今，我们将见证代表全球创业精神的创新新纪元的到来，这让我们激动不已。下面是硅谷的价值观念，这些价值观念正扩散到全世界，指引着未来的领导者。

硅谷名人堂	
硅谷教练	比尔·坎贝尔（已故）
无畏的创建者	卡罗尔·巴茨
技术王牌	黛安·格林
财富的盟主	迪克·克拉姆里克
盟主的战友	戈迪·戴维森
先驱的导师	肯恩·科尔曼（Ken Coleman）
泰坦的法律顾问	拉里·桑西尼
领导者的传奇	安迪·格鲁夫（Andy Grove，已故）
自然力的创意者	麦克·霍默（Mike Homer，已故）

让爱传递下去：人们帮助你，也希望你帮助他人，而不是因为义务或者金钱。

敢于梦想：不管你的梦想是什么，请相信，它一定能实现。

失败乃成功之母：因懒惰而失败是不可取的，竭尽全力而未能成功，这是成长的必经之路。

任人唯贤：英雄不问出处，只要你够勤奋、开明和坚韧。

请不要停止梦想：今日的行业颠覆者，很可能在明日被颠覆。

想点儿不一样的：如果不想改变别人所想，那就想点儿别人会认同的。

纪念比尔·坎贝尔（1940—2016年）

比尔·坎贝尔在硅谷的影响力是毫无疑问的。他在去帕洛阿尔托之前，是母校哥伦比亚大学的头牌足球教练，但在 1982 年，他去苹果公司做了一名推销员。9 个月之后，他开始主管销售业务。很快，比尔做了苹果核心部门克拉里斯软件的首席运行官。

1994 年，他被任命为财捷公司的首席执行官，但是比尔里程碑式战绩当时还没有获得，直到凯鹏华盈的约翰·杜尔慧眼识才，认为他是一个能力不可估量的领袖人物，才把他作为“教练”引进凯鹏华盈。比尔辅佐过亚马逊（Amazon）的杰夫·贝索斯（Jeff Bezos）和谷歌的埃里克·施密特、拉里·佩奇（Larry Page）。作为史蒂夫·乔布斯的亲密朋友和顾问，比尔在苹果董事会任职了 17 年，是什么使比尔变得这么特殊呢？他的能力让每个人都觉得他是自己最好的朋友，他深切地关心他们，而他的确是这样的人，也确实这样做了。我们每天都在怀念比尔，他的精神依然存在，鞭策着我们把这个世界变得更好。

办公空间

硅谷的办公室和其他地方很不一样。这里的办公室是大学生联谊会会所和按摩室、游乐场的结合体。对了，你要是看到墙上的艺术涂鸦和喷绘也不要感到惊讶。

1. 每一个游乐场和硅谷创业公司都需要一个滑梯。
2. 工程师都爱甜甜圈，除非一个甜甜圈变成了你的创业价值。
3. 没时间去户外？我们将户外带到你眼前。
4. 由乒乓球做成的艺术品挂在天花板上，乒乓球是从桌子底下找到的。为什么有这么多乒乓球？都是啤酒乒乓球赛用剩下的。
5. 一个巨大的国际象棋棋台，适合一个人的时候打发零碎时间。
6. 游戏室和商场，你可以在休息时间到这里来透透气。
7. 一个除了酒还是酒的酒吧，不然你觉得人们怎么完成工作？
8. 天花板上没贴瓷砖，因为这样看起来更有“工业风”。
9. 大型的精美壁画可以掩盖丑陋的绘画，还能充当绝妙的品牌资源。
10. 蛋形座椅——新点子诞生的最好地点。
11. 这是经理办公室还是 6 岁孩子梦想中的游戏室？
12. 办公室里的狗比员工还讨人喜欢，也能享受更好的待遇。
13. 对于那些需要恢复精力的人来说，沙发是必要的，是用来醉酒后休息的。
14. 迷你绿色高尔夫球场，是员工练习商务社交运动的练习场。
15. 午睡室是员工进行公司间交流的地方。
16. 巨大的懒人沙发甚至比泰迪熊还大，这是真男人展示自己的地方。
17. 这个“白宫风云”的复制品是最像白宫的地方，也是硅谷高管最喜欢的地方。

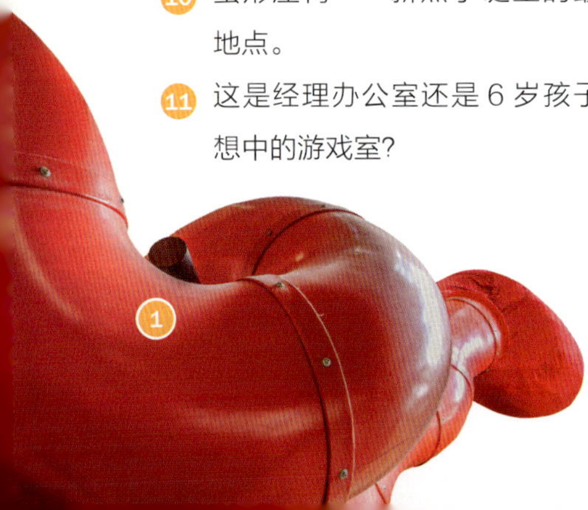

4

5
6

7

8
9

10

BarkBox
11

12
13

14

15

16

17
ENCOURAGE FLOW

硅谷科技巨头内部的多样性　　单位：%

	全体人员				领导层				科技人员			
	女性	黑种人	拉丁裔	亚裔	女性	黑种人	拉丁裔	亚裔	女性	黑种人	拉丁裔	亚裔
美国	51	13	17	5								
苹果	30	7	11	15	28	3	6	21	20	6	7	23
谷歌	30	2	3	30	21	2	1	23	17	1	2	34
推特	30	2	3	29	21	2	0	24	10	1	3	34
脸书	31	2	4	34	23	2	4	19	15	1	3	41
领英	39	2	4	38	25	1	4	28	17	1	3	60
易趣	42	7	5	24	28	2	2	23	24	2	1	55

一些人认为硅谷是被白人男性精英统治的地方。尽管科技巨头如脸书、加速器如全球硅谷实验室正在采取措施，逐步调整多样性的差距，求同存异，但这个问题依然存在。

注：领导层和科技人员中的亚裔包括印度人。

美国顶级加速器地点

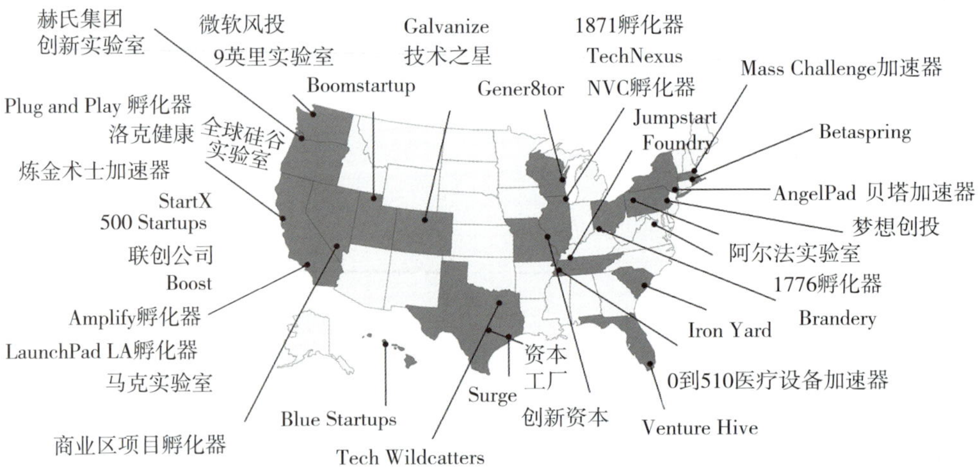

企业家必读书目

《埃隆·马斯克》 阿什利·范斯著
《寻找下一个星巴克》 迈克尔·莫著[①]
《只有偏执狂才能生存》 安迪·格鲁夫著
《局外人》 马尔科姆·格拉德威尔著
《暗中布局》 戴维·帕特里克著
《创业：硅谷的一次冒险》 杰里·开普兰著
《创业的国度》 丹·塞诺尔和索尔·辛格著
《史蒂夫·乔布斯传》 沃尔特·艾萨克森著
《创业的艺术》 盖伊·川崎著
《职业剧本》 詹姆斯·西特林著
《脸书效应》 戴夫·柯克帕特里克著
《艰难事情的艰难》 本·霍洛维茨著
《创新者的窘境》 克莱顿·克里斯坦森著
《精益创业》 埃里克·莱斯著
《僧侣与谜语》 兰迪·科米萨著
《新新事物》 迈克尔·路易斯著
《晚班裸男》 波·布朗森著
《搜索》 约翰逊·巴特尔著
《硅谷小子 》 大卫·卡普兰著
《大众智慧》 詹姆斯·索罗维基著
《世界是平的》 托马斯·弗里德曼著

① 你如果不爱自己，那么你也不会爱别人。

创业者的歌单

歌曲	演唱者	时长
从我开始	滚石乐队	3分33秒
为祈祷而生	邦·乔飞	4分10秒
永不放弃	汤姆·佩蒂	2分58秒
黑暗之舞	布鲁斯·斯普林斯汀	4分1秒
更强	凯莉·克莱森	3分41秒
阿·米丽	李尔·韦恩	3分43秒
我的故事	单向乐队	4分4秒
虎之眼	幸存者	4分5秒
我们将震撼你	皇后乐队	2分2秒
C.R.E.A.M.	武当·可兰	4分12秒
不要停止相信	旅行乐队	4分9秒
走自己的路	佛利伍麦克合唱团	3分43秒
烟火	凯蒂·派瑞	3分47秒
我是信徒	猴子乐队	2分46秒
名人堂	剧本乐队	3分22秒
一切为了赢	哈立德·穆罕穆德·卡利	3分50秒
革命	披头士乐队	3分25秒
像我们这样的人	凯莉·克莱森	4分19秒

问题：哪个艺术家的作品价值最高？是毕加索、雷诺阿、莫奈，还是……

在2005年，贾斯汀·廷伯莱克（Justin Timberlake）在电影《社交网络》（*Social Network*）中成功地扮演了脸书的总裁肖恩·帕克（Sean Parker）。电影中的肖恩·帕克提出用6万美元或同等价值的脸书股票请壁画艺术家大卫·崔（David Choe），在脸书的办公室墙壁上画壁画。大卫完成了壁画，并且被保存至今。

当壁画完成的时候，大卫选择了价值6万美元的股票，而不是现金。

这是一个明智的选择。因为2012年脸书上市的时候，大卫持有的脸书股票价值2亿美元。假设他从未出售脸书的股票，他持有的股票价值如今已经超过了6亿美元。

忘记朋友的恩惠

Zenefits公司的首席执行官帕克·康拉德（Parker Conrad）从自己高速发展的创业公司公开辞职。他的创业公司更像一个兄弟会，而不是一个公司，常常看到酒鬼破门而入。大卫·萨克斯接替康拉德成为首席执行官，他迅速地收拾残局。萨克斯禁止在办公室喝酒，也不准在楼梯间喝酒。

在办公室禁酒理所应当，为什么楼梯间也不行？因为据说楼梯间满是烟头、装满啤酒的红色一次性杯子等。

Zenefits公司依然是从前的Zenefits公司。

	受益公司	典型公司
食品	美食场、糖果店、小厨房里的所有食品都是无麸质食品和防过敏食物	如果你在9点之前到小吃坊，还能享用到可口可乐和雪碧，那是因为好市多（Costco）开始营业
产假	4个月的带薪产假/陪产假	带孩子去工作，有兼职人员帮忙照顾孩子
交通	从旧金山到总部的巴士、免费自行车、自行车维修点、电动汽车站	父母轮流开车载你出门
品牌	脸书商店有运动衫、裤子、毛绒玩具及其他各种各样的好东西	在大学招聘会上分发飞盘
娱乐	电子游戏机、涂鸦墙、高品质的健身房、攀岩墙、绢布印刷品（能让你通过艺术来减压）、音乐室	25美元的三合一乒乓球桌、桌上足球、从车库买的冰球桌，梦想你所做的一切都公平
技术资料	技术咨询处、给丢了充电器和适配器的人们提供电脑配件的自动售货机	雅虎问答、邻居烧烤聚会上曾在思科工作现已退休的岳父
服务	理发店、旅游指南	喷泉、手工制作的生日卡片

这些是在推特上如雷贯耳的硅谷大佬的名字，关注他们，你会知道硅谷发生的一切。

马克·安德森

如果你担心机器人会抢走所有的工作机会，也许我们应当停止按照我们的想法来安排我们的学生，好像他们也是机器人一样。

联合创始人安德森·霍洛维茨，拥有超60万的粉丝，每天发布在推特上的消息超过100条。2016年秋季，他的推特沉寂了一段时间，我们都急切地等着我们最喜欢的推特消息更新。

埃隆·马斯克

传言我正在建造宇宙飞船，准备飞回我的家园——火星，这绝对不是真的。

太空探索技术公司（SpaceX）和特斯拉的首席执行官，拥有超600万的粉丝。他偶尔在推特露面就会掀起推特圈的波澜。尽管他这么说，但我们99%的人都觉得他来自火星。

无聊的埃隆·马斯克

现在官方宣布火星比加州的水更多。

不是真实的埃隆·马斯克，拥有超6.5万的粉丝。这个号上发的是埃隆·马斯克的真正想法。他脑子里的想法，一半疯狂，一半美好。

企业家L.杰克逊

如果你的父母明白你的公司是做什么的，那你可能没有创新。

硅谷的数字尤达大师，拥有超8万的粉丝。
对科技文化和投资者行为有着精辟的评论。他是硅谷版的“八卦女郎”，每个人都想知道他到底是谁，直到人们发现他的真面目——风险投资人帕克·汤普森。

卡拉·史伟莎

马尔莎，你“整死”我了，老实说，“整死”我也许是你的目标。

执行主编瑞可德，拥有超100万的粉丝，是一名经常上硅谷头条的记者，也是雅虎的头号公敌。

丹尼尔·莫里尔

我期待着钱成为阻碍我创业的时刻，现在最大的问题还是时间。

首席执行官兼联合创始人麦特麦克（Mattermark），拥有超5万的粉丝。

和马克·安德森是推特风暴的好搭档。她的时间要么花在作为“推特科技通皇后”上，要么花在烘焙上。

在推特上可以听到整个世界的声音

硅谷专业级推特手马克·安德森在推特上发布了关于脸书的一个段子，冒犯了在推特上的10亿印度人。

他迅速道歉，之后不久，他就在他所有喜爱的社交平台上消失了，这引起了科技迷们的好奇——“马克·安德森去哪儿了？”在两周的时间里，他行踪成谜，音信全无。对于每天发布100条以上推特的人来说，这太反常了。

当安德森在自己的“社交媒体假期”后发出一条祝贺的消息时，这个世界又平静了。他是否会继续存在于社交媒体界，还是未知的。[①]

①截至15分钟前。

2

纽约

硅谷曾经是一个不夜城，现在形成了不那么在乎硬科技，而更加专注用户界面的创业生态系统。

创业公司和律师、银行家、咨询专家所走的更靠谱的路不同，对创业者来说，这将是一条更加艰辛、危险、充满激情的道路。当然，一些雇员宁可拿薪水，而不是股份（这不像硅谷的风格）。纽约更加时尚，有更棒的财务服务，这里遍布媒体，还有一群寻找下一个汤博乐或易集的天使投资人[传闻著名的风险投资人乔安·威尔森（Joanne Wilson）已经准备花100万美元投资贝特西（Betsy）]。纽约很可能成为风险投资资本接下来锚定的地方。

2015年第四季度至2016年
第三季度风险投资情况

风险投资金额	118亿美元
交易数量	1 258
退出数量	313
5年同期投资金额增长率	28.2%
5年同期交易数量增长率	10.1%

资料来源：CB Insights。

纽约一瞥

早餐会最佳地点
巴尔达沙
核心俱乐部
拉法埃脱
勒夫的丽晶
牧民

最好的比萨店
百合
格林尼治村乔的比萨店

值得驻足的咖啡吧
艾斯酒店里的咖啡吧
格雷戈里咖啡厅
乔的咖啡厅
九街的意式浓缩咖啡厅

交易成功后庆祝晚餐的最佳地点
罗坎达维德餐厅
马雷亚餐厅
波斯本身法国餐厅
皮特鲁格餐厅

酒吧
克洛斯比酒吧
亲爱的欧文酒吧
芥蒂斯酒吧
贝恩酒吧
老城酒吧
雷恩斯酒吧

高端社交俱乐部
中心俱乐部
苏豪俱乐部

本地啤酒
布鲁克林酿酒厂
精酿酒厂

最适合小酌的子弹酒
锅炉厂鸡尾酒
泡菜鸡尾酒

创业公司最佳办公地
布鲁克林海军造船厂
切尔西区
邓波艺术区
熨斗区
纳夫社区
独角兽广场

企业家活动
联合创始人实验室
企业家周
精益创业器
NAPEC 创新大会
纽约科技见面会
OZY 联合会议

本地必参加的活动
中央公园夏日舞台音乐会
深夜喜剧地窖
曼哈顿悬日
电影一瞥
中央公园莎士比亚节
翠贝卡电影节
美网公开赛
扬基队球赛

排行榜

顶级天使投资人
亚历克西斯·奥海宁（Alexis Ohanian）
大卫·提斯（David Tisch）
乔安·威尔森（Joanne Wilson）
约翰·卡茨曼（John Katzman）
乔迪·列维（Jordy Levy）

顶级孵化器
贝塔加速器
梦想创投
企业家圆桌加速器
金融科技创新实验室
第一增长创投
技术之星

风险投资机构
贝赛麦风投
泛太平洋资本集团
格雷克劳福特创投
洞见创投
勒尔希波创投
RRE 创投
合广风投

2015 年第四季度至 2016 年第三季度顶级融资情况
奥斯卡医疗——4 亿美元
电商平台杰特——3.5 亿美元
校园贷平台普通联合——3 亿美元
雅典娜艺术金融——2.8 亿美元
卡鲁——2.5 亿美元
机场餐饮公司 OTG——2.5 亿美元

女性力量

纽约的创业生态系统得益于很多女性企业家和女性投资人，她们缩短了科技界的性别差距。

凯瑟琳·敏秀（Kathryn Minshew） 缪斯首席执行官

凯瑟琳是缪斯的首席执行官，也是一个很会造势的领导者。凯瑟琳曾在麻省理工学院和哈佛大学发表演讲，在《今日秀》(*Today Show*）和美国有线电视新闻网（CNN）上抛头露面，也在《华尔街日报》(*Wall Street Journal*）和《哈佛商业评论》(*Harvard Business Review*）上就职业和创业问题侃侃而谈。她入选福布斯 30 位 30 岁以下媒体女性和 15 位科技领域值得关注的女性。在创立缪斯之前，凯瑟琳加入克林顿全球健康倡议组织，从事提升卢旺达、马拉维两国疫苗接种率方面的工作。在这之前，她在麦肯锡公司（Mckinsey）工作。

乔安·威尔森 天使投资人、联合创始人、女性企业家和高谭盖尔公司（Gotham Gal）的投资人

乔安在 20 世纪 90 年代网络繁荣时期开始在科技媒体界工作，从而进入科技行业，之后她开始在科技行业创业。她从 2007 年开始做投资，之后她投资的公司超 90 家，同时她开始关注女性创业者。她创立了女性企业家节，这个节日把女性企业家连接在一起并激发她们的创业精神。此外，她是一个不折不扣的美食家、读者、旅行家、艺术品收藏家和音乐鉴赏家。

瑞丝玛·邵佳妮（Reshma Saujani） 编程女生的创始人和首席执行官

曾是律师和政治家的邵佳妮创办了致力于“鼓舞女生，教育女生，用编程武装女生，帮助她们追求 21 世纪的机遇”的编程女生公司。编程女生为高中女生提供了夏季集中训练项目。推特、脸书、谷歌等公司都是该项目的合作方。邵佳妮致力于在 2020 年之前教会 100 万名女性编程。

沙娜·菲舍尔（Shana Fisher） High Line 风险投资合伙公司管理合伙人

尽管风险投资机构通常看起来是一些老男人的俱乐部，但是菲舍尔创办了自己的投资机构 High Line 风险投资合伙公司，并在这家公司担任管理合伙人。这家机构投资的公司有 Aereo、Imgix 和 PillPack。作为一名天使投资人，菲舍尔最大的成就就是给一家名不见经传的小公司投资了 50 万美元，这个公司是品趣志（Pinterest），如今品趣志估值已有 110 亿美元。

热门城市女性创业比例

芝加哥	30%
波士顿	29%
硅谷	24%
南加州	22%
蒙特利尔	22%
巴黎	21%
特拉维夫	20%
多伦多	19%
新加坡	19%
吉隆坡	19%
伦敦	18%
莫斯科	17%
纽约	17%

纽约的日常

人们对纽约的所有刻板印象都集中在这一页。

“路怒族”出租车司机

他们诅咒朋友、家人、乘客，但诅咒最多的是优步和来福车。

艺术大学学生

她们是滑板运动员 / 时尚达人 / 摄影师 / 电影制作人，她们的 Instagram 粉丝比她们的银行余额还多。

烟熏热狗男

他在为使他慢慢痛苦死去的两种东西做广告。

游客

他们是“挡道”或者“走得慢慢悠悠，都没法走出我视线”的一群人。

街头音乐家

他们比你从星巴克买的专辑的制作人更有才华，但可惜他们不能像星巴克那样在秋季提供南瓜拿铁，不好意思。

“华尔街之狼”

虽然他看起来更像一个秃头的莱昂纳多·迪卡普里奥叔叔，但他如果在 30 秒以内没有拿到热狗，他会拿着公文包敲你的头。

联合办公空间

在纽约这个小得可怜却财富高度集中的地方，房价和旧金山的一样不现实。进入这个联合办公空间，你会看到很多创业公司都是通过共享空间来节省成本，按照工位数量来付钱，还共享咖啡美食、周二的瑜伽课、3D打印机。以下是这个城市3个最热门的联合办公空间。

WeWork 布莱恩公园

从切尔西的文青聚集地到家居办公的苏豪，这家估值160亿美元的公司的办公点散布在各种地方。

WeWork正在成为增长速度最快的美国新兴办公空间，WeWork建立了一个社区，这个社区为想法类似的人提供共享工作空间，他们可以在这里工作、吃饭、睡觉、健身、做生意……共享经济就是这么厉害。

普通会员	45美元/月
公用办公桌	220美元/月
专用办公桌	325美元/月
私人办公室	450美元/月

公用办公桌可以保证供应，但是每天使用的可能不是同一个，专用办公桌可以由个人指定。

Fueled Collective 苏豪

在去Fueled Collective的路上，你会路过Thrillist和FourSquare这样著名的公司，也会看到很多穿普拉达和范思哲的公司“看门人”，他们走路和说话的样子很像保镖，但是绝不会给你指路。这个联合办公空间还提供各种各样的福利，比如全年的冰激凌、乒乓球台等。

公用办公桌	450美元/月
专用办公桌	800美元/月

Projective Space 下东区

Projective Space向各类创始人和专业人士开放，这里更像是一个优质社区，这个社区曾是优步和网上订票平台Eventbrite的办公地点。Projective Space也提供更专业的服务，例如人力资源咨询和云基础设施建设。此外，它每周为纽约的创业家们举办活动、私人健康讨论会，以及午夜卡拉OK演唱会。

普通会员	95美元/月
公用办公桌	225美元/月
专用办公桌	555美元/月

5分钟快餐和五星级餐厅

当你想在5分钟内解决午餐时，可以选择快餐。

德利熟食店 你能在每一个角落找到这个熟食快餐店，但是留意别人点什么菜，同样的菜你可以点一份。

无缝餐厅 一家非常受欢迎的外卖餐厅。无缝餐厅是格鲁哈伯旗下的品牌，很多人把钱花在这里比花在其他地方痛快多了。

路边摊 福克斯（Fox）报道，游客在这儿得花30美元才能买到热狗。你别买30美元一个的热狗，别让人给坑了。

如果你想要坐在法拉利里吃豪华大餐，你可以有以下选择。

市中心的伯纳丁餐厅 法国海鲜餐厅

米其林评级 ★★★

特色菜：黑鲈、龙虾烤宽面条、金枪鱼和鹅肝

麦迪逊公园11号 弗莱泰龙美式餐馆

米其林评级 ★★★

特色菜：季节性菜品

布鲁克林美食馆主厨的餐桌 纽约布鲁克林美式餐厅

米其林评级 ★★★

特色菜：鹅肝、鱼子酱、贝壳类海鲜、生鱼

3

硅滩与洛杉矶

没有比去温暖的硅滩更好的逃离硅谷泡沫的办法了，以前的年轻人在这里组建摇滚乐队，现在的年轻人在这里创业。硅滩很大而且具有多样性——从毕业于精英大学的青年才俊，到来自比弗利山庄的巨富，再到来自康普顿的各类人，这里有各种各样的人，这种多样性也是这里最大的优势。比如，硅滩距离好莱坞很近，因此有不少领先的数字视频创业公司，更容易请名人给自己的公司做宣传，这种资源在硅滩可以就近得到。

这里有天赋的工程师少一些，但他们对大众市场更了解，也更有实战经验，因此硅滩的创业者更侧重于艺术表达以及产品推广，而不是使用 C++ 和 Java 敲代码。即使从旧金山到洛杉矶比从洛杉矶到洛杉矶本地更快（硅谷主要在旧金山湾区南部，而硅滩则主要在洛杉矶），但色拉布、Tinder、Oculus 和 Beats 等公司把这里称为家，这是有理由的。

2015年第四季度至2016年第三季度风险投资情况

风险投资金额	132亿美元
交易数量	939
退出数量	309
5年同期投资金额增长率	32.3%
5年同期交易数量增长率	8.2%

资料来源：CB Insights。

猜猜以下公司是由哪位明星创始人创建的。

1. Honest 公司□

出售经济实惠的婴儿用品和家居用品，市值 10 亿美元。

2. ShoeDazzle□

根据会员的个人偏好提供产品的电子商务网站。

3. 魔声耳机公司□

一个以耳机著称的音响产品公司，运动界的明星经常会戴魔声耳机，被苹果公司以 30 亿美元收购。

A. 金・卡戴珊

真不知道她以什么成名的，但是她在推特上有 3 370 万的粉丝。

B. 德里博士

这个说唱歌手，在西海岸做 G-Funk 音乐时不小心还拿了一个“博士”头衔。

C. 杰西卡・阿尔芭

在《爱情导师》《神奇四侠：银影侠来袭》中出演角色，获得了学院奖。这是开玩笑的。

1.C，2.A，3.B

快速讲故事：一个能在10秒讲完的简短故事

2011 年春季

创始人雷吉・布朗说：“我希望我发送给这个女孩的照片消失。”埃文・斯皮格尔觉得这是一个很棒的想法。这两个人是斯坦福卡帕西格玛兄弟会的会员，斯皮格尔拉上了一个刚刚毕业的校友，跟着卡帕西格玛的另一名会员鲍比・墨菲一起加入了这个项目。

2011 年秋季

夏季的工作时间都花在“Pica-boo”这个应用软件上了。斯皮格尔任首席执行官，墨菲任首席技术官，布朗任首席营销官，布朗因为要求得到 30% 的股权，被排挤出公司。当然，这些事情，斯皮格尔和墨菲并不赞同，进入秋季之后，他们将这个软件命名为“色拉布”。

2012 年 4 月

公司拥有了 10 万用户，他们的产品在高中生中特别流行。光速创投的杰勒米・刘从合伙人巴里尔・艾格斯的刚高中毕业的女儿那里听说了这个应用软件，于是给色拉布投资了 48.5 万美元。这一年，斯皮格尔从斯坦福退学。

2012 年 12 月

扎克伯格飞往南加州见斯皮格尔和墨菲，他宣布脸书要做自己的色拉布，名字叫泊克。创始人们返回他们的办公室，给他们的 6 名员工购买了《孙子兵法》这本书。

一个社交软件版灰姑娘的故事

企业家大多生活紧张繁忙，坐落在洛杉矶的Tinder社交公司给他们提供了与人约会的机会——听上去像在Tinder上可以遇到灰姑娘。以下是浏览Tinder的一些小提示。

1. 照片　你的任何一张照片都得是你本人和你有魅力且性感的朋友。你必须得让其他用户有兴趣猜测你是什么样的人。

2. 个人经历　写个人经历有两个选择，第一个是简单写一下学校名字和毕业时间，记住简单就好，因为你不太可能 65 岁才在 2018 年成为斯坦福的一分子。第二个是写你的特点——你可能喜欢红酒、跑步、熊猫，或者端着红酒跑步的熊猫。

3. Instagram　立即连接你的 Instagram，给你的信用加分。如果你的任何一张照片使用了 3 层滤镜，那么就会降低你的信用分数，如果你有超过 2 000 张这样的照片，那么你的账号就毁了。

4. 吸引力　选择你喜欢的性别和你喜欢的人，去谷歌快速找到该填写的内容，交友大赛马上就要开始了，赶快把自己打磨成站在三分球线边缘上的斯蒂芬 · 库里（Steph Curry）。

备注：如果没有向右滑屏，你很可能操作不当。

2013 年 11 月

色拉布推出了“故事”功能。这个功能在用户群中得到广泛应用。扎克伯格向斯皮格尔开出 30 亿美元的收购邀约，但是被立即拒绝了。

2014 年 5 月

一封有争议的邮件从斯皮格尔的电子邮箱泄露。这是一张他在兄弟会的时候歧视女性的绘画作品。

2016 年 2 月

佳得乐在色拉布上发布了一款超级碗滤镜，浏览量达到 1.6 亿次。这比超级碗比赛本身覆盖的范围还要广。

2016 年 11 月

色拉布发布智能眼镜 Spectacles，这款眼镜在自动售货机上售卖，同年色拉布申请上市。

洛杉矶一瞥

早餐会最佳地点
农场商店
无花果与橄榄店
美国风格餐馆
美洲越橘店
共和广场
SQIRL 餐厅

值得驻足的咖啡吧
阿尔弗雷德咖啡厅
蓝瓶咖啡馆
咖啡杂货店
星幕浓咖啡厅
梅诺蒂咖啡店
菲兹咖啡馆

适合小酌的酒
博伊德和布莱尔土豆伏特加

线下约会最佳地点
海洋 41 号
Bungalow 小屋
饮料小屋
桑吉巴尔小屋

本地必参加的活动
柯契拉音乐节
迪士尼官方影迷俱乐部
计算机世界顶尖级公开活动
影视艺术节
洛杉矶博览会
加州大学伯克利分校协会展
美国冲浪公开赛

高端社交俱乐部
乔纳森俱乐部
苏豪俱乐部

临近的创业区域
洛杉矶市中心
圣莫妮卡
南湾（埃尔塞贡多地区）
威尼斯城

洛杉矶人际网络指南
融资时穿一身干净衣服，不要露出文身。

亮出你更多的头衔。

顶级明星风险投资家

从阿什顿·库彻（演员）到说唱歌手汉默，很多名人把钱投到了他们认为热门的生意中。事实上，麦当娜就因为酷爱维塔可可而投资了这个品牌。以下是大部分做风险投资的明星。

阿什顿·库彻演员
投资项目：爱彼迎、美国版“作业帮”Chegg、网络语音沟通工具 Skype、互联网床垫品牌 Casper、电商平台 Fab

博诺 U2 乐队音乐人
投资项目：脸书、美国版大众点评 Yelp、福布斯、棕榈公司

莱昂纳多·迪卡普里奥演员
投资项目：图片与视频分享平台 Mobli、做钻石的创业公司 Diamond Foundry、垃圾运输界的“优步”全球罗宾汉

杰瑞德·莱托演员、音乐家
投资项目：蓝瓶咖啡、雀巢、Meerkat、Reddit

纳斯说唱歌手
投资项目：数字货币交易平台 Coinbase、歌词注释网站 Genius、艺术类社交网站 DeviantArt

贾斯汀·比伯音乐人
投资项目：流媒体音乐平台声田、聊天软件 Tinychat、移动应用开发商 Stamped、社交平台 Shots

魔术强森前篮球运动员
投资项目：星巴克、洛杉矶道奇棒球队、Fast Food Chains、生活质量服务商 Sodexo

汉默说唱歌手
投资项目：移动支付公司 Square、母婴用品公司 Bump、Pandora 珠宝、红板报

科比·布莱恩特退役运动员
最近成立了 1 亿美元的风投基金。

泰拉·班克斯前超模
投资项目：Muse、Videogram、Hunt

拒绝交易

2013年，色拉布拒绝了脸书30亿美元的收购，也拒绝了谷歌40亿美元的收购。当初受到了广泛的批评，如今却获得了可观的回报，色拉布现在估值为160亿美元。以下是一些较大的拒绝收购的项目。

脸书
有收购意向的公司：雅虎
报价：2006 年 10 亿美元
总市值：3 500 亿美元以上

高朋网
有收购意向的公司：谷歌
报价：2010 年 60 亿美元
总市值：20 亿美元以上

雅虎
有收购意向的公司：微软
报价：2008 年 446 亿美元
总市值：400 亿美元以上

推特
有收购意向的公司：脸书
报价：2008 年 5 亿美元
总市值：130 亿美元以上

排行榜

顶级天使投资人
布拉德 · 琼斯（Brad Jones）
克里斯 · 萨加
盖 · 奥西瑞（Guy Oseary）
马克 · 苏斯特（Mark Suster）
佩奇 · 克雷格（Paige Craig）

风险投资机构
CAA投资
清石投资
氪卡投资
三月投资
质朴山谷投资
前期投资

孵化器
放大孵化器
迪士尼孵化器
点子实验室孵化器
洛杉矶发射台孵化器
媒体营地孵化器
幕氪实验室孵化器
科学孵化器
TYLT实验室孵化器

企业家公开活动
圣 · 莫妮卡联合创始人实验室竞赛
密尔肯研究院全球会议
圣 · 莫妮卡新科技创业公司项目推介会
Startups Uncensored大会
洛杉矶科技会议
蒙哥马利峰会
初创公司大会

成功故事
魔声耳机公司
Cornerstone OnDemand
Rubicon项目
色拉布
太空探索技术公司

The Honest公司

2015年第四季度至2016年第三季度顶级融资情况
色拉布——18亿美元
相对论媒体——4亿美元
珐麻绒控股——2.8亿美元
威廉姆莫里斯奋斗——2.5亿美元
OTG管理——2.5亿美元

色拉布使用指南

如果你还在使用邮件和朋友们分享照片，那你就太落伍了。在千禧一代的圈子里，色拉布是最受欢迎的聊天分享照片平台。

玩转色拉布

1 你可以使用这些按钮给你的照片添加饰品、添加表情、输入文字。专业建议：不要弄得太夸张了。请记住，这是一个阅后即焚的平台，不是劣质的聊天平台。

2 色拉布平台上发送的消息是限时的，所以你的朋友们只能在几秒钟内浏览你的照片，之后照片就会消失。

3 保存你的照片或视频，在其他平台上分享，比如推特、Instagram、脸书。

4 在你的色拉布故事平台添加照片并在社区分享。如果你不知道什么是“故事”，那么请往下看。

5 一旦你弄好了一张自己满意的照片，点击一下就可以发送给你的朋友。如果你在色拉布平台上没有朋友，那么加一些朋友。社交平台需要社交。①

①未来就业能力指导：擅长使用苹果手机的色拉布用户。

色拉布的故事界面

色拉布故事是你在这个平台上24小时内发的所有视频和图片的合集，向别人展示你一天经历了什么。专业建议：在你编好故事之前，你要假装能编出好的故事。一个绝妙的色拉布故事能以最快的速度让你看起来很酷。即使你的生活很枯燥，也要在这一分钟内做一些有意思的事情。

色拉布发现功能

色拉布的发现功能是目前最佳的新闻传播方式之一。讨厌阅读无聊的文章吗？色拉布的发现功能可以帮助你。在屏幕上向左向下向上划几下，你就可以知道所有的事情，无论是你小阁楼里发生的事，还是远在北极圈的事。

3.5

圣迭戈

虽然洛杉矶和圣迭戈经常被一起谈论，但是圣迭戈人却并不喜欢将圣迭戈与洛杉矶相提并论，他们相信圣迭戈的啤酒更好喝，海滩更漂亮，卷饼更好吃，更重要的是生物技术更发达。随着加州大学圣迭戈分校的精英生物医学工程项目以及生物技术产业越来越热，特别是出现了像伊鲁未娜公司（Illumina）这样享誉全球的公司后，圣迭戈正在成为美国最大的生命科学中心。这引出了一个问题：以下哪一个会先出现？是生物技术股票泡沫的崩溃，还是有强大基因的超人 X-Men 的诞生？考虑到生物技术的失误率之高，圣迭戈是美国的精酿啤酒之都并非巧合。

2015年第四季度至
2016年第三季度风险投资情况

风险投资金额	19亿美元
交易数量	189
退出数量	71
5年同期投资金额增长率	6.6%
5年同期交易数量增长率	5.3%

资料来源：CB Insights。

生物技术的分类

与其他科学一样，生物技术是一个非常广泛的领域，其定义也十分宽泛，但是总的来说，我们可以认为应用技术打乱了生物进程。生物技术领域包含以下内容。

生物信息学

了解和分析生物学数据。

圣迭戈代表公司：GlySens

融资总额：1 200 万美元

生物制药

从生物学出发去研发药物。

圣迭戈代表公司：aTyr Pharma

融资总额：1.805 亿美元

农业

这是最传统的一种生物技术，主要为了达到某种目的而改变生物体的组织，通常是为了提高生产力。

圣迭戈代表公司：Cibus 全球公司

融资总额：4 250 万美元

公众对生物技术的担忧

人类突变

首先，你吃转基因玉米后，你的 DNA（脱氧核糖核酸）就会被排序，你的孩子就会长第三只胳膊来提高效率，之后你和转基因玉米就没什么两样了。

泡沫破灭

随着生物技术类股票到达一个新的高度，一些人会警惕地说小心泡沫破裂，而其他人会说这个增长是正常的。我们只是说，如果股票泡沫被生物工程改造过，那它能不能持续长一些时间，甚至能在任何环境中存在，不受干预呢?

放射性动物

一只不害怕你的松鼠企图拿走你的食物，是一件糟糕的事。比这个更糟糕的事情是，一只长着 3 只眼睛，还不害怕你的松鼠，企图拿走你的食物。

圣迭戈一瞥

早餐会最佳地点
克莱尔餐厅
拉乌柏格酒店
永安栈酒店

值得驻足的咖啡厅
月光曲咖啡厅
菲尔特咖啡厅
莱斯特咖啡厅

交易达成庆祝的最佳地点
城市美食餐厅
乔治曲拱餐厅
市场餐厅
葡萄柚餐厅

企业家公开活动
演示之夜
圣迭戈企业家日
圣迭戈创业周末
加州大学圣迭戈分校企业家挑战赛

酒馆
巴拉斯特酒馆
K 大楼酒馆
Mission 啤酒馆
Societe 啤酒馆

亚利桑那州立大学全球硅谷峰会

一年一度的亚利桑那州立大学全球硅谷峰会是一个关于教育创新的全球性会议。2016 年的峰会有 4 000 多人、350 多家教育科技公司参加，其中有很多大佬，比如理查德 · 布兰森 (Richard Branson)、霍华德 · 舒尔茨（Howard Schultz）、迈克 · 米尔肯（Mike Milken）、纲姆（Common）、里德 · 哈斯廷斯（Reed Hastings）、魔术强森和比尔 · 盖茨等，他们做了主题演讲。

排行榜

天使投资人
艾里逊 · 郎格佩蒂内（Allison Long Pettine）
道格 · 赫克特（Doug Hecht）
霍华德 · 林德扎（Howard Lindzon）
塔内尔 · 哈利奇奥格卢（Taner Halicioglu）
蒂姆 · 瑞斯（Tim Reuth）

风险投资机构
ARCH 风投
阿瓦隆风投
相关性风投
地域伙伴风投
高通创投

孵化器
CyberHive 孵化器
EvoNexus 孵化器
HERA LABS 孵化器
JLABS 孵化器
Moxie 基金会
startR 孵化器

2015 年第四季度至 2016 年第三季度顶级融资情况
人类长寿——2.2 亿美元
索伦托医疗——1.5 亿美元
帕克斯瓦克斯——1.05 亿美元
昆艾芝——1 亿美元
移动魔法——1 亿美元

企业家的本质是追求变化，预想未来，建立下一个版本，预想下一个市场模型。然而硅谷的历史学家、《硅谷之父：微型芯片业的幕后巨人》（*The man Behind the Microchip: Robert Noyce and the Invention of Silicon Valley*）的作者莱斯利·柏林（Leslie Berlin），在一次独家采访中向我们展示了回顾过去对于了解当下的意义。

仙童半导体公司是怎么影响硅谷的

仙童半导体公司很重要，它曾是硅谷第一个成功且非常有影响力的公司。事实上，几乎所有的芯片公司都能从仙童半导体公司找到根源。比如，仙童半导体公司的创始人之一尤金·克莱纳(Eugene Kleiner)，曾参与创立了早期的风险投资公司凯鹏华盈。

与之类似，红杉的创始人唐·瓦伦丁（Don Valentine）就是仙童半导体公司市场高级管理员。仙童和苹果公司也有很深厚的联系。苹果公司的重要推手亚瑟·洛克（Arthur Rock），就是说服谢尔曼·费尔柴尔德（Sherman Fairchild）创立仙童半导体公司的那个人。苹果公司的创始人之一迈克·马克库拉（Mike Markkula），将乔布斯介绍给了苹果的另一位联合创始人沃兹尼亚克（Wozniack），在这之前，马克库拉就是仙童半导体的一员，之后他在英特尔工作。

他们在仙童半导体公司工作这件事本身不但重要，从文化层面来说更重要。他们是最早推动硅谷文化——股票期权、扁平组织结构、没有专用停车位、统一办公空间、随意着装——形成的一批人，所有这一切，仙童半导体公司起到了关键作用。

仙童半导体公司是巨大的，但是就像一个压缩的中子星一样，仙童这颗巨大的中子星被瓦解了。如果仙童半导体公司勉强维持一个整体，很可能不会产生这么大的影响。想一想，如果有才能的人能够团结在一起，就集中在一起，不就失去了更大的施展拳脚的空间吗?

硅谷的黑暗面是什么

回到芯片制作的事情上，硅谷有

难去找到精确的方法来记录那些失败者的案例，因为失败者总是被大家遗忘。网络泡沫时代第一次让失败如此真实。一些公司可能跨过了这道坎，但是成百上千家公司并没有跨过去。这种经验让我们意识到，有时候是需要运气的。我认识在同一家公司工作的两个人，他们的智力一样，拥有差不多金额的股票，但是他们其中一个在泡沫破灭的时候用保证金买了股票，后来负债累累；另外一个正好在正确的时间抛出了股票，现在这个人已经是亿万富翁了。这就好像抢椅子游戏，没人知道音乐什么时候会停下来，你是否成功取决于你是否抢到椅子。

很多血汗工厂，在这里，大部分从事装配工作的女工几乎赚不到一分钱。长期以来，高离婚率、家庭破裂、工作狂的生活模式一直围绕着这里的人。硅谷的环境被破坏，尤其是在工业化时代开始后，环境问题简直令人惊讶！原本高科技让人心生向往，以为有了科技，就可以没有烟囱，没有环境破坏，没有人存心做坏事，但这只是人们认识不全面。这也才是悲剧所在，天下没有免费的东西。

20 世纪初的破产潮，对你对现在硅谷的看法有什么影响

那段时间的确有意思，人们当时雄心勃勃地想大展身手，之后突然要搬回中西部和父母一起住——哈佛的管理硕士们失业了。

历史总是被胜利者书写——你很

你认为硅谷的文化变化了吗

从始至终都在变化。为了研究硅谷，我读了一些书，书中有些人说：“我们从来没从中赚到钱。”我并不相信他们说的。但是当我读到一些事业开拓者给家人写的信时，我发现这是真的！

那时候，很多企业家，首先是科学家，萌发了创造新事物的想法。这时候如果有人说：“我会投资你，让你成立一家公司，把你的想法变成现实。”那么他的创业激情就瞬间被激发了，一家新的公司就诞生了。这家公司能产生的新玩意儿可比实验室的多多了。他们意识到自己会发财后，当然很兴奋很快乐，但这不是他们开始创业的原因。

现在每个人创业都是怀着发财的梦想开始的。发财可能不是唯一的结局，也可能不是创业的唯一动力，但是我想有一点是可以肯定的，那就是创业者对财富抱有一种幼稚的认知——尽管现在一无所有，但是一定会赚到钱，只是不说而已。

创业者从硅谷的历史中还能学到什么呢

早期公认的一件事是导师非常重要，但现在大家不这么认为了。一个重要的经验是对自己的想法保持信心的同时，要乐于倾听别人的想法。但如果你没有足够的信心，你可能很容易动摇，最后会一事无成。

从另一个方面来说，如果你不交流你的想法，那么最好的情况是你会疏远你的员工，导致他们离开。最坏的情况是，你疏远了你的员工，他们离开了，但实际上他们是对的，之后你的公司就垮掉了。

有一个建议来源于罗伯特·诺伊斯（Robert Noyce），他是英特尔的创始人，他认为，一个人不能完成所有的事情。诺伊斯是仙童的早期八大创始人之一，到最后，他仍然重权在握。当他认识到他一个人无法运营一家很大的公司的时候，他就跳出来和戈登·摩尔一起创建了英特尔公司。

他虽然将自己的权利分割了出去，但是经营了一家非常成功的开创性公司。在硅谷，和一群伟大的人一起做一件伟大的事情是非常重要的。我想，这一点也是硅谷最大的文化特点。

关于硅谷历史的延伸阅读

《硅谷之父：微型芯片业的幕后巨人》，莱斯利·柏林

《区域优势》（*Regional Advantage*），安娜尼·萨克森安（AnnaLee Saxenian）

《知识之城》（*Cities of Knowledge*），玛格丽特·欧马拉（Margaret O'Mara）

《硅谷秘密》（*Secrets of Silicon Valley*），黛博拉·皮肖内（Deborah Piscione）

硅谷的历史照片

有图有真相，以下是6张硅谷的标志性照片。

1 **惠普车库** 在加州的帕洛阿尔托，戴维·帕卡德和比尔·休利特于1938年创建了他们的惠普公司。

2 **惠普有纪念意义的车库** 这里被认为是硅谷的发源地。

3 **苹果车库** 位于洛斯拉图斯的车库，在这里，史蒂夫·乔布斯和史蒂夫·沃兹尼亚克创造了第一台苹果电脑。

4 **脸书的大拇指** 门洛帕克的脸书总部门口就有这个大拇指，任何时候你都能在这里见到日本游客。

5 **斯坦福大学的圆碟山** 斯坦福山麓有一个射电望远镜，这里是约长5.6千米微风习习、适合徒步旅行的好地方。硅谷的很多徒步旅行爱好者喜欢定期来这里。

6 **谷歌臭名昭著的自行车** 你在山景城谷歌的园区内可以找到它们，可以免费骑。因为是免费的，所以你能在山景城、帕洛阿尔托、圣何塞、洛杉矶，甚至墨西哥看到这些自行车。

1

BIRTHPLACE OF "SILICON VALLEY"
THIS GARAGE IS THE BIRTHPLACE OF THE WORLD'S FIRST HIGH-TECHNOLOGY REGION, "SILICON VALLEY." THE IDEA FOR SUCH A REGION ORIGINATED WITH DR. FREDERICK TERMAN, A STANFORD UNIVERSITY PROFESSOR WHO ENCOURAGED HIS STUDENTS TO START UP THEIR OWN ELECTRONICS COMPANIES IN THE AREA INSTEAD OF JOINING ESTABLISHED FIRMS IN THE EAST. THE FIRST TWO STUDENTS TO FOLLOW HIS ADVICE WERE WILLIAM R. HEWLETT AND DAVID PACKARD, WHO IN 1938 BEGAN DEVELOPING THEIR FIRST PRODUCT, AN AUDIO OSCILLATOR, IN THIS GARAGE.
CALIFORNIA REGISTERED HISTORICAL LANDMARK NO. 976
PLAQUE PLACED BY THE STATE DEPARTMENT OF PARKS AND RECREATION IN COOPERATION WITH HEWLETT-PACKARD COMPANY, MAY 19, 1989.
THIS PROPERTY HAS BEEN LISTED IN THE
NATIONAL REGISTER
OF HISTORIC PLACES
BY THE UNITED STATES
DEPARTMENT OF THE INTERIOR
2

3

4
facebook
1 Hacker Way

5

6

硅谷时间轴

1931 1939 1944 1948 1956 1957 1959 1968 1970 19

1931年2月

胡佛（Hoover）总统购买并授权桑尼维尔市的莫菲特机场作为海军航空站基地。

1939年1月

弗雷德瑞克·特曼（Frederich Terman）、比尔·休利特和戴维·帕卡德加入了帕卡德的车库，投资了538美元。

1944年1月

弗雷德瑞克·特曼被任命为斯坦福大学工程学院院长（1955年至1965年被任命为教务长）。1945年，美国政府拨给科研的基金为4.5亿美元，然而只给了斯坦福5万美元，对比之下，加州理工大学获得了8 300万美元，麻省理工学院拿到了1.17亿美元，这件事情让特曼非常生气。他立即从东岸招聘人才，扩充斯坦福工程学院，包括雇用了11名来自著名的哈佛研究实验室的员工。他也鼓励他最优秀的学生自己创业改变硅谷，而不是攻读博士学位。这个举动改变了硅谷。

1948年4月

瓦里安联合公司成立，史蒂夫·乔布斯的妈妈恰巧在那里做会计员的工作。瓦里安是第一家入驻斯坦福工业园的公司，这家公司发明了微波技术最关键的部分。

1956年12月

由于对半导体产业做出了卓越贡献，并且发现了晶体管效应，肖克利（Shockley）、巴丁（Bardeen）和布拉顿（Brattain）3人被授予诺贝尔物理学奖。

1957年9月

罗伯特·诺伊斯和“八叛逆”剩下的几个人一块儿离开了肖克利，另立门户，自建仙童半导体公司。他们创立了仙童相机公司，并在公司运营18个月后获得了300万美元的投资，这是西海岸的第一笔风险投资交易。仙童半导体公司很快就引领了这个行业，并培育了很多在未来影响整个硅谷的天才。

1959年9月

德雷珀、盖瑟（Gaither）和安德森成立了硅谷第一家风险投资公司。这为现代风险投资公司在很多方面开创了先例，例如合伙结构、利润分配和以利润为目标等。

1968年7月

罗伯特·诺伊斯和戈登·摩尔离开仙童半导体公司创立了英特尔，1971年制造出第一个商用微处理器。

1970年7月

施乐帕克研究中心正式成立，之后发明了激光印刷、以太网、个人电脑、图形用户界面和桌面范式、面向对象编程、普适计算、非晶体硅应用和半导体集成电路等。

76 1984 1985 1993 1998 2000 2006 2008 2012 2017

1971年1月

唐·赫夫勒（Don Hoefler）在《电子新闻报》（*The Paper Electronic News*）的系列报道的标题中首次使用了“硅谷”这个词，从此这个词深入人心。“硅谷”这个词的灵感来自叫拉尔夫·瓦欧斯特（Ralph Vaerst）的加利福尼亚企业家。

1976年4月

生物化学家赫伯特·玻意尔（Herbert Boyer）和风险投资人罗伯特·斯万森（Robert Swanson）创立了基因泰克公司，这是第一家主营生物技术的公司。

1984年1月

苹果公司推出了麦金塔电脑，麦金塔采用图形用户界面，这是桌面革新的开始。

1985年11月

微软发布Windows操作系统，称霸了全球个人电脑市场。

1993年6月

继发布Photoshop 4年之后，多比公司又发布了PDF文件格式以及PDF编辑软件Acrobat。

1998年9月

拉里·佩奇和谢尔盖·布林（Sergey Brin）创立了谷歌，并基于网页排名算法做出了谷歌搜索引擎。

2000年3月

互联网泡沫在两年前达到顶峰。从1993年马克·安德森的马赛克网络浏览器发布后，互联网泡沫就开始形成。

2006年3月

杰克·多西（Jack Dorsey）创立了推特，3年之后创立了Square。

2008年7月

苹果应用商店（Apple's App Store）与iPhone 3G同步上线，在广大开发者的共同努力下，形成了应用软件的巨大市场。以此为契机，硅谷和旧金山开启了手机软件创业的浪潮。

2012年6月

埃隆·马斯克推出了特斯拉Model S，这标志着汽车制造业新的进化。

2012年10月

脸书的用户增长到10亿，而最初，它只是大学生的社交网络平台。

2017年3月

硅谷走向全球化。

4

伦敦

世界大都会伦敦被称为“硅谷环形道”。这里汇集了300多种语言，是欧洲高等教育机构最集中的地方，这意味着标准的伦敦腔不仅是拿来炫耀的。

伦敦在很多方面很像纽约——这里房价高昂，开发商紧缺，有很多长相出众的人，漂亮得能去当模特而不用去创业，有政府的激励措施，还有在科技泡沫之外的行业。

然而，伦敦在全球化方面确实比纽约强很多，这里聚集了超过100家欧洲500强公司。虽然伦敦近些年来发展受阻，文化上还存在风险规避的问题，但是独角兽们曾经的梦想在伦敦变成了现实，比如音乐雷达（Shazam）的估值已经达到了10亿美元。用伦敦的腔调来说就是：“嗯，我成功了。”

2015年第四季度至2016年
第三季度风险投资情况

风险投资金额	40亿美元
交易数量	694
退出数量	256
5年同期投资金额增长率	9.7%
5年同期交易数量增长率	38.1%

资料来源：CB Insights。

伦敦一瞥

早餐会最佳地点
切科尼餐厅
雷杰斯咖啡厅
瑟凯瑞德餐厅
早餐俱乐部
沃尔斯利餐厅

值得驻足的咖啡馆
Curators 咖啡工作室
参与者咖啡馆
The Proud Archivist 咖啡馆
空间咖啡馆
研磨咖啡馆
Timberyard 咖啡馆

本地啤酒厂
Brewdog 啤酒厂
山姆·史密斯啤酒厂

最佳线下约会地点
Egg 伦敦夜店
电布里克斯顿夜店
Fabric 酒吧
卡姆登宫夜店
内阁之声夜店
肖尔迪奇酒店
338 音乐室
书俱乐部餐厅

本地必参加的活动
英国广播公司逍遥音乐节
焰火节
夏末派对
伦敦时尚周
伦敦电影节

创业公司所在区域
肖尔迪奇区

排行榜

天使投资人
巴利·史密斯（Barry Smith）
本杰明·林（Benjamin Ling）
克里斯廷·赛（Christine Tsai）
琼尼·古德温（Jonnie Goodwin）
尼尔·哈金森（Neil Hutchinson）

风险投资机构
阿塞尔投资
原子投资
宝德顿投资
指数投资
乐派投资
奥克特颇司投资
皮通投资

风险投资律师
蒂娜·巴克（Tina Baker）

孵化器
贝思纳尔格林公司
出现孵化器
创业者优先孵化器
火星孵化器
等级孵化器
种子营地孵化器
技术之星

创业公开活动
伦敦商务网络
创业者在伦敦
创业家论坛
伦敦创业者
公开咖啡活动
硅谷嘉年华
女性商务会议

创业英雄
詹姆士·戴森（James Dyson）
理查德·布兰森

2015 年第四季度至 2016 年第三季度顶级融资情况
Ion 投资集团——4 亿美元
Deliver——2.75 美元
Wireless Infrastructure 集团——1.068 亿美元
Ebury——8 300 万美元
Sirin 实验室——7 200 万美元

PUB生活

“硅谷环形道”很快就变成了“硅谷饮料店”，以下是关于伦敦Pub生活的贴士。

别把 Pub 当成酒吧　Pub 是公共房子（public house）的简称。就是说，Pub 不仅是一个昏暗潮湿、20 多岁的年轻人相互抚摸的地方，它也可以走老前辈的复古风，可以是还没完全变声的青少年争论谁是切尔西队最佳球员的地方。

下酒小食　英式 Pub 里的食物非同寻常，它通常会提供容易引起心脏病发作的小食——含肉的三明治、炸薯条和脆猪皮片（可能是用皮肤瘙痒的小猪做的，也可能不是）。

饮料　在英国 Pub 里点咖啡或者可口可乐是最合适的，但是花哨的鸡尾酒是禁忌，即使你是果汁爱好者，也不要尝试；也别点啤酒，可以点苦味的酒（棕红色的麦芽酒比美国啤酒更能暖胃）、拉格酒（清新、透明、常温）或其他种类的酒；可以外带一品脱，一般分量是半品脱，所以如果你想少喝点儿，就要说清楚。

服务　如果你去 Pub，坐下之后希望服务生主动过来服务，可能要等几百年。去吧台点单，你不用担心小费。如果有服务员帮你收拾好你朋友斗酒剩下的残局，你可以给他一句简单的感谢，并说一句“给你自己也来一杯”，他正愁找不到喝酒的借口。

伦敦金融科技

金融科技（Fintech）市场能迅速发展，伦敦的创业公司起了巨大的作用。

GoCardless 公司
直接借记支付
融资额：1 180 万美元

Funding Circle 公司
P2P 贷款平台
融资额：2.732 亿美元

TransferWise 公司
国际低成本转账
融资额：9 030 万美元

World Remit 公司
全球转账业务
融资额：1.4 亿美元

Digital Shadows 公司
为企业提供数字足迹方面的服务
融资额：800 万美元

Nutmeg 公司
小额投资管理服务
融资额：3 730 万美元

龙潭虎穴

《龙潭虎穴》（*Dragon's Den*）是伦敦版的《创智赢家》（二者的概念皆是2001年起源于日本）。《龙潭虎穴》与《创智赢家》类似，同样有千万富翁争抢投资标的的情节，只是它们的名字不一样。

何时做项目推介	会发生什么	该信任谁
当所有的风险投资人都和你说“好（再）的（见）”，或你对管理公司没有信心，或你已经获得了风险投资，但是想要媒体曝光（代价就是得听评委投资人说半天）时，你就应该来《龙潭虎穴》做你的项目推介	既然是“龙潭虎穴”，那坐在评委席上的就是一条条“龙”了。在你做项目推介时，如果你拒绝了投资人1万美元换70%股权的提议，整个房间的氛围会突然凝固5至10秒，摄像机会对准英国这些亿万富翁因震惊而微张的嘴巴，这时，夸张的背景音乐会响起。对了，说不定《魔戒》（*Lord of the Rings*）里的恶龙史矛革和《花木兰》（*MuLan*）里的木须龙这样的巨龙会来客串	有时候，许多投资评委会对同一个项目感兴趣，他们会提供不同金额的股本、资金，并做尖锐的评论，可能会直接和你针锋相对。务必记住，任何一笔交易都会有这样那样的评论，多把评论当成建议，少把它们当成指导

政府和商业

培养一个孩子，一个村庄的努力就够了；培育一家公司，需要的努力要大得多。现在，政府的干预越来越多，政府投入了时间和金钱来建设创业所需要的基础设施。

伦敦联合投资基金

伦敦市长成长空间基金投入了 2 500 万英镑，做种子轮融资，减轻伦敦地区因缺少风险投资基金而产生的压力。

英国创业贷款计划

由英国政府出资成立的基金。其目的是为伦敦创业者提供借贷和指导。

英国科技城

创建于 2010 年，由时任英国首相卡梅伦（David Cameron）创立。英国科技城实施了一系列项目来支持创业和技术开发，比如数字企业学院项目。科技城也是连接创业者和政府的桥梁。

2016年估值最高的前15家私人企业

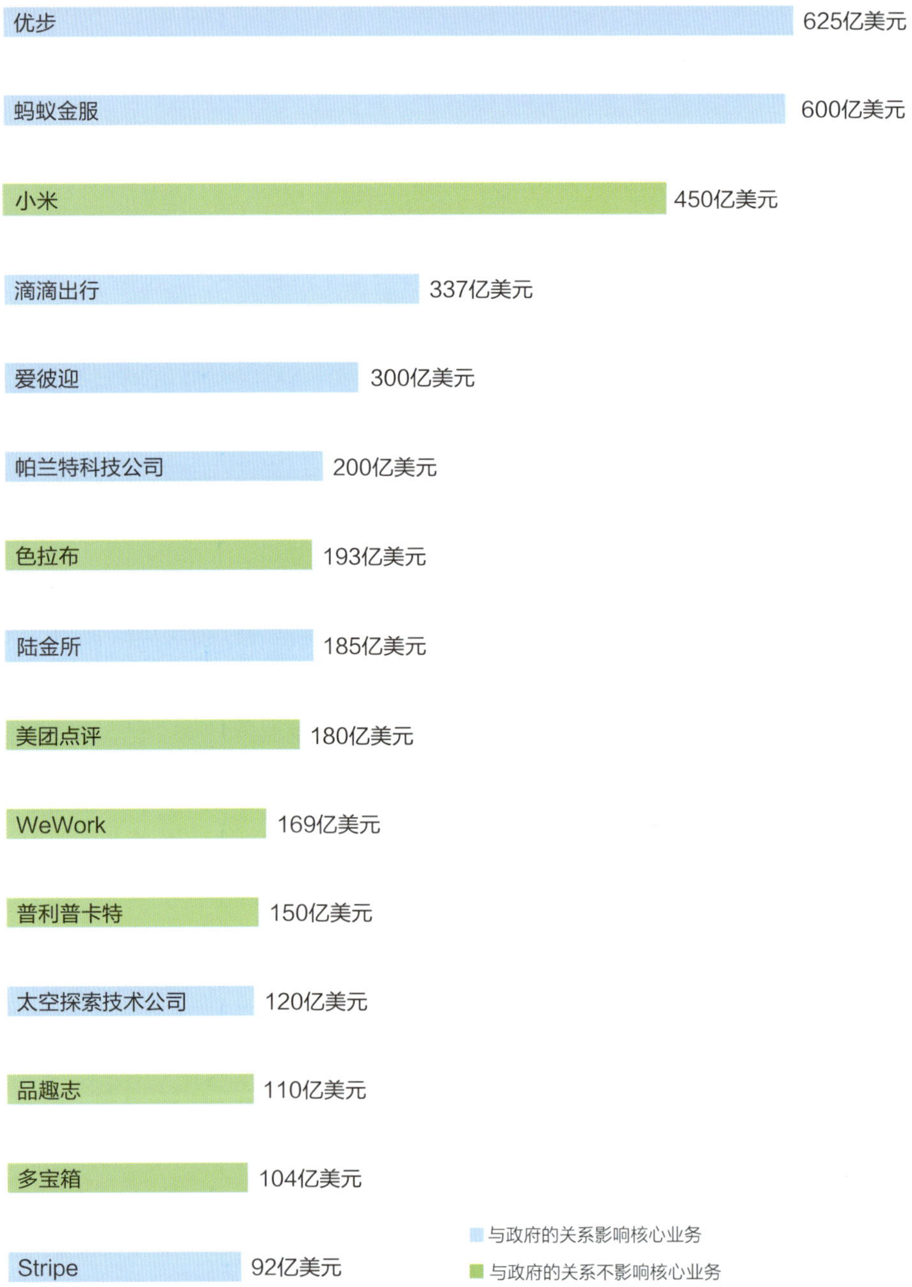

5

波士顿与剑桥

曾经非常繁荣的 128 号公路地区经历了起起落落，大波士顿地区成功完成了复兴，而大波士顿地区的复兴，几乎是在波士顿超级碗球星、“电话杀手”汤姆 · 布雷迪（Tom Brady）事业开始起步之后。现在，肯德尔广场是这里的新秀，这里的公司得益于本地众多的世界级一流大学，以及紧密团结的技术社区，这些社区从 Mobile Mondays 这样的聚会到波士顿创业公司的推特账号，覆盖了几乎各个方面。尽管从哈佛辍学的马克 · 扎克伯格花了很长时间才在波士顿建立了脸书的办公室，但脸书的总部仍在硅谷，可波士顿地区拥有非常好的医疗健康服务和生物技术公司，这比硅谷要实用、理智。

2015年第四季度至2016年
第三季度风险投资情况

风险投资金额	65亿美元
交易数量	453
退出数量	86
5年同期投资金额增长率	13.9%
5年同期交易数量增长率	6.8%

资料来源：CB Insights。

波士顿必做事项和不能做的事

必做事项

✔ 了解你喜欢的体育项目

波士顿一直为它的球队感到自豪。即使你不喜欢凯尔特人队或者波士顿红袜队，你也应该至少知道他们，因为如果你不知道，你和任何一个你在波士顿见到的人都聊不到一块去。请记住，传言“波士顿大屠杀”是由一顶破旧的扬基队球队帽引发的。

✔ 乘坐公共交通工具

波士顿的停车位就像硅谷的微软电话操作系统一样普遍，地铁就像廉价三明治连锁店一样不招人待见，而公共交通系统被土生土长的波士顿人叫作“T”。

不能做的事

✘ 冒充波士顿口音

本地人特别喜欢省略儿化音，拉直舌头说话，就像“虾仁儿”得说成“虾银”一样，这种口音是门艺术，外人想要模仿，只会是东施效颦。

✘ 太友好

真的，即使你想认识新的朋友，也别一直微笑着不停地问别人问题，这不是波士顿的风格。波士顿人可能会扶一个盲人过马路，但是不会和他交朋友。

排行榜

天使投资人

帕帕斯（Art Papas）
比尔·索尔曼（Bill Sahlman）
克里斯·凯勒（Chris Keller）
达迈石·沙阿（Dharmesh Shah）
詹·卢姆（Jen Lum）
杰瑞·道尔（Jere Doyle）
乔·卡罗素（Joe Caruso）
拉斯·阿尔布莱特（Lars Albright）
彼得·麦凯（Peter McKay）
TJ. 马奥尼（TJ Mahony）

风险投资机构

阿特拉斯风投
贝恩资本
巴特利风投
贝赛麦风投
CRV 风投
普通催化剂风投
高地资本
新视野风投
北桥风投
开放视野风投
北极星创投
火花资本

孵化器

博尔特孵化器
教育项目孵化器
健康盒子加速器
LearnLaunchX 加速器
MassChallenge 加速器
技术之星
资本网络孵化器

创业公开活动

BostInno 50 on Fire 创新大会
BUILD 企业家竞赛
M 期货投资
新兴创业家联盟
HBS 讨论会
技术回馈
WebInno

伟大的成功故事

开源软件服务公司阿奇亚

波士顿一瞥

早餐会最佳地点
汉尼埃塔餐厅
派拉蒙餐厅
拉特餐厅
The Friendly Toast 餐厅
扎菲提奇熟食餐厅

值得驻足的咖啡吧
帕维门特咖啡吧
伦德尔咖啡
思考杯咖啡

本地啤酒
巴奇威士忌
Harpoon 啤酒
纳拉甘西特啤酒
PBR 啤酒
山姆·亚当斯啤酒
Trillium 酒

最好的酒吧
共通财富酒吧
相聚酒吧
里格屋顶酒吧
秘得豪尔酒吧
七酒吧
财富酒吧
WeWork 聚会酒吧

创业区域
后湾区
剑桥
金融 / 皮革区
堡垒区（崭露头角）
红线（阿尔万福到市中心十字路口一带）
海港区 / 创新区

波士顿人际网小贴士
· 总说你认识哪些大佬会显出你是一个装腔作势的家伙。
· 穿 Bonobos 品牌，这个品牌可能赞助了很多你曾经看不下去的博客。

本地必参加的活动
波士顿马拉松
海鲜节
圣帕特里克节

数据管理厂商 Actifio
络视频发行商 Brightcove
线家庭护理服务商 Care
据情报收集技术开发商
DataGravity
子商务解决方案提供商
Demandware
育游戏公司 DraftKings
业搜索与数据管理公司
Endeca
aaS 服务公司 Hubspot
游搜索引擎 Kayak
能仓储服务公司 Kiva
机广告公司 Quattro
络安全公司 Rapid7
线通信技术公司 Starent
球旅游规划和预订平台猫途鹰
网络安全公司 Trusteer
在线印刷平台 VistaPrint
云管理企业 VMTurbo
家居零售商 Wayfair
汽车租赁平台 Zipcar

2015 年第四季度至 2016 年第三季度顶级融资情况
摩德纳医药公司——6 亿美元
体育社交游戏公司 DraftKings——1.53 亿美元
生物科技初创公司 Indigo——1 亿美元
银杏生物——1 亿美元
理财社区 Society of Grownups——1 亿美元

播客未死

多数大学生都会很惊讶地发现播客依然存在——以下是一些“必听的”波士顿播客。

波士顿科技
每月两次采访本地企业家。

创新中心
《创新思考者》专栏会邀请各个领域有趣的人。

Techitfwd
会采访波士顿的企业家，该公司兼具营利和非营利的性质。

波士顿学院排名

学校	2015年录取率	本科生	学费	企业家
哈佛大学	6.0%	6 694	45 278美元	比尔·盖茨、马克·扎克伯格
	俱乐部：哈佛风险投资、哈佛创新实验室			
麻省理工学院	7.9%	4 512	46 704美元	比尔·休利特、德鲁·休斯敦
	俱乐部：麻省理工电子俱乐部、创业与创新俱乐部			
塔夫茨大学	17.3%	5 188	50 604美元	皮埃尔·奥米德亚
	俱乐部：塔夫茨企业网络、沉浸式创业项目			
波士顿学院	33.9%	9 154	49 324美元	尼克什·阿罗拉
	俱乐部：小埃德蒙·H.谢伊创业中心、企业家社团			
美国东北大学	32.3%	13 510	45 530美元	肖恩·范宁、比兹·斯通
	俱乐部：东北企业家俱乐部、沉浸式企业家项目			
波士顿大学	34.5%	18 017	48 436美元	米基·德雷克斯勒
	俱乐部：波士顿大学金融和投资俱乐部、波士顿大学企业家俱乐部			

波士顿明星探索

波士顿的技术之星孵化器如今拥有9处办公地点，它见证了许多惊天动地的成功，也拥有很多申请者。要想进入Techstars，你需要做以下几件事。

1. 研究 把保罗·格雷厄姆的文章放进你的有声读物列表，开车的时候打开听一听，有空就看一看萨姆·奥特曼的课程，分析每一个加速器的每一位合伙人发的每一条推特信息，了解自己从事的行业的方方面面，这些都做了，或许你就准备好去面试了。

2. 迭代 只有当你的公司是完整的时候，产品才能被完整地生产出来，这意味着在迭代基础上继续迭代。当评论一个产品时，你需要转化一下身份：你不再是制造产品的充满激情的企业家，而是互联网泡沫时期梦想幻灭的大学毕业生。

3. 提前支付 你不是在向一个风险投资人推介项目，他感兴趣的只是你能在 16 万亿美元的“阅后即焚”照片应用市场中占据 95% 的份额。孵化器企业本来就该是帮助你的，所以它们对你的公司进行客观评价，保持乐观，但不盲目。

北京与上海

北京和上海尽管在很多方面不同，比如方言、文化、食物和污染问题（北京有一个平台会每天专门报告污染状况），但都显示了中国创业生态系统正在异军突起，走向全球，发展得像中国春节的鞭炮一样红红火火。

扩大用户规模是一个普遍问题，但对中国人来说这从来都不算问题，中国的约 14 亿人口是庞大的消费群体（造就了廉价制造业），然而企业往往陷入无法将市场扩张到国外的窘境，大部分初创公司都只专注于国内市场。

在创新理念方面，中国需要赶上世界其他国家，但中国勤劳的文化和庞大的国民消费基础却是无可匹敌的。

2015年第四季度至2016年第三季度
北京风险投资情况

风险投资金额	205亿美元
交易数量	213
退出数量	44
5年同期投资金额增长率	90.0%
5年同期交易数量增长率	28.4%

资料来源：CB Insights。

2015年第四季度至2016年第三季度
上海风险投资情况

风险投资金额	95亿美元
交易数量	137
退出数量	30
5年同期投资金额增长率	118.7%
5年同期交易数量增长率	39.4%

资料来源：CB Insights。

消费者对消费者：复制到中国

中国有许多模仿美国业务模式的公司，它们有很大的发展前景，在它们的发展过程中诞生了中国的亿万富翁。

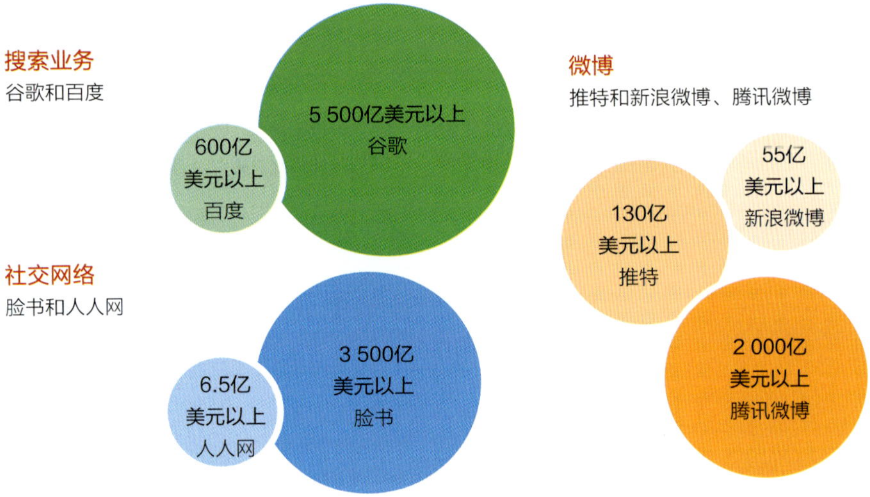

北京关系网小贴士

- 你的宣传材料要有一份中文版的。
- 遵守政府的相关法规和管理制度。
- 好的生意伙伴是需要时间来培养的。

北京一瞥

早餐会最佳地点
美西西餐厅
外婆家
因格罗索咖啡厅
四合院餐厅

值得驻足的咖啡吧
3W 咖啡
贝塔咖啡
车库咖啡

本地啤酒
大跃进啤酒
麦芽狗酒吧的啤酒
熊猫精酿
悠航鲜啤
第一鲜双倍 IPA
青岛啤酒

线下约会场所
Babyface 夜店
爱乐酒吧
方吧
Mix 夜店
Propaganda 夜店
Vics 夜店
苏丝黄的世界

本地必参加的公开活动
中国新年庆祝活动
中秋节庆祝活动

创业区域
海淀
望京

排行榜

天使投资人
张彬彬
刘成城
易可睿
詹姆斯·谭（James Tan）
王仁中
菲尔·莫尔（Phil Morle）
威廉·鲍·比恩（William Bao Bean）

风险投资机构
高榕资本投资
DCM 投资
德同资本
深圳达晨创投
金沙江创业投资基金
厚朴基金
IDG 资本
创新工场
红杉资本中国
腾讯
真格天使基金
中植资本

顶级孵化器
36 氪
未来工作室
北京微软孵化器
Seedit 孵化器
优客工场
XLab 孵化器

创业公开活动
北京新兴科技峰会
北京全球移动互联网大会
中国创业周
北京国际创新峰会

伟大的成功故事
百度
京东
联想
学而思教育集团
万达
小米科技

2015 年第四季度至 2016 年第三季度顶级融资情况
美团——33 亿美元
乐视体育——12 亿美元
京东金融——10 亿美元
盛力世家——10 亿美元
链家——9.26 亿美元

上海一瞥

早餐会最佳地点
尚恩乔治法国餐厅
静安香格里拉酒店

值得驻足的咖啡吧
坎比奥市场
IC 咖啡
创业之家俱乐部
聚成阁咖啡
庞克咖啡
遇见咖啡
苏美尔咖啡
微咖

本地啤酒
拳击猫精酿
Dr.Beer 酒吧
帝国世涛精酿
路易国王精酿

线下约会场所
390
好莱坞
Kai 酒吧
Le Baron 夜店
Lola 夜店
Monkey Champagne 餐厅
TZ 音乐现场
Unico 餐厅

本地必参加的公开活动
中国春节庆祝活动
划龙舟
元宵节庆祝活动

创业区域
漕河泾科技园
五角场
张江研究创新园

排行榜

天使投资人
西里尔·埃伯斯韦勒
詹姆斯·哈夫特
乔纳森·谭
郭伟
威廉·鲍·比恩

风险投资机构
格林伍德
金沙江创投
IDG 资本
光速创投
恩颐投资
启明创投
红杉资本中国
腾讯

顶级孵化器
中国加速
飞马旅
创智空间
创新学社
起点创业投资基金
播种社区
创新工场
上海市云计算创新基地
上海市大学生科技创业基金会
上海多媒体谷投资
SLP 上海投资
创业公社
苏河汇
创建无限

创业公开活动
全球移动通信协会创新城活动
GTI 峰会
上海移动世界大会
上海国际创新峰会

2015 年第四季度至 2016 年第三季度顶级融资情况
饿了么——12.5 亿美元
携程——10 亿美元
陆金所——9.24 亿美元
宝宝树——4.5 亿美元
达达——3 亿美元
58 到家——3 亿美元

北京创新空间

36 氪

- 中国在线科技新闻网站领导者，同时也是孵化器。
- 网站最初只是翻译科技博客网络上的文章，后更名并开始发布原创内容。
- 在孵化器里的公司经常会获得大量的媒体曝光机会。

冰果学校

- 设有创业咖啡馆、孵化器、天使基金。
- 与清华大学创业指导项目对接。
- 与国际孵化器和风险投资基金 1776、微软风投联合举办了 2015 年挑战杯，这是一个类似黑客马拉松的活动，旨在帮助创业者寻找合作伙伴。

中关村创业大街

- 中关村创业大街始于 2014 年 6 月，占地面积约 4.2 万平方米，是北京主要的创业区。
- 这里聚集了创业咖啡馆、孵化器、联合办公空间及会员制的创业俱乐部。
- 它就像打了鸡血的脸书园区。

3W

- 最初是由红杉资本中国的沈南鹏等知名风险投资人共同投资。
- 拥有一只天使投资基金，大约花了 8 万美元投资加速器内的项目。
- 创业咖啡馆设在一楼和二楼，三楼是孵化器。

马云不再是以前的马云了

从一名普普通通的英语老师，成为中国第二大富豪，马云的企业家之路与老一辈企业家并不同。马云曾经戴着白色假发、穿着黑色皮衣，乔装打扮成明星，出现在员工面前，他在中国大部分公司还在做山寨产品的时候就创建了中国的原创网站。马云身上有很多标签：白手起家的商人、离经叛道的亿万富翁、精神战斗中的将军、慈善家。但最重要的是，他是一个天才。

1964 年　马云在杭州出生，他的父母是专业评弹演员，评弹是一门融合了娱乐、故事和音乐的中国传统艺术。他的母亲曾是工厂的工人。

20 世纪 70 年代　马云为了提高英语水平，免费从事英文导游的工作，最后他和一个女孩成了笔友，这个女孩给他取了一个英文名字——杰克。他们俩就像电影《恋恋笔记本》里演的那样浪漫。

1988 年　经历了两次高考失利后，马云终于考入杭州师范学院的英语专业，并且顺利毕业，拿到了英语专业的大学文凭。毕业之后，马云在杭州电子工业学院做英语老师，之后，他创立了一家翻译公司。

1995 年　马云第一次去美国，他到马里布去找一个美国人收账。这个美国人想赖账，马云没有收到钱，却被迫陪这个美国老板去了一趟拉斯维加斯。为了想办法摆脱困境，马云想试试手气，没想到赢了 600 美元，这足够他买一张机票去西雅图。在西雅图，马云第一次见到了电脑和互联网，他输入了“啤酒”这个词后，便出现了一大堆结果，然后他输入了“啤酒中国”，却没有出现任何结果。这促使他创立了第一家公司——中国黄页，但是最后以失败告终。

1998 年　马云在对外经济贸易合作部工作，在这期间，马云曾带着雅虎的联合创始人杨致远游览长城。

1999 年　马云聚集了他 17 个朋友，凑了 6 万美元在他的公寓里创立了阿里巴巴。同年年底，马云获得了来自高盛和日本电信公司软银的风险投资金。

2001 年　截至 12 月，阿里巴巴拥有了超 100 万用户。

2003 年　阿里巴巴正式推出淘宝，一个类似易趣和亚马逊的在线购物网站。那时候，易趣控制着中国市场的大部分份额，马云宣布，将与这家公司“开战”。

2005 年　阿里巴巴和雅虎形成了“战略合作伙伴”关系，用 10 亿美元购买了雅虎 40% 的股权。之后，阿里巴巴控股雅虎中国。

2007 年　阿里巴巴在香港上市，在香港交易所挂牌。

2009 年　公司十周年庆典，马云在他的 16 000 名员工面前，戴着白色的长假发，穿着黑色的皮夹克套装，演唱《狮子王》的主题曲《今夜你能感受到我的爱吗？》。离经叛道的天才有许多表现形式。

2013 年　马云辞去了执行总裁的职位，但依然是阿里巴巴的董事长。

2014 年　阿里巴巴在美国上市，筹集资金高达 250 亿美元。这是美国历史上规模最大的首次公开募股。

2016 年　阿里巴巴的市值超过了 2 300 亿美元。

阿里帝国

阿里巴巴不仅存在于阿拉丁神话里，2014年，阿里巴巴在纳斯达克上市，并成为美国规模最大的首次公开募股。这家最初由马云在1999年创办的电子商务公司，最终成长为一个具有电子支付、在线购物、云计算等一系列服务功能的商业巨兽。欢迎你来到阿里巴巴帝国。

阿里巴巴

领导全球批发行业，是阿里巴巴集团的第一家业务公司。

1999

1688.COM

1999 年正式推出，后成为中国在线批发市场平台的领导者。

2003

淘宝网

2003 年正式推出的中国最大的线上网购网站。

2004

阿里旺旺

2004 年正式推出的一款商家和用户的在线即时沟通工具。

支付宝 / 蚂蚁金融服务

中国第三方支付解决方案的领导者。

2007

阿里妈妈

2007 年正式推出的在线技术平台领导者。

2008

天猫

2008 年推出的最大的第三方品牌零售商平台。

2009

阿里云

创立于 2009 年的云计算和数据管理平台。

2010

聚划算

2010 年正式推出的中国购买人数最多的在线团购平台。

全球速卖通

2010 年正式推出的全球流行的消费平台。

海外经验

中美两大经济体之间的紧密联系，使得两国人民往来越来越频繁。需要出国居住一段时间的人员或外派人员，可以参考中美之间的以下差异。

竞争 这两个国家的竞争都很激烈，但是中国更加激烈。因为山寨网站防不胜防，这意味着你此刻创建了卓越的“无线腾达路由器”应用软件，下一秒这个应用软件就可能会被盗版，没有人会知道最原始的软件是哪一个。

简历 在中国，你有美国创业经历是很好的，但是吹嘘要谨慎，更要小心装得比别人懂的东西多——中国是一个与众不同的国家，你所有有价值的知识和人脉网络都需要更新。在美国，你若拥有中国的创业经验可以获得许多工作机会，但是也可能被分到“中国伙计”这类人中。一些工作不仅要求你有工作方面的专业知识，你的同事们也会指望你告诉他们熊猫快餐是否正宗，尽管一些人在吃蜂蜜核桃虾的时候根本不知道这不是正宗的中国菜，反正“无知便是福”。

2011

一淘网

2010 年由淘宝网正式推出的购物比价网站，2011 年独立成一个品牌。

2013

点点虫（原名来往）

2013 年，董事长马云宣布不再使用微信，之后推出了阿里巴巴的通信应用点点虫。

2014

阿里健康

阿里巴巴在健康领域的旗舰平台，做医药电子商务和医疗服务，它在 2014 年正式推出。

菜鸟物流

2014 年上线，是物流信息操作平台。

阿里影业

在一次与华视传媒集团合作的契机之下成立，阿里影业现在是中国估值最高的电影公司。

中国其他的动力源泉

杭州 人口：6 532 000

这里不仅有著名的自然景点，吸引了大量的游客，而且有非常浓厚的商业氛围。阿里巴巴就坐落在这里。

2015年第四季度至2016年第三季度
风险投资情况

风险投资金额	61亿美元
交易数量	27
退出数量	4
5年同期投资金额增长率	224.7%
5年同期交易数量增长率	31.0%

资料来源：CB Insights。

深圳 人口：12 337 000

深圳有许多科技公司（比如腾讯）的总部，也有自己的证券交易所，还是先进电子产品的制造中心。

2015年第四季度至2016年第三季度
风险投资情况

风险投资金额	13亿美元
交易数量	42
退出数量	5
5年同期投资金额增长率	230.9%
5年同期交易数量增长率	47.6%

资料来源：CB Insights。

北京（人口超过1 800万）和上海（人口超过2 300万）在风险投资基金规模和交易数量方面领跑全国，与此同时，中国的其他城市也开始引领中国的经济增长。中国人口超过100万的城市，都有与城市规模和增长速度匹配的目标。

苏州 人口：4 367 000

苏州被称为“东方威尼斯”，是中国主要的贸易中心之一，特别是丝绸贸易。这座城市以其无与伦比的园林和历史文化著称，是著名的建筑师贝聿铭的家乡。

2015年第四季度至2016年第三季度
风险投资情况

风险投资金额	2.03亿美元
交易数量	8
退出数量	2
5年同期投资金额增长率	数据未知
5年同期交易数量增长率	数据未知

资料来源：CB Insights。

广州 人口：12 385 000

广州是中国的制造业大鳄，也是中国南方的工业和商业中心城市。广州聚集了大批工厂，向全球出口大量的塑料制品、电子产品和服饰。

2015年第四季度至2016年第三季度
风险投资情况

风险投资金额	2.837亿美元
交易数量	11
退出数量	4
5年同期投资金额增长率	78.3%
5年同期交易数量增长率	61.5%

资料来源：CB Insights。

成都　人口：7 815 000

成都是中国西部重要的中心城市，这里的生活方式较为休闲。成都是中国西部的一个经济支柱，聚集了大量的跨国公司。成都还是大熊猫的故乡。

2015年第四季度至2016年第三季度风险投资情况

风险投资金额	1.507亿美元
交易数量	4
退出数量	1
5年同期投资金额增长率	72.0%
5年同期交易数量增长率	32.0%

资料来源：CB Insights。

香港　人口：7 431 000

香港是一个真正的全球金融中心，堪与伦敦、纽约媲美。更多信息请参看 168 页。

2015年第四季度至2016年第三季度风险投资情况

风险投资金额	6.35亿美元
交易数量	74
退出数量	34
5年同期投资金额增长率	0%
5年同期交易数量增长率	35.8%

资料来源：CB Insights。

武汉　人口：10 256 000

临近长江的武汉，可谓是天时地利人和，以便利的交通枢纽而闻名，也是商业和教育中心。武汉是网球明星李娜的故乡。

2015年第四季度至2016年第三季度风险投资情况

风险投资金额	1 500万美元
交易数量	2
退出数量	2
5年同期投资金额增长率	数据未知
5年同期交易数量增长率	数据未知

资料来源：CB Insights。

南京　人口：6 723 000

南京拥有丰富的历史和文化底蕴，同时也是一个教育中心。相对北京和上海，南京的城市化程度要低一些。

2015年第四季度至2016年第三季度风险投资情况

风险投资金额	7 190万美元
交易数量	9
退出数量	0
5年同期投资金额增长率	数据未知
5年同期交易数量增长率	数据未知

资料来源：CB Insights。

苹果家族

拥有数百万名员工以及上千家公司的硅谷，堪称是一群关系密切的科技巨鳄的地盘，他们的成功与导师和前辈的关照紧密相关。

史蒂夫·乔布斯的关系图

在硅谷，比尔·坎贝尔被称为“教练”，他曾经是哥伦比亚大学足球队的教练，后来搬到西部在乔布斯手下工作，最后成为财捷公司的首席执行官。他之所以被称为“教练”，是因为他耐心指导过科技领域很多企业家，帮助他们取得了成功。

坎贝尔教练的关系图

芝加哥

在被称为“硅谷草原”之前，芝加哥被风险投资家称为“天桥之城”，因为芝加哥这座桥梁把硅谷的投资人和波士顿的创业者连接了起来。由于芝加哥并不依赖某种支柱产业，因此这里的创业公司呈百家争鸣的状态，再加上西北大学、伊利诺伊大学香槟分校以及芝加哥大学等著名大学都坐落在附近，为芝加哥输送了很多人才。在网景（Netscape）、贝宝（PayPal）、优兔和 Yelp 的联合创始人先后离开芝加哥转到硅谷创业之后，芝加哥终于找到了一位忠实的老朋友——高朋网。高朋网的创始人埃里克·莱夫科夫斯基（Eric Lefkofsky）和布拉德·基维尔（Brad Keywell）的身影依然在芝加哥科技界常出现。芝加哥的创业圈最大的特点是物价低廉，并且热狗一贯不加番茄酱。芝加哥最大的孵化器 1871 是典型的代表。1871 这个名字不是为了纪念 1871 年芝加哥大火事件，而是为了纪念这场大火之后重建家园过程中，所有人体现出的创新精神和团队协作精神。

2015年第四季度至2016年
第三季度风险投资情况

风险投资金额	18亿美元
交易数量	275
退出数量	100
5年同期投资金额增长率	14.6%
5年同期交易数量增长率	10.8%

资料来源：CB Insights。

芝加哥一瞥

早餐会最佳地点
芝加哥卡特牛肉馆
罗密契餐馆
贝洛美食
百吉饼餐厅
约克餐厅

值得驻足的咖啡吧
女神面包房
知识界茶餐厅
科隆布咖啡吧
斯普咖啡屋

最好的酒吧
大明星酒吧
乐天派酒吧
勒克斯酒吧
客厅酒吧
RL 酒吧
鸟舍酒吧

本地啤酒
312 啤酒
Forbidden Root 酿酒
鹅岛啤酒
Old Style 啤酒

最适合小酌的酒
火球
麦勒

线下交友最佳地点
Delilahs 餐厅
Fado 酒馆
Original Mother's 酒吧
Richards 酒吧
Soho H. 酒店
The Hangge Uppe 夜店
Underground 俱乐部

本地必参加的活动
芝加哥航空表演秀
艺术博览会
黑鹰队 / 小熊队 / 公牛队球赛
芝加哥美食家节
拉帕鲁扎音乐节

老城区艺术节
芝加哥海军码头烟花表演秀
芝加哥第二城
芝加哥美食节
iO 剧院的 TJ 和戴夫

排行榜

天使投资人
大卫 · 科恩（David Cohen）
德博拉 · 夸索（Deborah Quazzo）
哈柏 · 里德（Harper Reed）
霍华德 · 杜门（Howard Tullman）
凯文 · 威尔（Kevin Willer）
詹森 · 弗里德（Jason Fried）

风险投资机构
顶点风投
全球硅谷孵化器
全球硅谷创投
海德公园天使投资
光线银行投资
普瑞氪集团
真北投资
巍乐股份投资

顶级孵化器
1871 孵化器
BLUE1647 孵化器
弹射器孵化器
健康盒子
撞击发动机孵化器
物质孵化器
技术联结孵化器
技术之星
芝加哥大学创投挑战赛
伊利诺伊理工学院科技园

创业公开活动
1871 TGIFs
博客学院
BMA
芝加哥创业周末
芝加哥投资峰会
芝加哥科技周

2015 年第四季度至 2016 年第三季度顶级融资情况
先锋集团——3.25 亿美元
双峰医疗公司——2.5 亿美元
洋葱——2 亿美元
短信协助公司——1.5 亿美元
Vibes 传媒——4 500 万美元
阿普泰克——4 500 万美元

贝宝

芝加哥是曾经最强大的集团之一——贝宝的“老家”，贝宝中的很多人都毕业于伊利诺伊大学香槟分校，他们在很多传奇公司里是有头有脸的人物。

团队成员	在贝宝的职位	离开贝宝之后
埃隆·马斯克	联合创始人、总经理	太空探索技术公司创始人和首席执行官、特斯拉联合创始人和首席执行官
彼得·蒂尔	联合创始人、首席执行官	风险投资公司管理合伙人、克莱瑞姆资本管理公司董事长、脸书董事会成员
麦克斯·拉夫琴	联合创始人、首席技术官	Yelp 董事长，Affirm首席执行官、执行主席，Slide公司（被谷歌收购）执行董事长，Glow公司创始人
里德·霍夫曼	执行副总裁 I	领英联合创始人和执行总裁、格雷洛克风险投资公司合伙人
凯斯·拉波斯	执行副总裁	科斯拉风险投资公司合伙人、Square首席运营官，投资了优兔、Geni、领英、Yelp
鲁洛夫 ·博塔	首席财务官	红杉资本执行合伙人
杰里米·斯托普尔曼	工程副总裁 I	Yelp联合创始人和首席执行官
拉塞尔·西蒙斯	工程师 I	Yelp联合创始人
史蒂夫·陈	工程师 I	优兔联合创始人
杰韦德·卡瑞姆	工程师 I	优兔联合创始人
查德·赫利	设计师	优兔联合创始人
大卫·萨克斯	首席运营官	Zenefits首席执行官、Yammer联合创始人和首席执行官、Geni董事长
戴维·麦克卢尔	营销总监	Kiva顾问、500 Startups创始合伙人
普雷玛尔·沙赫	产品经理	Kiva总裁

注：伊利诺伊大学香槟分校的毕业生标注了该校校徽 I。

拉帕鲁扎音乐节

时间：七月的最后一周

地点：芝加哥格兰特公园

1 手机 手机基本上是目前拉帕鲁扎音乐节参加者普遍头疼的问题。一方面，手机可以拍照，还能拍 160 秒短视频，记录一天的搞怪动作。另一方面，这里的手机信号总是不太稳定，也不方便充电。这个时候，我们可以使用对讲机或者信鸽来代替，尽管它们有些笨重，这也的确是个缺点。

2 交通 你可以选择开车，这个选择能让你少喝酒，保持清醒，不过成本高，效果差。第二个选择是公共交通工具，你可以选择和数百名参加活动的人一起去一起回，但是只要有一个人在车上吐了，那么整个过程就毁了。我们推荐骑自行车，因为很多地方都方便停车，还能享受“风城”（芝加哥的别名）的微风拂去残留在你耳边金属音乐的声音。

3 音乐 你要选择一层看台，站在这里别动。你要是随便走动，就意味着丢下正在找厕所的朋友，同时你再也找不回原来的位子，只能去远的地方看电视上的现场秀。

案例分析：芝加哥的1871

1871 是芝加哥的孵化器领军者。这个孵化器是为设计师、工程师、企业家提供辅导和方案的社区。1871 独特的项目有 WiSTEM，这是一个专门面向女性企业家的项目。Bunker 实验室，旨在为有经验的企业者提供一个创业环境。DV X 实验室是一个教育科技孵化器。芝加哥大学创业大赛评选出的 10 个企业会获得它的赞助。

创业活动

由创始人兼主席的约瑟芬・李（Josephine Lee）领导的西北大学曾创立了自己的创业俱乐部（Entrepreneurs Pioneers Innovators Creators，简称EPIC），我们采访了EPIC的前任主席苏西・韩（Suzee Han）。

EPIC 是做什么的 在 EPIC 成立之前，学校里有很多零散的创业平台。在以全球硅谷副主席李江为代表的顾问帮助下，西北大学前任主席更名并重新创立了这个俱乐部。我帮乔创立了一个创业发展项目，这个项目持续了 9 周的时间。这个项目由学生运营，我们邀请教授和首席执行官在各方面指导和帮助学生。我们也举办了我们的第一场黑客马拉松比赛，举行了创业活动运动会，还举办了一个大型的企业竞赛，我们甚至根本没想到这个竞赛会发展到如此大的规模。

你们邀请到的最大牌的演讲人是谁 在法尔利中心的帮助下，我们请彼得・蒂尔加入了。这对我们来说是一件非常兴奋的事，因为他是硅谷的顶级投资人之一，也是早期脸书的投资人之一（他还是贝宝的创始人）。这是一个非常棒的活动，这个活动正巧在期末考试最后一周的周一，所以大家可以完成期末考试来参加。

俱乐部的愿景是什么 西北大学在很大程度上是为学生之后的专业工作打基础。很多学生致力于做咨询顾问、教授或银行家——尽管创业的趋势在增长，但还不是非常突出。因此，我们希望创造一个创业氛围浓厚的校园，因为无论你选择哪条路，创业的思维都是非常重要的。我们的目标是创立一个为西北大学的每个人提供帮助的创业社区。

9

柏林

对柏林的创业公司不乏批评的声音，一些人认为它们雷声大雨点小，没有实际工作内容，只会到处大肆宣传，有的普遍存在规模问题，但柏林的创业生态正在蓬勃发展。这里充满活力，生活成本较为低廉，非常欢迎来自世界各国的青年才俊。德国曾经的问题［文件共享网站麦力法案创始人金达康（Kim Dotcom）和在线娱乐帝国的所有者席尔曼（Fabian Thylmann）的矛盾］，柏林解决了，并创立了一个紧密团结的非常有影响力的创业社区。会员大会甚至提供了一个叫“柏林创业介绍会”的课程。你不需要学会说德语，但必须要有一个声云（SoundCloud）账号，里面要保存电子音乐。

2015年第四季度至2016年第三季度
风险投资情况

风险投资金额	10亿美元
交易数量	225
退出数量	41
5年同期投资金额增长率	32.1%
5年同期交易数量增长率	22.4%

资料来源：CB Insights。

柏林一瞥

早餐会最佳地点

圣奥伯霍尔兹

数字餐厅

值得驻足的咖啡吧

Godshot 咖啡馆

Grosz 咖啡馆

Oslo Kaffebar 咖啡馆

最好的酒吧

1 000 酒吧

本地饮品

比奥纳德

俱乐部伙伴（兑伏特加）

Voelkl Zisch

线下交友最佳地点

波海恩酒吧

Sisyphos 夜店

创业区域

克罗伊茨贝格区

米特区

本地必参加的活动

柏林音乐节

圣诞集市

慕尼黑啤酒节

排行榜

天使投资人

亚历山大·德雷森（Aleksandr Dresen）

克里斯托弗·玛丽（Christoph Marie）

弗雷德·德斯坦（Fred Destin）

克劳斯·霍尔默（Klaus Hommels）

菲利普·默宁（Phillip Moehring）

风险投资机构

早鸟投资

德国初创投资

湖星投资

帕瓦投资

火箭网

孵化器

阿克塞尔·施普林格孵化器

柏林创业学院

硬核孵化器

枢纽孵化器

微软柏林孵化器

初创营孵化器

当下孵化器

创业公开活动

柏林人才峰会

柏林 IT 展

夏里特创业峰会

柏林创业营

欧洲创业峰会

2015 年第四季度至 2016 年第三季度顶级融资情况

AUTO1 集团——1.176 万美元

声云——7 000 万美元

阿祖布——5 900 万美元

你的向导——5 000 万美元

颇特凯普——5 000 万美元

优尼蔻斯——5 000 万美元

须知

火箭网

创立于2007年的火箭网自称是一个创业孵化器和公司建筑商，但实际上它更像一家山寨公司。它传统的做法是寻找美国成功的网站，然后模仿这些网站，打通国际市场，最后出售给原公司。桑维尔兄弟（Samwer Brothers）用这种模式疯狂地赚了很多钱，但是火箭网在柏林落得的是一个山寨的名声。

创办人

亚历山大是兄弟几个最小的一个，在哈佛大学获得工商管理硕士学位，从事风险投资工作。奥利弗是老二，在火箭网做首席执行官，在德国著名的商学院法伦达尔管理学院获得了商学位。马克是兄弟三人中的大哥，在德国科隆大学获得法律学位，参与公司的日常工作，之前在高朋网工作。

桑维尔兄弟被批评是盗窃创意和扼杀创新的罪魁祸首，兄弟三人也为自己争辩过，说有些人善于产生创意，他们善于执行创意。在柏林一次难得的采访中，奥利弗将优秀的发明者称作“爱因斯坦”，把自己和两个兄弟比作建筑师巴布［Bob，著名动画片《巴布工程师》（*Bob the Builder*）里的主人公］，也就是发明的执行者。他为什么这么说呢？谁会愿意当一个受欢迎的卡通人物，而不是世界上智商最高的人呢？

火箭网首次公开募股，融得 82 亿美元。然而之后，公司股价一路下跌，产生了一系列问题，公司前途堪忧。

投资项目：Zalando

桑维尔兄弟创办的一个模仿易趣的网站，在 1999 年被易趣以 4 300 万美元收购。

投资项目：城市交易

2010 年，桑维尔兄弟扩大了城市交易的规模并投资了这家公司，这个模仿高朋网的网站，曾经成为 13 个国家连续 5 个月成交量最高的网站。高朋网收购了城市交易并委派马克（Marc）为国际运营执行官。之后，马克在“搞砸了公司文化”的争议声中离职。

投资项目：疯狂的青蛙

桑维尔兄弟创办的姜巴公司推出了魔性青蛙铃声，最后它被威瑞信公司以 2.73 亿美元收购。

声云

柏林本地的一家叫声云的公司免费提供全球各类音乐家的流媒体。在这家网站上，电子混音是最受欢迎的音乐类型。

声云必须关注的 5 个账号

1. ODESZA　39.5 万粉丝

　　这是一个电子音乐二人组合，首张专辑《夏季已去》发布后，声名鹊起。

2. ABSENCE　4.9 万粉丝

　　这是一个地下 DJ，它针对不同风格的歌手做混音，例如 Lana del Rey 和 Wiz Khalifa。

3. FLYING LOTUS　550 万粉丝

　　来自洛杉矶的 DJ 和饶舌歌手，其音乐格调颇具实验性。

4. SOUND PELLEGRINO　2.3 万粉丝

　　巴黎本土的音乐工作室，主要聚焦于俱乐部音乐。

5. #UNKNOWN　2.4 万粉丝

　　一个伦敦账号，主要发布匿名音乐家的浩室音乐，为了避免公众因为作曲家的名气对音乐本身做肤浅的猜测，总之很神秘。

柏林创业路线

U8

U8线不仅能让游客快速地游遍柏林，其沿线还有许多创业的热门地点。①

沃尔特街

种子基金公司 WestTech 在曾经的 Kaisers 连锁超市（之前是共同超市办公空间）里创建了它的孵化器——Project Flying Elephant。

BernauerstraBe

曾经的啤酒厂，现在的新创业园区，如声云、GoButler 等柏林最有名的初创公司都是在这里起家的。

Rosenthalerplatz

圣沃倍霍兹大街是苹果用户和数字化旅行一族的首选，原因是这里有免费 Wi-Fi，还能假装不经意地听到创业公司的对话信息。在梅因哈努斯姆瑟和诺伊敖德萨酒吧这些地方，你能看到米特区的创业公司雇员跑来喝鸡尾酒。

WeinmeisterstraBe

哈克广场对于广告科技公司有着莫名的吸引力——其中一家新锐公司是黑特佛克斯公司，它的办公室位于罗莎—卢森堡大街。穿过车站，便是 SAP 公司在柏林的办公室。

亚历山大广场

一些初创公司驻扎在这里，比如 Wunderlist、MeinFernbus 以及 Wooga。再往南一点儿，柏林博物馆岛有新建立的德国科技创业中心，这里是柏林创业学院和美国技术之星孵化器的所在地。

约诺维茨

德国租房网站 Immobilienscout24 和它的孵化器项目 YOU IS NOW 就在距离约诺维茨几个街区的地方。

柏林成功故事

研究之门

火箭网

声云

Zalando

创业英雄

亚历克斯·永格 (Alex Ljung)

伊尔佳·马迪什 (Ilja Madisch)

奥利弗·桑威尔 (Oliver Samwer)

沃尔特杰 (VoltastraBe)

圣莫里茨广场

Betahaus 是柏林最有名的联合办公空间，也是这个城市创业环境最受初创者欢迎的地方。

Kottbusser Tor

创业公司 Locafax 的办公室就在 AdalbertstraBe 的 GSG-Hof 大楼里。eDarling 公司、EyeEm 公司以及 Blinkist 公司的办公室距这里仅一步之遥。

尼斯街

一些创业公司将办公室设在 Paul-Lincke Ufer，其中包括 SumUp 公司、Mymuesli 公司和 Amorelie 公司。像 Umspannwerk 公司的主办公司 Shopkick 和 Fitengo 也在旁边。克罗伊茨贝格的 Graefekiez 区域也被称为“比特币区”，在这里你可以使用虚拟货币来购买咖啡、冲洗照片或者买塑胶唱片。

①资料来源：Setting.io。

10

特拉维夫

特拉维夫可以说是以色列的科技首都。这个年轻的海滨城市住了很多受过军事训练的年轻军人，这里也是全世界创业公司密度最高的地方之一。特拉维夫的创业公司并不像其他地方一样热衷于社交网络或其他已经饱和、生产力过剩的产业，以色列和邻国的紧张关系使得本国的创业公司更倾向于关注影响力更大的产业，例如可持续发展的产业和安防。此外，尽管美国人已经习惯了各种各样的创业公司社交活动，但是特拉维夫人普遍直率坦诚。以色列在历史上“一直流淌着创新的血液”，再加上特拉维夫的劳动人口非常专业，你就不难理解特拉维夫人为什么相信一切皆有可能了。

2015年第四季至2016年第三季度
风险投资情况

风险投资金额	9.839亿美元
交易数量	143
退出数量	22
5年同期投资金额增长率	60.5%
5年同期交易数量增长率	44.1%

资料来源：CB Insights。

排行榜

天使投资人

丹尼尔·雷卡纳迪（Daniel Recanati）
埃迪·沙莱夫（Eddy Shalev）
埃伦·提罗什（Eilon Tirosh）
吉吉·莱维（Gigi Levy）
盖·纲姆祖（Guy Gamzu）
摩·利希特曼（Moshe Lichtman）

风险投资机构

83North
迦南合伙人
卡梅尔创投
以色列种子合伙人
第一阶段投资
Magma 创投
祥峰投资

孵化器

8200 EISP 孵化器
花旗银行孵化器
以色列梦想 IT 投资孵化器
哈马格拉孵化器
IDC 升降孵化器
连接孵化器
微软阿苏尔孵化器
东方创投
吉瓦赫姆的海维孵化器
WMN 孵化器

创业活动

4YFN
以色列交易者峰会
以色列移动峰会
以色列黑客增长峰会
科技节
The Journey 商业大会
WE 峰会

2015 年第四季度至 2016 年第三季度顶级融资情况

盖特——3 亿美元
坲斯考特科技——7 600 万美元
飞唔尔——6 000 万美元
赛博瑞森——5 900 万美元
坲特——3 200 万美元

以色列的顶级孵化器：以色列国防部

每一名以色列公民都需要服兵役，这意味着每一位企业家都进行过军事训练，军队的纪律、人际网络和军事化训练会让他们受益匪浅。

丹·克瓦斯基（Dan Tolkowsky）
以色列本土第一个风险投资基金雅典娜基金的联合创始人
在以色列国防部的职位：以色列空军指挥官

巴拉克·艾力阿姆（Barak Eilam）
致力于数据安全和数据监测的以色列大型公司耐斯系统的首席执行官
在以色列国防部的职位：以色列精英情报机构 8200 部队的成员

切米·佩雷斯（Chemi Peres）
匹坦戈的联合创始人，匹坦戈基金是以色列知名的风险投资机构，管理着 16 亿美元的资金
在以色列国防部的职位：在以色列空军服役了 10 年的老飞行员

乌里·莱文（Uri Levine）
个人导航地图软件 Waze 的联合创始人，将公司以 10 亿美元的价格卖给了谷歌
在以色列国防部的职位：开发者（兵役规定 3 年，但是他服役了 5 年）

特拉维夫一瞥

早餐会最佳地点
本尼迪克特餐厅
纳恰玛瓦赫兹餐厅
多泊洛泊姆泊餐厅

值得驻足的咖啡吧
阿荣马咖啡吧
街旁咖啡吧

最好的酒吧
纳如卡酒吧
奥托酒吧
罗斯柴尔德 12 酒吧
卢比酒吧
社会俱乐部酒吧

本地啤酒
亚历山大啤酒
金星啤酒
马卡比啤酒

最美味的快餐
弗里什曼法拉菲（推荐沙拉三明治）
托尼外斯帕（推荐比萨）

本地必参加的活动
特拉维夫白夜节
那切本雅明展览
特拉维夫骄傲游行

沃特雷普雷内努尔公司

特拉维夫人以讨厌废话著称。在这座城市，你需要避免做以下事情。

不停营销 在这里创业是明智的，但是你的创业公司要是和谈话内容根本不搭边，你又老把创业史挂在嘴边是大禁忌。比如有人问你，你从哪里来，你的回答是："我的公司实际上做的是把 iPhone 变成一个能够播放芝麻街的虚拟现实全息图。"

总说自己认识大人物显得自己很厉害 年轻企业家最常见的也是最可怕的过失就是动不动就说自己认识某个大人物，而且还确信自己能成为这样的大人物。你堂弟的女朋友的最好的朋友的远房阿姨在电梯里碰见过史蒂夫·乔布斯吗？故事编得不错。构建人际网的大师从来不说他们认识谁，只说他们所做的事情。

风险投资猎头 在社交场合我们几乎都碰到过这样的人：他走过来，看一眼你名片上的公司名字，假笑一下，然后走开了。不要这么做，真正有价值的交流是与他人分享创意并与他人形成连接，只一味地关注公司名字，只会让人一无所获。

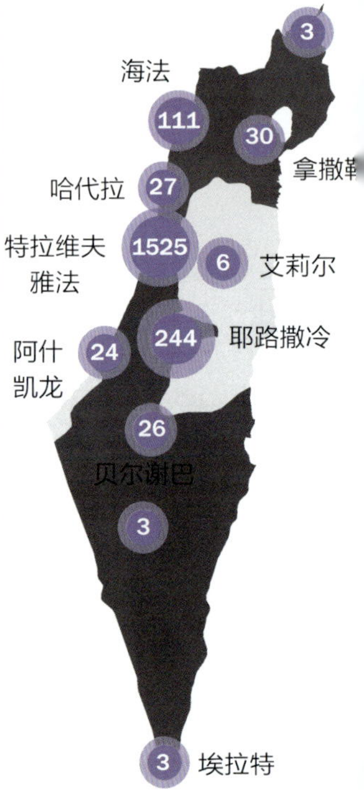

这张图显示了以色列全国科技机构的分布情况。资料来源：Mapped in Israel。

以色列创业地图

截至2015年8月，以色列科技界的情况如下。

1 472 家创业公司
229 种服务
84 个投资人
68 个研发中心
61 个孵化器
56 个科技社群
32 个联合办公空间

尝试一下“EatWith”

私厨美食共享平台EatWith是由两位以色列人——撒玛·施瓦茨（Shemer Schwarz）和盖·米奇霖（Guy Michlin）联合创办的。EatWith被誉为“美食界的爱彼迎”，用户可以在其全世界各地的家庭厨房吃到正宗的家常菜。以下几件事千万不要做。

携带洁食

在美国，“洁食”是形容词，通常用来形容人们认为东西很酷，但是在以色列，“洁食”指的是符合犹太法律和习俗的食物，且只能是偶蹄类以及反刍动物。因此，不要携带骆驼肉或者美洲獾肉去别人家，猪肉也不能带。

老晒照片

食物看起来很美味，你想记住这美妙的一刻，你想和别人分享，这些我们都理解，但是停下，把你的手机放在两个果仁蜜馅点心中间，然后和别人交谈。

创业国度

作为一个拥有850万人口的国家，以色列被称为“创业国度”是有原因的。以下资料显示了2015年1月的一周内的投资和退出情况。①

融资情况

- 云计算创业公司 Ravello Systems 2 800 万美元。
- 移动广告效果监控和数据分析公司 AppsFlyer 2 000 万美元。
- 以色列生命体征监测公司 EarlySense 2 000 万美元。
- 以色列金融科技公司 BlueVine 1 800 万美元。
- 以色列网络舆情追踪和分析网站 TayKey 1 500 万美元。
- 以色列社交应用创业公司 Rounds 1 200 万美元。
- 以色列云安全公司 Vaultive 800 万美元。
- 以色列招聘广告技术平台 RealMatch 800 万美元。
- 以色列 O2O 与二维码技术创业公司 Visualead 600 万美元。
- 以色列企业与客户沟通平台 Insert 700 万美元。

贴士

建立人脉网：从现在开始用左手拿饮料，因为当你被介绍给其他人时，要是右手拿饮料，就不得不换手与别人握手，这会显得很笨拙，而且把冰冰凉、湿漉漉的右手在裤子上擦一下后与人握手，绝对无法给人留下一个好的第一印象。

并购

- Annapurna 实验室以 3.7 亿美元的价格被亚马逊公司收购。
- CloudOn 以 1.5 亿美元的价格被多宝箱收购。
- Equivio 以 5 000 万美元的价格被微软公司收购。
- Red Bend 软件公司以 2 亿美元的价格被美国哈曼收购。

总计

- 融资金额：1.4 亿美元。
- 并购：7.7 亿美元。
- 一周成交额：9.1 亿美元。

①资料来源：Geektime。

全球硅谷流行语

“你是谁、你的过去都不重要，成功的能力永远都是从你开始。”

——欧普拉

“没有什么比一个即将开花结果的想法更有力量。”

——维克多 · 雨果

“当一件事对你来说足够重要，即使成功的概率不高，你也要坚持去做。”

——埃隆 · 马斯克

“做正确的事，时间永远是合适的。”

——马丁 · 路德 · 金

“想象力比知识更重要。”

——阿尔伯特 · 爱因斯坦

“预测未来最好的方法就是去创造未来。”

——亚伯拉罕 · 林肯

“管他呢，我们去做吧。”

——理查德 · 布兰森

“在大多数人认为要做保险的事情时，你要勇于尝试和冒险；在一般人认为要做更为实际的事情时，你要敢于有更大的梦想。”

——霍华德 · 舒尔茨

“迅速行动，打破常规，除非你是真的要打碎物体，否则你变化得都不够快。”

——马克 · 扎克伯格

“如果一切都在掌握中，那是因为你发展得不够快。”
——马里奥·安德烈蒂

“当你可以成为海盗的时候，为什么要加入海军呢？”
——史蒂夫·乔布斯

“对我们大多数人来说，最大的危险不是我们的目标定得太高而没达到，而是目标定得太低且我们正在接近它。”
——米开朗琪罗

“能工摹形，巧匠窃意。”
——毕加索

“没有愿景之时，人们即将灭亡。”
——谚语

“不可能不是一个事实，只是一个观点。”
——穆罕默德·阿里

“永不放弃。今天很残酷，明天更残酷，后天很美好。”
——马云

“只要你有足够的勇气，什么都能成功。”
——J. K. 罗琳

“没有执行力的愿景，只是幻觉。”
——托马斯·爱迪生

“就是因为惧怕死亡，人才会有积极的行动和反应。”
——约翰·韦恩

“你可能会说我在做梦，但是我不是唯一的一个。”
——约翰·列侬

“好的教练赢球，伟大的教练赢差额点。”——比尔·坎贝尔

11

巴黎

在巴黎，延长休假的时间对于员工来说，就像光天化日之下在公众场合亲热，或者像德语单词奇奇怪怪的发音一样。（比如 rendezvous 这个词，你能想到它的发音是“roundevu”吗？）

这里的创业氛围和巴黎的文化很类似：很慢很稳当，有一点儿自命不凡，也很有激情。礼节和风格非常重要，名誉要花一辈子时间来维护，接受新的思维模式非常慢。尽管如此，全世界可能没有哪一座城市像巴黎一样全球化，巴黎是欧盟的中心，火车几乎通往欧洲所有国家——这一点可能刷新了我们的认知。这里有无处不在的世界级餐厅、时尚、艺术、拥堵、各种买卖，在同样一个地方的不同店里能够感受到不一样的时间节奏。所以，“企业家”（entrepreneur）这个词来源于法国是有原因的。

2015年第四季度至2016年第三季度
风险投资情况

风险投资金额	12亿美元
交易数量	233
退出数量	75
5年同期投资金额增长率	48.3%
5年同期交易数量增长率	43.7%

资料来源：CB Insights。

巴黎一瞥

早餐会最佳地点
巴黎咖啡厅
埃德加酒店
福奎特餐厅
迷路的孩子餐厅
迷你舞厅餐厅

值得驻足的咖啡吧
Delaville 咖啡厅
任何一家巴黎人开的咖啡馆

本地饮品
红酒

创业区域
巴黎第二区

本地必参加的活动
法国国庆日
明日马戏节
博物馆之夜

排行榜

天使投资人
亚历山大·德雷森
埃米尔·班尼法特米（Amir Banifatemi）
弗雷德·德斯坦（Fred Destin）
斯科特·赛奇（Scott Sage）
泽维尔·尼尔（Xavier Niel）

风险投资机构
阿克赛尔合伙公司
Balderton 资本
BPI 法国投资公司
达佛尼投资
IDINVEST 投资
指数风险投资公司
Kima 投资
Partech 投资

孵化器
50 合伙人
Agoranov 孵化器
L'Accelerateur 孵化器
微软巴黎风投孵化器
Numa 孵化器
Partech Shaker 孵化器
F 站
家庭孵化器

创业公开活动
Apèros 创业活动
你好明天
混搭活动
月亮吧活动
开启于巴黎
巴黎创始人活动

2015 年第四季度至 2016 年第三季度顶级融资情况
EREN 再生能源公司——2.278 亿美元
在线音乐网站 Deezer——1.09 亿美元
麦德——3 850 万美元
戴巍——3 500 万美元
乃喔尼斯——2 730 万美元

巴黎美食

法国人在很多方面都很自豪，尤其是美食。如果你不能像法国人一样爱吃，你的创业就注定会失败。

工作午餐　不要像吃饭讲究效率的美国人那样在工位小格子里吃午饭，如果从两腿间掉了一点儿东西在椅子上，你还要仔细环顾四周把食物捡起来塞回嘴巴里。如果你想交朋友，你得和你的朋友们一起吃饭。

打招呼　和服务员说话之前，打个招呼说“您好！”，服务员一般想到要给游客上菜都会愁眉不展，听到你的问候，他的心情会好一点儿，脸上会露出蒙娜丽莎般的笑容，赠人玫瑰，手有余香。

如果你想在午餐和晚餐之间约人见面，随处可见的咖啡馆和餐馆是你的选择。

心平气和　法国生活节奏很慢，所以请放慢脚步。服务员会按照你的节奏来，让他们聊会天、抽烟，不要用你蹩脚的法语和他们说话。记住，用餐完毕后要向服务员要支票买单。

巴黎时尚

如果你还穿硅谷那一套服装，巴黎人是不会和你做朋友的，以下是巴黎着装禁忌。

穿夸张的衣服　“时髦（chic）”这个词来源于法国，这个词绝不会形容在太阳裙上挂满亮片以及迷幻的彩虹图案。

穿松松垮垮的衣服　你可以穿紧身牛仔裤、紧身连帽衫、紧身衬衣，但是不能带紧身的腰包。不要带紧身的腰包，也不要穿瑜伽裤，下犬式一点儿也不时髦。

穿工装短裤　外面35度高温，你可能没什么好的选择，但是内裤都比工装短裤好。短裤通常不是什么好选择，更不用说工装短裤，那一大堆口袋除了能把你和当地人区分开来，没有其他任何作用。

穿人字拖　当露出你的脚趾，人字拖也就透露出你是“审美残缺的懒鬼”了。

拥有任何印着“巴黎”的东西　巴黎人对很多事情的态度都很冷漠，包括巴黎这座城市。

指数资本

法国团队成员

马丁·米格诺

雷米·鲁斯润格

法国风险投资公司常常被形容成一个60岁没有创业经验的人，它们已经失去了很多与指数资本和阿克赛尔合伙公司这样的创业基金伦敦办事处的交易。这里是指数资本法国投资的幕后花絮。

Alkemics　快速消费性产品（FMCG）智能数据公司

Capitaine Train　整合了许多供应商资源的火车票预定软件

Drivy　P2P租车服务

BlaBlaCar　为同一个旅行目的地的车友配对

TheFamily　一个创建了企业家和投资者社区的加速器

巴黎之路

乘火车或飞机到欧洲其他几个很酷的城市仅几个小时的路程。以下是有用的旅行指南，它可以帮助你规划好坐喷气式飞机的行程或者你在停留的小镇里的乡村短途游。

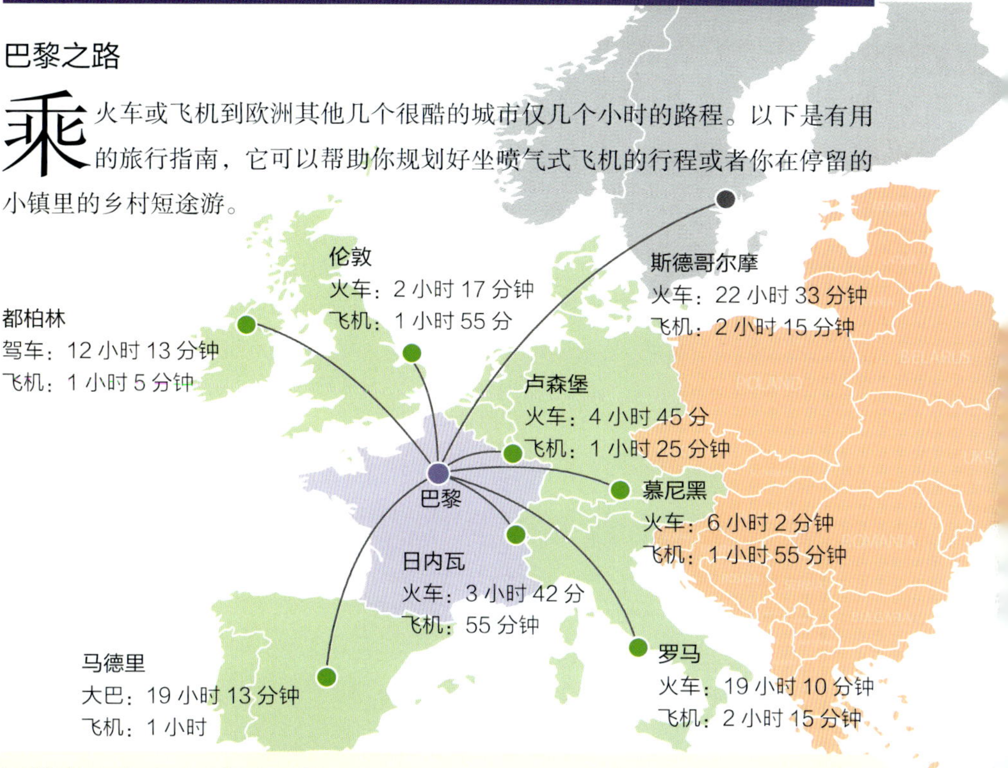

泽维尔·尼尔　法国版的硅谷人

尼尔是一位电信行业的亿万富翁，是一个特殊的法国人，也是一名白手起家的企业家。他甚至连高中都没有读完，在他生活的那个镇子上，有许多人都是富二代。他对法国的趋势有所抱怨，他说：“法国没有阻碍我，但是也没有帮到我。”在他成功之后，他一改过去法国企业家的做法，用自建的孵化器、学校，甚至资本来扶持法国的创业公司。

F 站

- 计划在 2018 年开业，致力于成为“世界上最大的数字商业孵化器”。
- 占地面积 33 747 平方米，将入驻 1 000 家创业公司。
- 地点设在 Halle Freyssinet 的旧址，这里曾经是全国卡车和火车的中转中心。

Kima 资本

- 尼尔创业时说：“这比赌博赚钱多了，也有趣多了。”
- 他曾说每周投资两家公司。
- 耶利米·贝瑞比（Jérémie Berrebi）是联合创始人，他在科技投资和创业方面有着非凡的影响力。

42

- 致力于每年培养 800~1 000 名年龄在 18 岁到 30 岁之间的编程高手。
- 以道格拉斯·亚当斯（Douglas Adams）的《银河系漫游指南》命名。
- 这里的学生有着不同的背景——其中 40% 的学生高中没有毕业，而其他人很多毕业于斯坦福大学或者麻省理工学院。
- 第一批录取的学生的入学率大约是 4.5%。

12

多伦多与滑铁卢

被称为“硅谷冰球”的多伦多和滑铁卢两座城市，在地理位置上类似于硅谷和旧金山，多伦多的创业公司多聚焦于网页端的相关服务，滑铁卢的创业公司则更偏向于移动端的相关服务。

尽管全世界的创业生态都在宣称自己关注和扶持小企业，但真有人能与加拿大人的友善相比吗？这里有多元化、受过良好教育、无拘无束的人们，对一切持包容和开放的态度，即使是与加拿大冰球运动或者上等的枫叶糖浆和肉汁乳酪薯条毫不相关的主题。这样一来，你就会明白为什么联创公司孵化器的高管们都说他们最合格的申请者来自滑铁卢。多伦多和滑铁卢的创业领域正在蓬勃发展——这是加拿大人唯一不会遗憾的事情。

2015年第四季度至2016年第三季度
风险投资情况

风险投资金额	17亿美元
交易数量	225
退出数量	90
5年同期投资金额增长率	38.7%
5年同期交易数量增长率	22.1%

资料来源：CB Insights。

多伦多与滑铁卢一瞥

早餐会最佳地点

繁盛早餐厅
噶巴町餐厅
苏豪俱乐部
汤普逊餐厅

值得驻足的咖啡吧

巴沃咖啡吧
早鸟咖啡吧
LIT 咖啡吧
R 平方咖啡吧
七克咖啡吧

最好的酒吧

Bar Hop 酒吧
BarVolo 酒吧

本地啤酒

国王西街啤酒
米尔街啤酒
蒸汽警笛啤酒

外带酒

加拿大黑麦威士忌

线下约会交友场所

EFS
失物招领咖啡吧
美森美瑟夜店
爱迪逊酒店
野花酒店

本地必参加的活动

冰球比赛
多伦多文化艺术节
雷德帕斯海滨节

排行榜

天使投资人

布鲁斯 · 克朗翁
（Bruce Croxon）
吉米 · 巴斯利
（Jim Balsillie）
约翰 · 阿尔布莱特
（John Albright）
佩里 · 德雷斯
（Perry Dellelce）
皮特 · 施瓦兹
（Peter Schwartz）

风险投资机构

极限合作伙伴公司
埃诺维资本
奥姆斯创投
瑞莱创投
13 循环资本
WCM 资本

孵化器

交流科技孵化器
毁灭性创意孵化器
实验室孵化器
高线孵化器
印库比克孵化器
玛斯孵化器
下一个 36 孵化器
1 至 11 孵化器
北初创孵化器
速度孵化器
优泰斯特孵化器

创业活动

科技集中营
多伦多创业
阿克北活动
滑铁卢地区领导活动
安大略湖创业周
科技大型聚会

顶尖的律师团

班尼特 · 琼斯有限责任合伙公司
巴尔赫 · 韦恩斯坦
外尔德波尔 · 戴乐有限责任合伙公司

2015 年第四季度至 2016 年第三季度顶级融资情况

塞尔米克实验室——1.2 亿美元
福利普——6 100 万美元
爱尔永实验室——4 560 亿美元
亿蔻碧——3 500 万美元
蒽外斯特——3 200 万美元

在推特上关注THEC100

2010年，一群出生于加拿大的硅谷企业家决心要帮助加拿大的下一代创业者，于是建立了C100组织，为加拿大创业者举办各种搭建人脉网以及获得指导的活动，以下是其中的几个案例。

首席执行官峰会 在这个峰会上，加拿大处于成长期的顶级公司的首席执行官，可以和硅谷有影响力的知名人士进行交流。

加速系列见面会 这是一个专为来自加拿大各大城市的加拿大创业者与投资人举办的见面会。

谷中48小时 该项目会筛选出加拿大最有前景的创业公司，前往硅谷接受48个小时的指导。

宪章成员年度晚宴 这是一个定向邀请活动，很多有影响力的加拿大企业家会出席。C100组织会根据创业精神以及对整个社群的影响，为加拿大创新领军人物颁发ICE奖。

排行榜

Hack the North是加拿大最大的黑客马拉松，由滑铁卢工程大学赞助。以下是Hack the North中发生过的黑客行动。

HACK THE NORTH

开放世界口袋妖怪 这是一个社交版本的口袋妖怪游戏，使用全球定位系统、声音控制和运动传感来增强交互性。

硅人 它将苹果手机安装在头盔上，并通过手套进行控制。

记住全部 这是一个和谷歌眼镜一起使用的软件，可以获得实时的听觉和视觉反馈。

Lend 这是闲置物版的爱彼迎，从梯子到苹果电视，用户可以租用几乎所有能想到的东西。

Signlang 聋哑人可以利用体感设备Leap Motion大声对话。

Flock 这是一个与脸书连接的智能门锁，通过它可以计算出勤情况。

Botscape 一个为人工智能虚拟球员设计的大型多人在线游戏。它是通过让一个编好程序的机器人和其他机器人玩游戏，在与之对抗的过程中，其他机器人会找到最佳编程策略。

空间碗 它是一种使用手势控制臂带Myo和头戴显示器Oculus Rift玩的虚拟现实保龄球游戏。

古瓦 可以通过网页访问的基因组变异注释，为患者的基因病变提供数据。

Pinpnt.me 一个网页应用软件，该应用软件可发出关于你所在位置的链接，你无须注册或上传个人信息。

社交媒体的案例分析

一个时髦的加拿大白人

多伦多议员诺姆·凯利（Norm Kelly）因在推特上发布关于米克·米尔（Meek Mill）和德雷克（Drake）不和的言论而名声大振。他拥有100 000个推特粉丝，从他身上我们可以学习如何有效地在社交媒体上提高自己的存在感。

> **诺姆·凯利** @ NormKelly
>
> 多伦多不再欢迎你，@MeekMill。

在米克·米尔和德雷克的争论中，诺姆选择了捍卫多伦多说唱艺人的名誉。在社交媒体上，忠诚很重要。

> **诺姆·凯利** @ NormKelly
>
> 我每次发推文，总能看到你们回复我“爸爸”或“爹地”，为什么?

推特是一个很有用的论坛，这里有你想知道的答案，在社交媒体上，群众的力量是无穷的。

> **诺姆·凯利** @ NormKelly
>
> 我不会再发任何混音专辑了，对不起。

回复用户给你的标签很重要，对于正在发展或者即将成立的创业公司，良好的客户服务是必要的。诚信很重要，在推特上诺姆不做虚假承诺。

> **诺姆·凯利** @ NormKelly
>
> 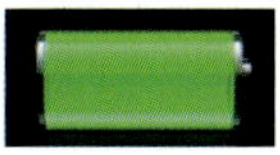

有图胜过千言万语，更何况推特还有 140 个字数的限制。

> **诺姆·凯利** @ NormKelly
>
> 献给所有前几天给我寄唱片的饶舌歌手，非常感谢，但是我不能和你签唱片合约。

与用户对话非常重要，即使他们并不指望你回应，但是给他们一个回应，会让他们一天都很愉快。

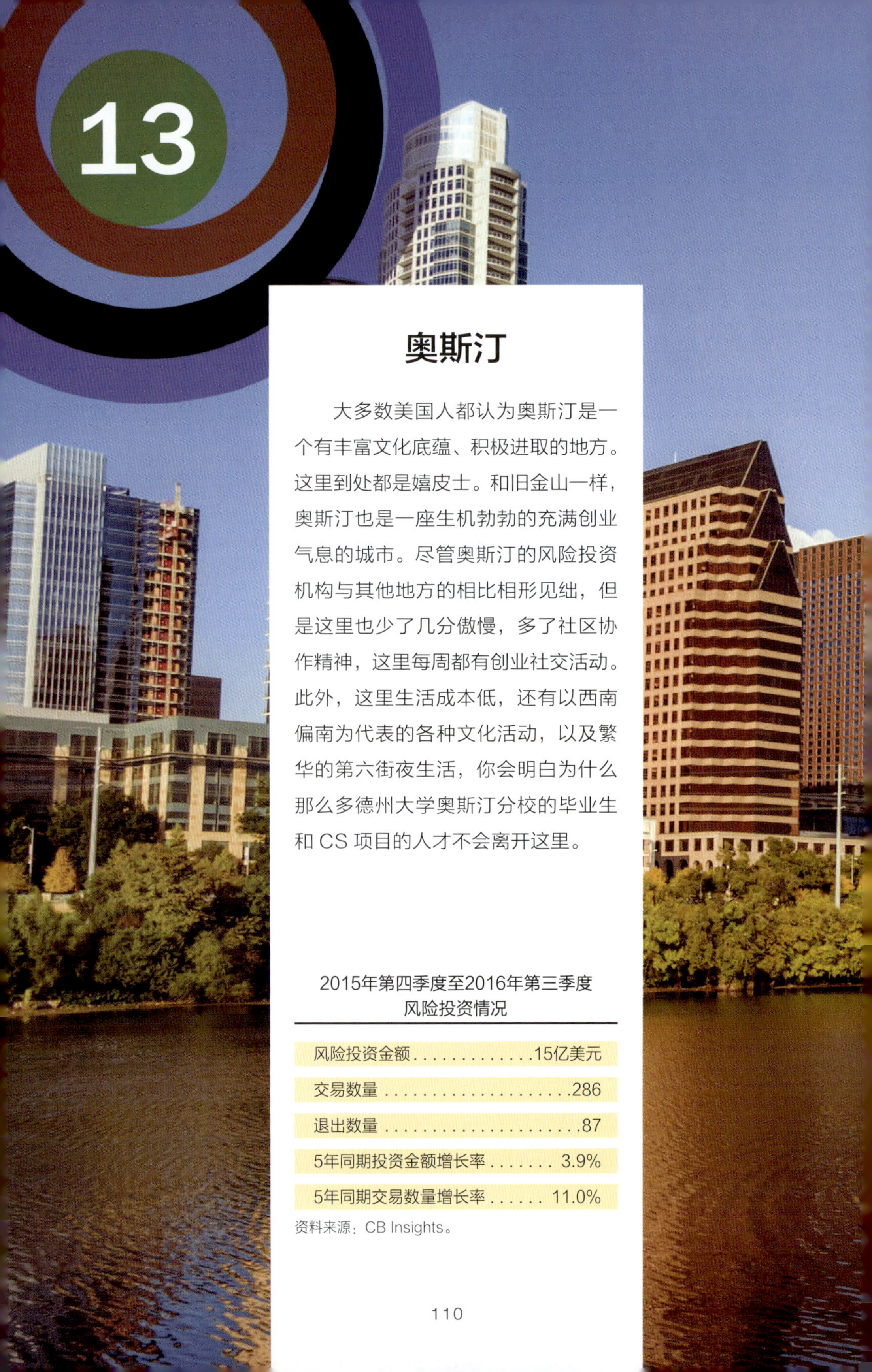

13

奥斯汀

大多数美国人都认为奥斯汀是一个有丰富文化底蕴、积极进取的地方。这里到处都是嬉皮士。和旧金山一样，奥斯汀也是一座生机勃勃的充满创业气息的城市。尽管奥斯汀的风险投资机构与其他地方的相比相形见绌，但是这里也少了几分傲慢，多了社区协作精神，这里每周都有创业社交活动。此外，这里生活成本低，还有以西南偏南为代表的各种文化活动，以及繁华的第六街夜生活，你会明白为什么那么多德州大学奥斯汀分校的毕业生和 CS 项目的人才不会离开这里。

2015年第四季度至2016年第三季度
风险投资情况

风险投资金额	15亿美元
交易数量	286
退出数量	87
5年同期投资金额增长率	3.9%
5年同期交易数量增长率	11.0%

资料来源：CB Insights。

早餐会最佳地点
24 小时餐桌
柜台咖啡厅
弗兰克餐厅
任何有墨西哥玉米卷的早餐店

值得驻足的咖啡吧
第二街咖啡吧
犬牙咖啡吧
乔的咖啡吧

最好的比萨
后格餐厅

最好的烧烤店
富兰克林烧烤店

最好的酒吧
东边陈列室

本地啤酒
奥斯汀啤酒
泊尔斯纳普啤酒

交通
咖凸构
奥斯汀叫车

本地必参加的活动
奥斯汀音乐节
西南偏南音乐节 / 电影节
奥斯汀徒步道灯展

排行榜

天使投资人
布拉德利 · C. 哈里森
（Bradley C. Harrison）
大卫 · 科恩
约书亚 · 贝尔
（Joshua Baer）
肯尼 · 凡 · 赞特
（Kenny Van Zant）
麦克 · 戴尔（Michael Dell）
罗伯特 · 美特卡夫
（Robert Metcalfe）

风险投资机构
超然资本
奥斯汀资本
赛雯基金
斯瓦顿资本
得州科技基金

孵化器
奥斯汀科技孵化器
资本工厂
梦想创投
SKU
科技农场

创业活动
奥斯汀创业周
奥斯汀科技欢乐时光
ATX 创业路线
寻求联合创始人活动
RISE 周
西南偏南音乐节

2015 年第四季度至 2016 年第三季度顶级融资情况
西维塔斯学习投资——6 000 万美元
第三枢纽投资——5 500 万美元
散速投资——5 000 万美元
施乐制药——4 100 万美元
开放学习平台——4 000 万美元

预算有限该如何生存

创业初期指导

食物　你的选择仅限于杯面（里面至少有点儿脱水蔬菜，你需要吃菜），以及你从大学俱乐部蹭到的食物，如果你和乔布斯一样信教，你还能去寺庙里蹭饭。

咨询顾问　你是一个创业者，无论你遇到多大的困难，不要花钱雇人替你解决这个困难。有句话说得好："顾问就是借用你的手表，告诉你时间，然后拿走这块手表的人。"

招实习生　高中和大学有成千上万的学生愿意为了简历上能有可圈可点之处去做任何事，所以不要雇用兼职的合同工。研究表明，招聘一个实习生用棕榈树叶给你扇风比开空调更划算。

午餐聚会　A 轮融资拿到 500 万美元非常棒，但是这并不意味着你就能为所欲为。

共享一切　风投界有一句话，如果创始团队使用好几个网飞账号，那么这对于风投来说就是一个危险信号，创始团队很可能就拿不到投资基金。所有东西都可以共享，比如妈妈自制的饼干、衣服、健身房、车库和毛巾。

无成本的编程

黑客空间　黑客空间占地面积约 740 平方米。如果斯蒂夫·乔布斯知道黑客空间可以被改造成任何一种建筑，苹果公司估计会在这里而不是在车库里成立了。黑客空间把自己定义为艺术家、计算科技学家、工程师和其他黑客思维模式者的使用空间。黑客空间的"黑客"，并不会像媒体经常报道的那样侵入某个安全系统，而是一个关注智力增长的社区。黑客空间每两个月举行一次会员会议，同时每周二晚上 8 点到 11 点可供参观。

资本工厂　如果不想在第六街打发时间，你可以去离奥斯汀稍微远一点儿的地方参观这个奥斯汀影响力最大的孵化器，它在第七街和布拉索斯河的拐角处。尽管投资工厂相比初创公司的投资数额相对较小，但是这个社区绝对是无与伦比的。

西南偏南互动节时间轴

这是真正的独一无二的活动，西南偏南一共有3个节日：音乐节、电影节和互动节。音乐节和电影节就是字面意思，主题是音乐和电影，而互动节的亮点是新兴科技行业的大佬和公司会参加。

2015 年 8 月 12 日

公布社区基金获胜者。

5 家 501(c)(3) 组织将会获得 10 000 美元的奖金，用来推动它们在西南偏南展示的项目，项目可以符合西南偏南任何一个主题，例如可持续发展和电影。

2015 年 8 月 14 日

杜威·温伯恩奖提名截止日期。

这个奖项是用来表彰那些为数字技术做出贡献，以及使用新的媒体工具和策略来帮助社区发展的人。

2015 年 9 月 4 日

Panel Picker 社[区]选举结束。

Panel Picke[r]是一个交互式在[线]工具。用户可以[使]用它来提出自己对西南偏南大会整[个]活动的规划。

第六街生存技巧

搜寻奥斯汀狂热的夜生活

夜生活之前

大便 第六街被称为“脏街”是有原因的，去一趟这里的厕所简直像去了一趟地狱。尽管很多男男女女都在这条街上小便，不过大便跟这个可不是一个量级的。

喝酒 奥斯汀的大多数酒吧价格都比很多大城市要合理，但是正戏开始前先喝几杯才是整晚最好玩的部分，因为没有多余的人挤在你和你朋友中间。

给手机充电 根据苹果手机的耗电速度，最好带上一个便携式充电宝（安克电池就很好）。

夜生活进行时

身份证 白皮肤女孩或许可以靠着同伴传身份证或者一张假身份证混进去，但是男孩就没有这么幸运了。即便是黑灯瞎火，你要是没长胡子，你的身份证别人都不一定相信。

应该做什么 你可以跳舞，和男孩女孩打成一片，可以和朋友们喝酒，也可以一直站在一边看着，（羞涩地）看着别人成群结伴，就是不找你玩。

夜生活结束后

找到你的朋友 没有什么比被很多醉汉和流浪汉围着更滑稽的事了。

搭车回家 自己开车去第六街再开回家不是一个值得冒的风险。别喝得烂醉如泥，你要是控制不住吐在了别人车上，就没什么比这个更糟糕了。

2015 年 10 月 5 日至 7 日 **西南偏南环境保护大会开幕。**

这场活动鼓励大家协作，共同解决经济、社会和环境问题。

2015 年 11 月 6 日 **西南偏南互动创新奖进入收尾阶段。**

这个奖项展示了最具创新的产品，奖项一共有 13 个类别，每个类别最终选出 5 个入围作品。

2016 年 1 月 16 日 **Releaseit 申请阶段结束。**

Releaseit 是一个项目推介赛，或者说是创业圈的“项目推介马拉松”。这个纪念活动仅允许企业家参加。

2016 年 3 月 11 日至 15 日 **2016 年西南偏南互动节正式开始。**

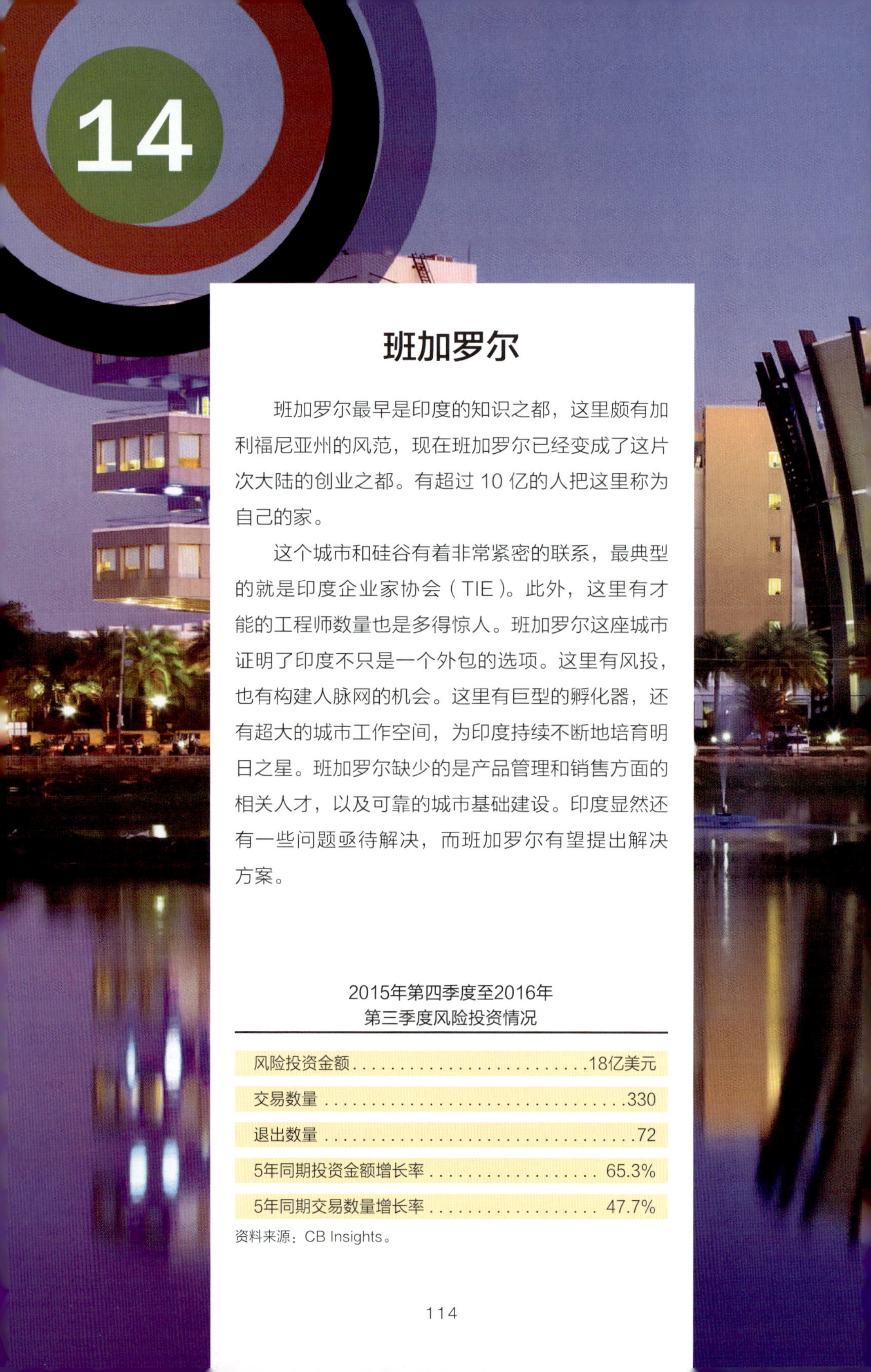

14

班加罗尔

班加罗尔最早是印度的知识之都，这里颇有加利福尼亚州的风范，现在班加罗尔已经变成了这片次大陆的创业之都。有超过 10 亿的人把这里称为自己的家。

这个城市和硅谷有着非常紧密的联系，最典型的就是印度企业家协会（TIE）。此外，这里有才能的工程师数量也是多得惊人。班加罗尔这座城市证明了印度不只是一个外包的选项。这里有风投，也有构建人脉网的机会。这里有巨型的孵化器，还有超大的城市工作空间，为印度持续不断地培育明日之星。班加罗尔缺少的是产品管理和销售方面的相关人才，以及可靠的城市基础建设。印度显然还有一些问题亟待解决，而班加罗尔有望提出解决方案。

2015年第四季度至2016年
第三季度风险投资情况

风险投资金额	18亿美元
交易数量	330
退出数量	72
5年同期投资金额增长率	65.3%
5年同期交易数量增长率	47.7%

资料来源：CB Insights。

班加罗尔一瞥

早餐会最佳地点
巴特尔咖啡馆
香格里拉大酒店

值得驻足的咖啡吧
BeaglesLoft 咖啡吧
咖世家
Cuppa 咖啡吧

庆功晚宴最佳地点
Karavalli 餐厅
Pink Poppadom 餐厅
Shiro 餐厅

本地啤酒
Biere Club Apple Ale 啤酒
Colonial Toit 啤酒
No Parking Pilsner 啤酒

线下交友场所
Pebble 夜店
Skyye Lounge 餐厅
Sutra 酒吧

本地必参加活动
班加罗尔哈巴艺术节
印度排灯节
头神甘尼夏节
胡里节

排行榜

天使投资人
克里斯南和米纳·格涅沙（Krishnan+Meena Ganesh）
拉杨·阿南丹（Rajan Anandan）
沙拉德·沙玛（Sharad Sharma）
苏尼尔·卡尔拉（Sunil Kalra）
维卡斯·内加（Vikas Taneja）

风投机构
阿克赛尔合伙公司
布兰德资本
德丰杰印度
Helion 资本
红杉印度
老虎环球基金

孵化器
超天使孵化器
布兰德资本 / 全球硅谷
科斯拉实验室孵化器
凯龙孵化器
微软班加罗尔孵化器
T 实验室孵化器

创业活动
印度班加罗尔管理学院年度创业峰会
创业节
创业星期六
班加罗尔印度企业家协会
风险投资领域创业者峰会

2015 年第四季度至 2016 年第三季度顶级融资情况
欧洲之鳍科学公司——2.22 亿美元
大篮——1.5 亿美元
贾纳拉克希米——1.5 亿美元
咖啡之日——5 100 万美元
柏祝——5 000 万美元

来自父母的压力

许多班加罗尔的创新者被父母催着放弃创业这个想法。相对于股权和风险，父母更追求薪水和稳定。当你准备辍学去社交网络寻找机会时，以下这些事情都是绝对不能告诉父母的。

- 一天的薪水会超过 1 000 卢比的概率可能只有 3%。
- 宁可“娶”一个初创公司，也不娶他们理想中的儿媳。
- 搬到班加罗尔后努力地工作、喝酒、抽烟，而不是住在离家近的地方，每周末回家吃晚餐。
- 我根本不需要博士头衔，你看 Dr. Dre 就没有博士头衔。
- 你们的厨艺虽然很好，但是还没有好到可以把我从早 8 点到晚 6 点的会计工作中拉回来。

印度企业家协会

印度企业家协会，是一个致力于为印度企业家和印度裔美国企业家提供指导、人脉资源和教育资源的非营利性组织。以下几点可以让你迅速了解印度企业家协会。

- 1992 年，印度企业家协会由一批来自印度但生活在硅谷的成功企业家创立，其中包括著名的风险投资人雷奇。
- 印度企业家协会目前共有 13 000 个会员和 2 500 个创始会员，共有 61 个分会分布在 18 个国家，第 62 个分会正在印度组建。
- 一年一度的印度企业家大会是硅谷每年 5 月最大的创业会议。
- 印度企业家协会国际创业竞赛通过两个途径使来自全世界的团队相互较量，获胜者将会受邀去硅谷接受指导和投资。
- 印度企业家协会设立了青年创业项目，旨在培养高中阶段学生的创造力——它也计划将项目扩展至初中阶段。

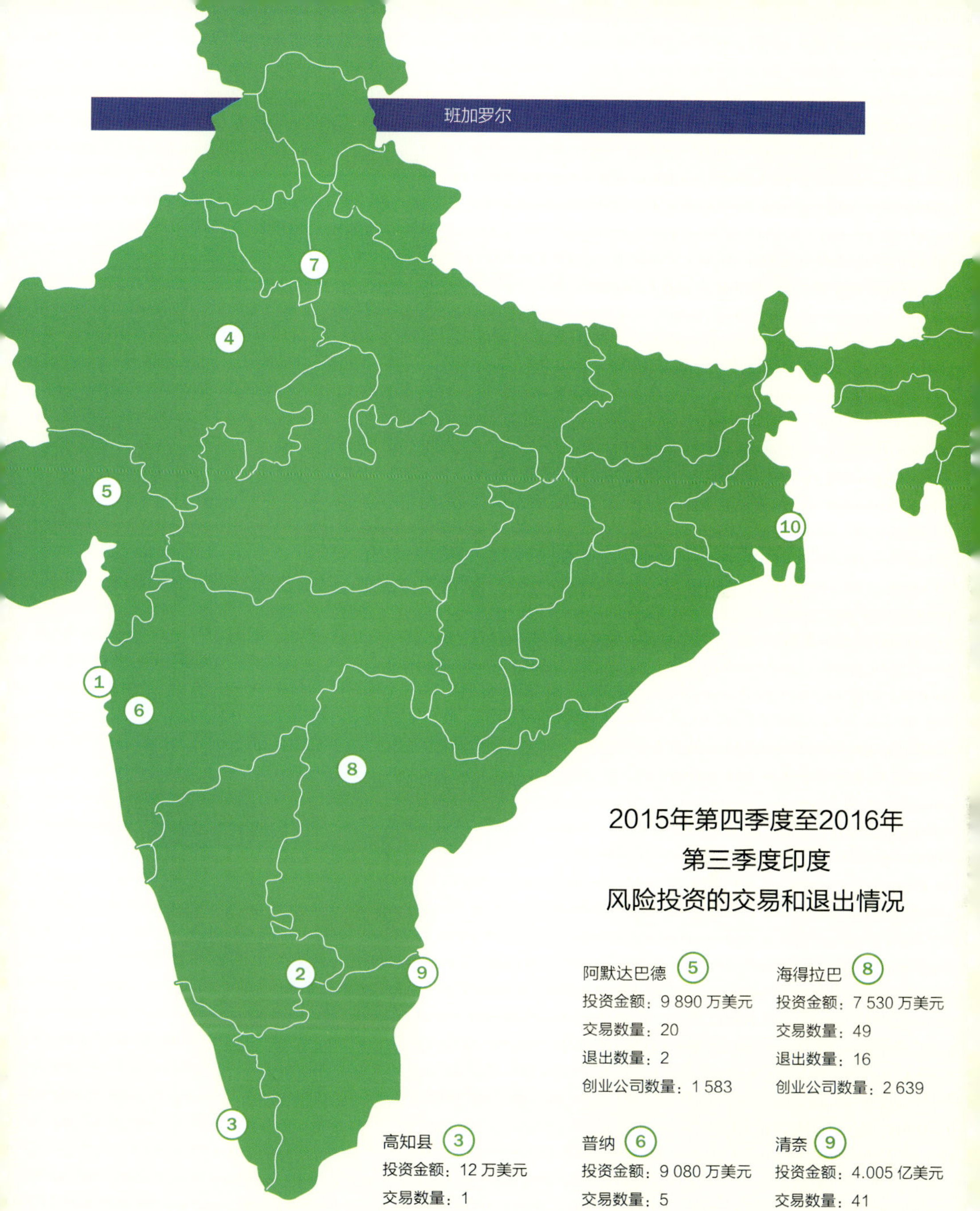

2015年第四季度至2016年第三季度印度风险投资的交易和退出情况

阿默达巴德 5
投资金额：9 890 万美元
交易数量：20
退出数量：2
创业公司数量：1 583

海得拉巴 8
投资金额：7 530 万美元
交易数量：49
退出数量：16
创业公司数量：2 639

高知县 3
投资金额：12 万美元
交易数量：1
退出数量：0
创业公司数量：309

普纳 6
投资金额：9 080 万美元
交易数量：5
退出数量：7
创业公司数量：2 439

清奈 9
投资金额：4.005 亿美元
交易数量：41
退出数量：11
创业公司数量：2 458

孟买 1
投资金额 ：12 亿美元
交易数量 ：233
退出数量 ：53
创业公司数量：5 994

班加罗尔 2
投资金额：18 亿美元
交易数量：330
退出数量：72
创业公司数量：6 552

斋浦尔 4
投资金额：4 610 万美元
交易数量：10
退出数量：4
创业公司数量：578

新德里 7
投资金额：32 亿美元
交易数量：280
退出数量：38
创业公司数量：7 717

加尔各答 10
投资金额：1 170 万美元
交易数量：11
退出数量：4
创业公司数量：1 014

印度制造
美国的一些大公司由印度人担任高管

桑达·皮采　谷歌首席执行官

2004 年，32 岁的皮采（Sundar Pichai）加入谷歌，当时他已经拥有令人非常羡慕的条件：斯坦福的理学硕士、沃顿工商管理硕士，在应用材料公司和麦肯锡工作的丰富经验。他负责的谷歌工具栏业务和谷歌浏览器项目大获全胜，因此被迅速提拔，最终成为谷歌"L 队"的一员。"L 队"的成员都是直接向谷歌创始人拉里·佩奇汇报工作的高管。谷歌的员工认为皮采的大度、富有同情心和善良使他在谷歌公司游刃有余，没有和任何人树敌。

英德拉·努伊　百事首席执行官

曾经因为买不起一套职业套装而穿着莎丽去面试，如今是百事可乐首席执行官的努伊（Indra Nooyi）依然是印度女性高管的楷模。作为百事的首席战略官，她负责一系列大型收购和交易项目，其中包括 2006 年以 140 亿美元收购桂格燕麦，这个收购项目确定了她在百事的地位，她一路晋升为首席执行官，从此，一切顺利。

沙坦·纳然严　美国多比公司首席执行官

沙坦·纳然严（Shantan Narayen）曾在苹果公司和硅图公司积累了多年工作经验，并且与人联合创立了 Pictra 照片共享网站。1998 年，纳然严出任多比公司副总裁，从此安定下来。2007 年他被任命为首席执行官，此后他将云服务开创性地运用到多比公司的产品上。

萨提亚·纳德拉　微软首席执行官

1992 年加入微软之前，萨提亚（Satya Nadella）在太阳微系统公司工作。在微软公司，他一人兼任多个副总裁的职位。他在微软公司做出的最大贡献是云基础架构。2014 年年初，纳德拉取代了当时的首席执行官史蒂夫·鲍尔默，成为微软历史上第三任首席执行官。

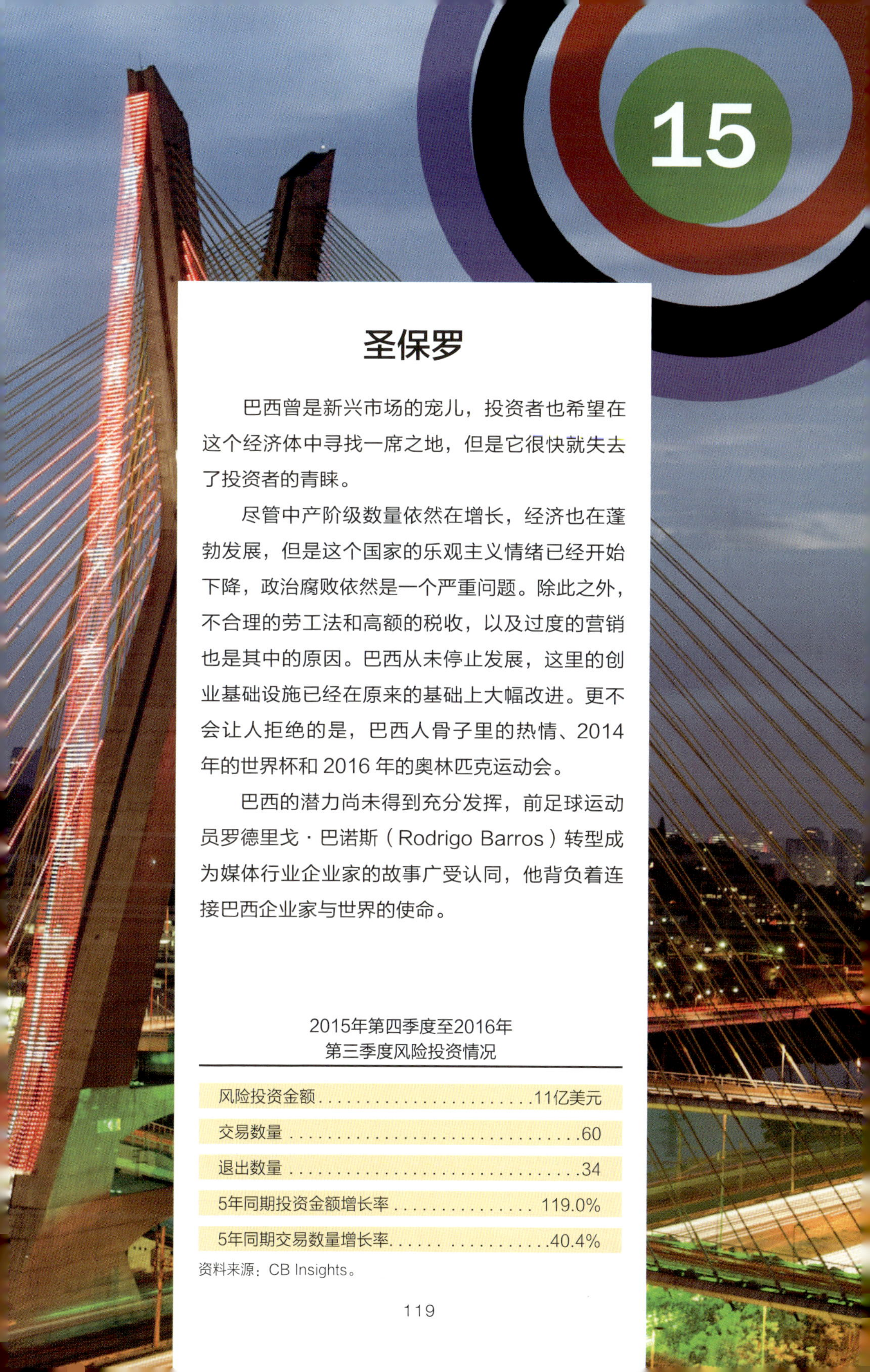

15

圣保罗

巴西曾是新兴市场的宠儿，投资者也希望在这个经济体中寻找一席之地，但是它很快就失去了投资者的青睐。

尽管中产阶级数量依然在增长，经济也在蓬勃发展，但是这个国家的乐观主义情绪已经开始下降，政治腐败依然是一个严重问题。除此之外，不合理的劳工法和高额的税收，以及过度的营销也是其中的原因。巴西从未停止发展，这里的创业基础设施已经在原来的基础上大幅改进。更不会让人拒绝的是，巴西人骨子里的热情、2014 年的世界杯和 2016 年的奥林匹克运动会。

巴西的潜力尚未得到充分发挥，前足球运动员罗德里戈·巴诺斯（Rodrigo Barros）转型成为媒体行业企业家的故事广受认同，他背负着连接巴西企业家与世界的使命。

2015年第四季度至2016年第三季度风险投资情况

风险投资金额	11亿美元
交易数量	60
退出数量	34
5年同期投资金额增长率	119.0%
5年同期交易数量增长率	40.4%

资料来源：CB Insights。

圣保罗一瞥

早餐会最佳地点
多娜·德欧拉餐厅
噶雷瑞阿派爱斯餐厅
法式有机面包早餐店
圣玛利亚超市
苏泊里斯餐厅

值得驻足的咖啡吧
咖啡实验室
蔻阿咖啡吧
叉皇咖啡吧
奥科维克咖啡吧
参透噶娆咖啡吧

创业区域
皮涅罗斯区
奥林匹亚街区

最好的酒吧
弗兰克酒吧
奥克维塔咖啡馆

本地啤酒
班贝克啤酒
酿酒狗
因维克塔
快艇啤酒

便携饮品
巴西国酒凯匹林纳鸡尾酒

线下约会地点
冲突俱乐部
边缘俱乐部
双热俱乐部
LAB 俱乐部
狮子俱乐部
爬行酒吧
星期酒吧

本地必参加的活动
汽车展
双年书展
圣保罗时装周

排行榜

天使投资人
亚历山大·德雷森
杨贝蒂（Bedy Yang）
卡西欧·斯皮纳
（Cassio Spina）
戴维·麦克卢尔
爱德华多·萨维林
（Eduardo Saverin）
傅拉维欧·杰森
（Flavio Jansen）
马里奥·格尔
（Mario Ghio）
皮埃尔·舒尔曼
（Pierre Schurmann）
罗迪戈·博尔赫斯
（Rodrigo Borges）
罗梅罗·罗德里格斯
（Romero Rodrigues）
西尔维奥·劳恩斯
（Silvio Genesini）
史蒂文·瓦查尼
（Steven Vachani）
西尔维奥·德·巴罗斯
（Sylvio de Barros）

风险投资机构
阿斯特拉资本
DGF 资本
e.Bricks 资本
英特尔投资公司
Kaszek 资本
Performa 投资
高通创投
红点创投
瑞比特资本
睿悟资本
火箭国际资本
SP 风投
TOTVS 风投

孵化器
500 Startups
Aceleratech
库伯孵化器
Germinadora 孵化器
Startup Farm
Wayra 孵化器

创业活动
巴西新科技见面会
校园聚会
圣保罗编程道场活动
硅谷嘉年华
桑帕创业

2015 年第四季度至 2016 年第三季度顶级融资情况
驽银行——5 600 万美元
姆维利——4 000 万美元
爱食物——3 000 万美元
阿达维姆药业——2 100 万美元
卡构艾克斯——1 000 万美元

新兴市场和硅谷

除了资本和基础设施的明显差异外，我们来仔细看看以圣保罗为代表的新兴市场和硅谷的区别。

工程师

对于新兴市场来说，首要问题是缺乏人才。然而，在这里，工程师的要价并不像硅谷那样高。这意味着，在这里招到最好的工程师相对来说比较容易，不用像硅谷的创业公司那样出高价同脸书、谷歌以及一堆创业公司抢人。新兴市场将实业家置于比工程师更高的地位，相同的情况在20世纪70年代的硅谷也曾出现过。

流动性

与美国人经常全国性地流动相比，新兴市场的人很少在地域间流动。人们更喜欢在一个地方待到老，从这一方面来看，新兴市场的人才不像美国那样集中。

家庭

新兴市场的人们更愿意以家庭为中心生活。因此，个人事业往往是一个家庭的共同选择。由于创业尚未被普遍认为是正经的职业路径，所以家庭责任可能会消磨掉企业家的事业心。

风险投资

硅谷的企业家有望获得来自任何一个垂直行业的专业风险投资金，例如云、大数据、社交媒体等。但是新兴市场的风险投资人需要成为一个多面手，熟悉所有行业。新兴市场还不成熟，还不足以支撑专业化的风投基金出现。

发展方式

在硅谷，几乎所有成长公司都是科技驱动的。然而在新兴市场，拥有相同增长曲线的企业却来自劳动密集型产业。

消费者

新兴市场的消费者可以清晰地以种族、地域、社会阶层和语言严格区分。尽管发达国家的消费者特征不尽相同，但是在新兴市场，上述几个方面的差异比发达国家要深刻得多。

> **贴士**
>
> 当他们问起你为什么要创立一家公司的时候，你说想致富或者卖给谷歌都是错误的回答。最好的企业家都是因为对某一个创意着迷而创业，为的是改变世界。

里约狂欢节

从1723年开始，里约狂欢节就是全世界最疯狂的嘉年华之一。

食宿

一般酒店和机票都被预订完了，而且价格很贵。如果你不能在爱彼迎上预订到房间，那么在最好的联合办公空间里住一个星期是一个好的选择。

服饰

在狂欢节上，无论是男人还是女人，都穿着暴露，尤其是桑巴学校打击乐队的领队——漂亮的桑巴王后。在狂欢节上，你最好缓慢地跟着队伍往前走。

文化

狂欢节是无节制的代名词，鲜明的色彩、巨大的花车和华丽的服装随处可见。每年这个节日从狂欢国王加冕开始，民众会选出一个又高又胖的男人作为狂欢国王。桑巴学校会代表一个群体或者一个地区载歌载舞，盛情招待来宾。

巴西的教育科技

巴西的教育创业公司正在蓬勃发展。

Descomplica

专注于大学升学课程在线辅导项目

募集资金：1 330 万美元

总部：里约热内卢

eduK

免费增值创业类教育网站

募集资金：1 000 万美元

总部：圣保罗

Geekie

利用工具为学生提供个性化学习内容平台

募集资金：700 万美元

总部：圣保罗

veDuca

巴西各大高校课程的在线视频平台

募集资金：130 万美元

总部：圣保罗

Edools

为公司提供在线学习系统

募集资金：8 万美元

总部：里约热内卢

Passei Direto

基于学习用品分享的巴西大学生社交网络

募集资金：第二轮融资，金额暂时未知

总部：里约热内卢

最不适合创新的地方

没有对比，就没有最好和最差。这个世界上有一些地方是初创者避之不及的，远离这些创新死亡区域，除非徒劳和挫折是你不介意的。

沙特阿拉伯　利雅得

这里就像电影《狮子王》里被反派刀疤统治后的荣耀石。

内布拉斯加　奥马哈

除非你认为牛排是创新，否则这里真的没有什么值得创新了。

美国　肯塔基

同样有皎洁的月光，但没有几家风险投资机构。

阿富汗　喀布尔

7 世纪的喀布尔站在“科技前沿”，今天的喀布尔却在“创新队尾”。

古巴　哈瓦那

这里有一流的高希霸雪茄、美味的莫吉托鸡尾酒，
但是没有“创意”。

美国　蒙大拿

创意在广阔的天空中蒸发了。

牙买加

这里有美味的朗姆酒、明媚的阳光、
精彩的娱乐项目，就是没有创新。

独角兽中的成功者和失败者

同是独角兽，有些能站在巅峰，有些会跌落谷底，投资人有的赢得大笔回报，有的赔得一塌糊涂。

独角兽中的成功者

阿里巴巴 中国的亚马逊，迄今为止首次公开募股规模最大的一家公司，雅虎罕见的一笔成功投资。作为风险投资机构，现在市值超过了 2 300 亿美元。

最大赢家：软银和雅虎。

谷歌 做搜索引擎起家，目前是一个比你更了解你自己喜好的平台。现在市值超过 5 500 亿美元。

最大赢家：红杉资本、迈克尔 · 莫里茨、约翰 · 杜尔（凯鹏华盈）。

脸书 全世界最大的社交网络，拥有 17 亿用户。 A 轮融资时只有 1 亿美元，现在市值已经超过 3 500 亿美元了。

最大赢家：吉姆 · 布雷尔（阿塞尔）、彼得 · 蒂尔。

WhatsApp 正式推出后仅两年的时间被脸书以 190 亿美元的惊人价格收购。

最大赢家：吉姆 · 戈茨 (Jim Goetz，红杉资本)。

爱彼迎 任何人都可以在爱彼迎上出租自己的卧室，只希望租客不是连环杀手，目前市值超过 250 亿美元。

最大赢家：红杉资本、安德森 · 霍洛维茨。

多宝箱 在线文件存储公司，A 轮估值为 2 300 万美元，目前估值已超过 100 亿美元。

最大赢家：布莱恩 · 斯瑞尔（红杉资本）。

优步 科技史上发展最快的公司，也是每一个出租车司机最大的敌人。A 轮融资估值是 6 000 万美元，目前估值超过 600 亿美元。

最大赢家：比尔 · 柯尔利（基准资本）。

苹果公司 苹果播放器首发时，苹果股票只有 1 美元，现在苹果公司市值已经超过了 6 000 亿美元。

最大赢家：恩颐投资、红杉资本、亚瑟 · 洛克。没有戴尔，戴尔的创始人曾在 1997 年扬言说如果他是史蒂夫 · 乔布斯，就会把苹果公司关闭。

亚马逊 巨大的电子商务网站，由强大的 AWS 云平台提供支持。天使投资轮时其估值为 6 000 万美元，现在市值已经超过 3 500 亿美元。

最大赢家：凯鹏华盈、杰夫 · 贝索斯。

优兔 世界上最大的视频网站，目前市值超过 800 亿美元。

最大赢家：红杉资本。

独角兽中的失败者

韦伯万　独角兽中的第一个失败者，数十亿美元的创意如烟云般消散。
最大输家：红杉资本、软银。

宠物网　30 美元下的订单，运费就要 50 美元，这个模式的问题到底在哪儿？
最大输家：温布莱德风险投资公司。

Kozmo　最大的运输公司，却不设置最低购买金额，对于那些需要一块糖果快递到家门口的客户，真是不错。
最大输家：亚马逊、大通银行。

Friendster 交友网站　在扎克伯格没毕业之前，Friendster 就是当时的“脸书”，后来这个社交网络被菲律宾家庭主妇霸占。
最大输家：基准资本、凯鹏华盈、Battery 创投。

索林卓　永远把山姆大叔的风险投资基金踢出局的一家公司。
最大输家：美国能源部。

Pay By Touch　生物特征识别技术就是在告诉人们，再见，钞票。
最大输家：麦朴思创投公司。

Boo.com　由瑞典人创立的英国互联网公司，这个域名（Boo 也有喝倒彩的意思）属于它真是实至名归。
最大输家：高盛集团、亚马逊、伯纳德 · 阿诺特（Bernard Arnault）。

网络玩具零售商 eToys　如果才开始学步的儿童也会上网并且有信用卡，eToys 绝对是个好主意。
最大输家：英特尔、红杉资本。

电动汽车换电池服务商乐土公司　8 亿美元蒸发不见，乐土公司的破产确实让投资人走出了痛苦，走向乐土。
最大输家：通用电气、摩根士丹利、优点资本。

CueCat　获得了 RadioShack 的投资，等于错上加错。
最大输家：RadioShack。但是我们不禁会问，如果你已经输了，还会再输吗？

16

西雅图

大家都认为西雅图是一个汇集了许多超级企业总部而且持续多雨的城市，这里有微软、星巴克、亚马逊。但西雅图远远不止这些。在西雅图，很多人宁可选择拥有 6 位数薪水的工作而享受一种惬意的生活，而不愿走上创业的道路。而那些没有选择惬意生活的人则成就了价值数十亿美元的企业，比如 Tableau 公司和 Zulily 公司。西雅图这种知足常乐的文化使得这里出现了很多以客户为导向而不是以竞争为导向的企业，比如 Costco 咖啡、星巴克和诺德斯特龙，它们都是客户导向文化的先驱。西雅图不是硅谷，也不想成为硅谷。

2015年第四季度至2016年第三季度
风险投资情况

风险投资金额	8.667亿美元
交易数量	277
退出数量	60
5年同期投资金额增长率	11.9%
5年同期交易数量增长率	7.1%

资料来源：CB Insights。

西雅图一瞥

早餐会最佳地点
嗨点咖啡吧
海湾咖啡吧
游鹅餐厅

值得驻足的咖啡吧
模拟咖啡吧
广播咖啡吧
拉朵咖啡吧
赫基默咖啡吧
星巴克麦迪逊公园店
图丽山丘咖啡吧

最好的酒吧
勇敢骏马酒吧
避难所酒吧

本地啤酒
都波尔藤德啤酒
马克杰克啤酒
雷尼尔啤酒

本地必参加的活动
Bumbershoot 艺术节
弗里蒙特夏至大游行
西雅图海鲜节
华盛顿州嘉年华

消息小灵通
霍华德·舒尔茨不仅是西雅图的市长，还是华盛顿的州长。

排行榜

天使投资人
安迪·萨克（Andy Sack）
本·斯利卡夫（Ben Slivka）
克里斯·德沃尔（Chris DeVore）
盖里·鲁宾斯（Gary Rubens）
杰夫·恩特斯（Geoff Entress）
哈迪·帕尔托维（Hadi Partovi）
鲁迪·加大略（Rudy Gadre）

风险投资机构
发散投资
垅丽泽健康投资
起火投资
玛得纳投资
玛瓦荣投资
第二大街投资
椎罗集投资
火神投资
WRF 资本

孵化器
喧闹孵化器
费雷奇孵化器
核反应堆孵化器
技术之星

企业家活动
西雅图信息技术峰会
西雅图天使投资大会
西雅图创业周
西雅图科技领导者峰会

UW 商业计划大赛

2015 年第四季度至 2016 年第三季度顶级融资情况
文档签——3 亿美元
波版——1.25 亿美元
奥佛阿普——1.19 亿美元
阿瓦拉然——9 600 万美元
凯么达——6 200 万美元

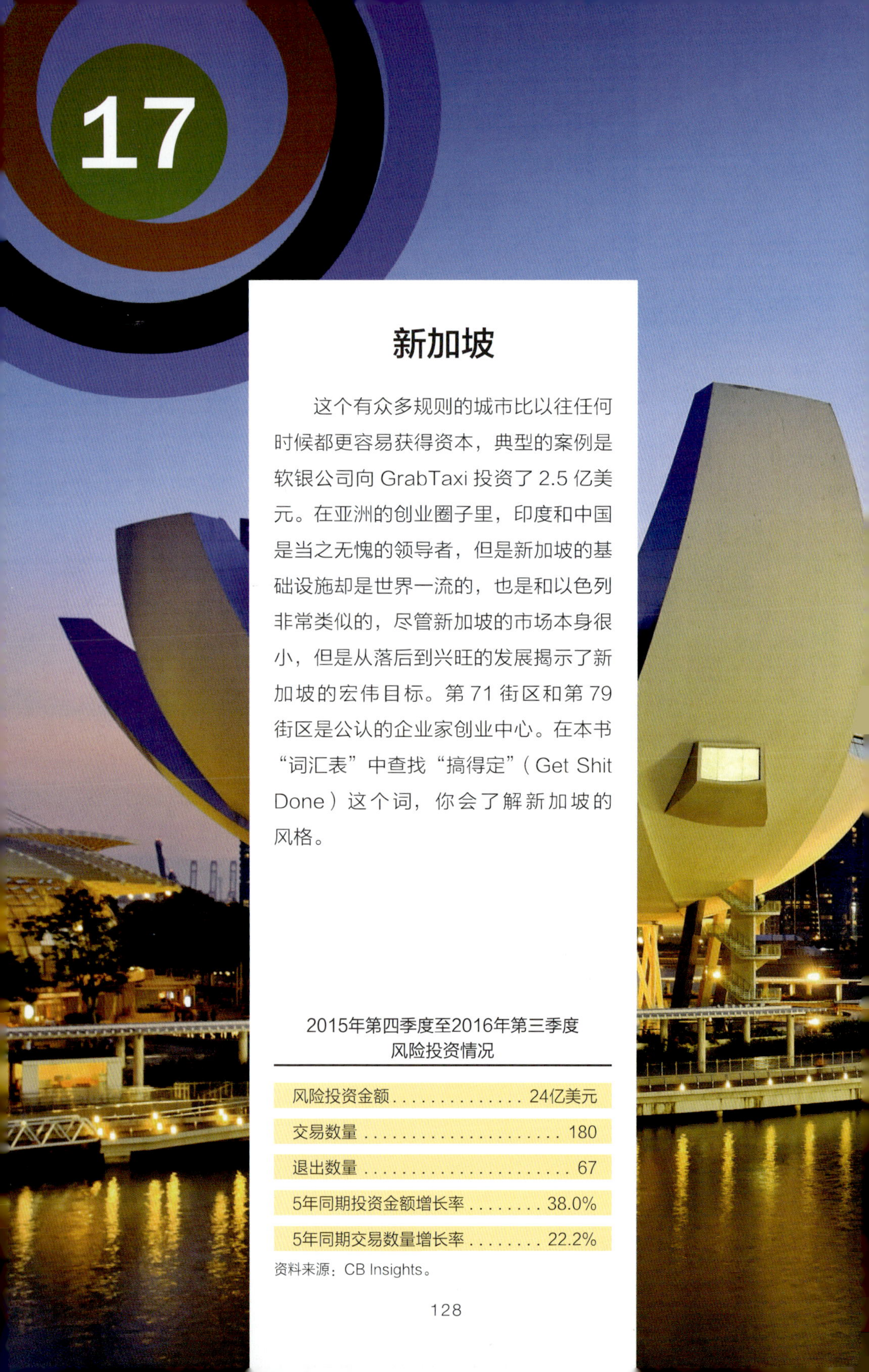

17

新加坡

这个有众多规则的城市比以往任何时候都更容易获得资本，典型的案例是软银公司向 GrabTaxi 投资了 2.5 亿美元。在亚洲的创业圈子里，印度和中国是当之无愧的领导者，但是新加坡的基础设施却是世界一流的，也是和以色列非常类似的，尽管新加坡的市场本身很小，但是从落后到兴旺的发展揭示了新加坡的宏伟目标。第 71 街区和第 79 街区是公认的企业家创业中心。在本书“词汇表”中查找“搞得定”（Get Shit Done）这个词，你会了解新加坡的风格。

2015年第四季度至2016年第三季度
风险投资情况

风险投资金额	24亿美元
交易数量	180
退出数量	67
5年同期投资金额增长率	38.0%
5年同期交易数量增长率	22.2%

资料来源：CB Insights。

新加坡一瞥

早餐会最佳地点
Gavroche 咖啡厅
Edge 餐厅

值得驻足的咖啡吧
Kith 咖啡馆
Patisserie G 咖啡馆

本地啤酒
泵屋精酿

本地必参加的活动
新春妆艺大游行
滨海湾跨年活动
Zoukout 电子音乐节

消息小灵通
新加坡本土的风投基金 EDBI，为每一个能够造福新加坡的企业家提供发展捷径。

排行榜

天使投资人
杜赞 · 山卡维斯
（Dusan Sankovic）
爱德华多 · 萨维林
雅斯 · 帕雷克
（Jayesh Parekh）
凯海里 · 恩奇（Khailee Ng）
彭彤

风险投资机构
EDBI
GIC
金门投资
乐天
红杉资本
淡马锡
祥峰投资
波马克投资

孵化器
Fatfish 媒体实验室
iAxil 孵化器
ImpactHub 孵化器
Joyful Frog 孵化器
新加坡信息通信技术联合会
做工资本

创业活动
新加坡创业周
创业亚洲
科技交流盛典
印度企业家大会
年轻创业家讨论会
青少年企业家组织

2015 年第四季度至 2016 年第三季度顶级融资情况
Lazada——10 亿美元
奥兰国际——6.5 亿美元
QuEST 全球服务——3.5 亿美元
易商红木——3 亿美元
Trax 图像识别——4 000 万美元

新加坡创业生态系统

新加坡不像其他城市，它的政府是创业者的盟友。

新加坡标新局
新加坡科技研究局
新兴市场研究院

18

阿姆斯特丹

除了红灯区和合法大麻，阿姆斯特丹有很多值得称道之处。这里有优质的教育系统，政府对科技企业有十分浓厚的兴趣。阿姆斯特丹的制度能够帮助技术移民在这里顺利定居——他们可以申请高技能移民签证，雇主还有权给予高达工资 30% 的免税额。而这里低廉的物价、开放的文化和英语环境使得移民更愿意留下来。尽管在阿姆斯特丹，融资渠道少，较缺乏有经验的导师，但是创业依然是阿姆斯特丹的传统。

2015年第四季度至2016年第三季度
风险投资情况

风险投资金额	1.894亿美元
交易数量	111
退出数量	29
5年同期投资金额增长率	13.9%
5年同期交易数量增长率	37.0%

资料来源：CB Insights。

阿姆斯特丹一瞥

早餐会最佳地点

劳埃德酒店

耕种餐厅

前厅餐厅

值得驻足的咖啡吧

咖啡公司

此地咖啡吧

病毒咖啡吧

本地啤酒

Verdoemenis 啤酒

线下约会地点

CafeLux 酒馆

最好的酒吧

Vesper 酒吧

本地必参加的活动

运河音乐节

国内国际电影节

荷兰国王生日

排行榜

天使投资人

鲍里斯·维尔辉祯·凡·赞腾（Boris Veldhuijzen van Zanten）

乔纳森·尼尔森（Jonathan Nelson）

拉杰·拉曼第（Raj Ramanandi）

鲁内·塞尔（Rune Theill）

风险投资机构

HENQ 投资

NPM 资本

Peak 资本

Prime 创投

SET 创投

StartGreen 资本

范登恩德与迪默斯

孵化器

ACE 投资实验室

创业学院

火箭开创孵化器

创业训练营

创业活动

阿姆斯特丹新兴传染病国际会议

阿姆斯特丹创业周

科技之星活动

下一代网络会议

阿姆斯特丹 TNW 大会

2015 年第四季度至 2016 年第三季度顶级融资情况

金字塔分析——3 000 万美元

钒科技——2 300 万美元

滨德图像——2 200 万美元

3D 枢纽——700 万美元

BUX——690 万美元

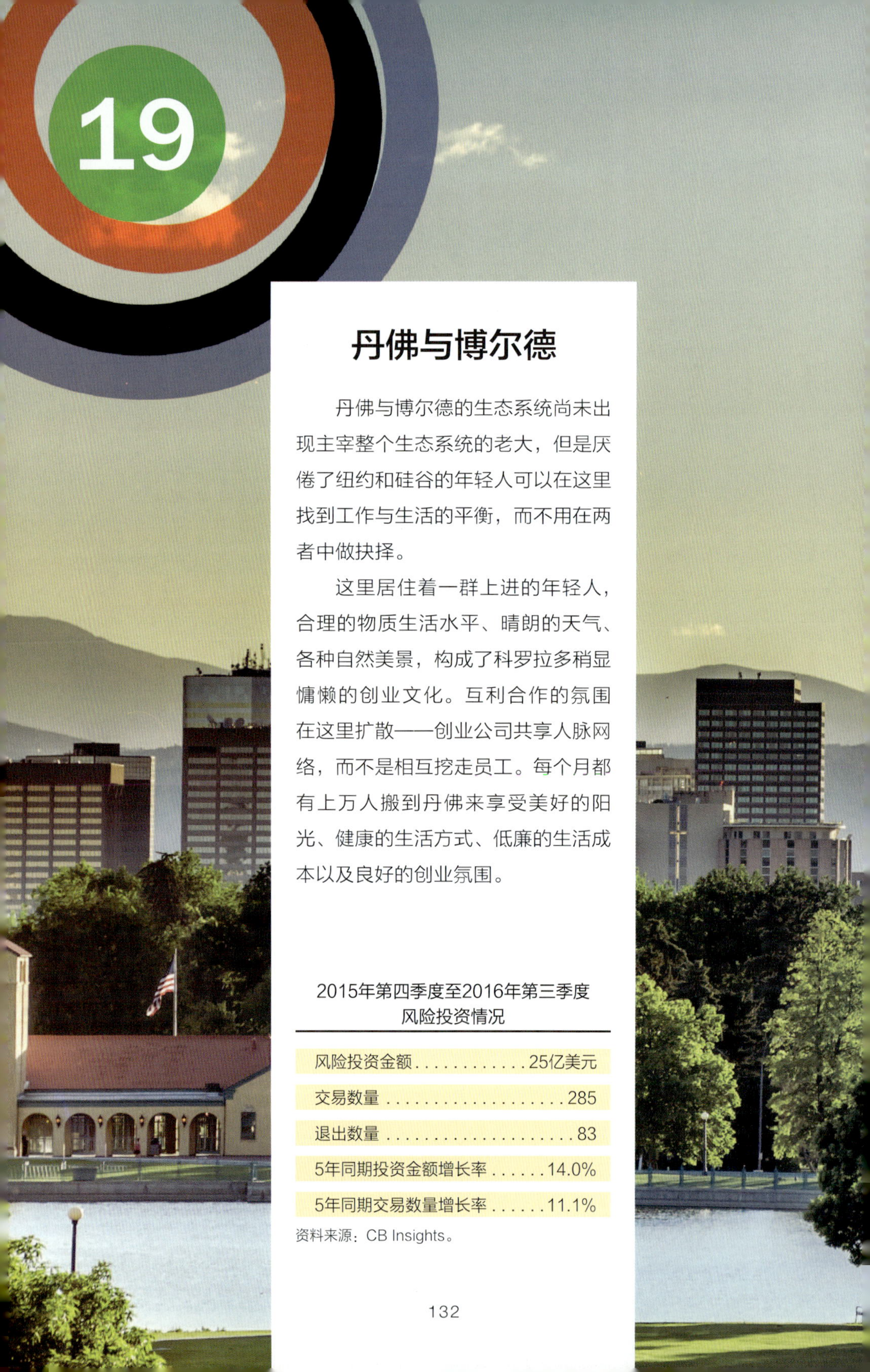

19

丹佛与博尔德

丹佛与博尔德的生态系统尚未出现主宰整个生态系统的老大，但是厌倦了纽约和硅谷的年轻人可以在这里找到工作与生活的平衡，而不用在两者中做抉择。

这里居住着一群上进的年轻人，合理的物质生活水平、晴朗的天气、各种自然美景，构成了科罗拉多稍显慵懒的创业文化。互利合作的氛围在这里扩散——创业公司共享人脉网络，而不是相互挖走员工。每个月都有上万人搬到丹佛来享受美好的阳光、健康的生活方式、低廉的生活成本以及良好的创业氛围。

2015年第四季度至2016年第三季度
风险投资情况

风险投资金额	25亿美元
交易数量	285
退出数量	83
5年同期投资金额增长率	14.0%
5年同期交易数量增长率	11.1%

资料来源：CB Insights。

丹佛与博尔德一瞥

早餐会最佳地点
丹佛点心公司
Lucile's 餐厅
Perfect Landing 餐厅
Snooze 餐厅

值得驻足的咖啡吧
阿曼达咖啡吧
哈克贝利咖啡吧
臭氧珍珠咖啡吧
杯子咖啡吧

创业区域
LoHi 区
Pearl Street 区

最好的酒吧
森林五号房
高地酒吧
珍珠街酒馆
苦味酒吧
西尽酒吧

本地啤酒
艾弗里公司啤酒
那托工作室啤酒
上升酿造公司啤酒
翁库普公司啤酒

本地必参加的活动
科罗拉多 420 周末
Riot Fest and Rodeo 音乐节
博尔德溪节

消息小灵通
这个星球上最火爆的社交广告公司 Made Movement 的总部就在博尔德。

排行榜

天使投资人
巴特 · 罗拉（Bart Lorang）
布兰德 · 菲尔德（Brad Feld）
詹姆斯 · 富兰克林（James Franklin）
詹森 · 赛兹（Jason Seats）
尼科尔 · 格拉罗（Nicole Glaros）

风险投资机构
边境投资
达蒙德路资本
铸造投资
高国投资
续集投资

孵化器
繁华城镇孵化器
电镀公司
创新火箭孵化器
创新大棚
并线孵化器
技术之星
非逻辑孵化器

创业活动
阿斯彭思想节
博尔德贝塔
德弗拉格大会
财富科技头脑风暴
科罗拉多新科技会议
投资萨拉姆会议
创业周

2015 年第四季度至 2016 年第三季度顶级融资情况
索玛逻辑——6 050 万美元
畔塞瑞——5 300 万美元
罗格律动——5 000 万美元
数据维尔——4 700 万美元
电镀公司——4 500 万美元

20

巴尔的摩—华盛顿哥伦比亚特区—弗吉尼亚州都会区

这一章的确讲的不是一个确切的城市，但是巴尔的摩—华盛顿哥伦比亚特区以及北弗吉尼亚的创业紧密相关。由于联邦政府就在附近，这里的创业公司近水楼台先得月，对国家安全和政府科技方面做出贡献的同时，并没有吃太多官僚主义之苦。这里的学校向企业源源不断地输送人才，整个地区就像一个微缩版的纽约，不同的是这里的投资人更加谨慎，教育资源和健康领域的创业公司更加密集。

2015年第四季度至2016年第三季度
风险投资情况

风险投资金额	17亿美元
交易数量	300
退出数量	69
5年同期投资金额增长率	10.7%
5年同期交易数量增长率	11.3%

资料来源：CB Insights。

巴尔的摩—华盛顿哥伦比亚特区—弗吉尼亚州都会区一瞥

早餐会最佳地点

农夫渔夫烘焙坊

四季酒店

Le Diplomate 餐厅

波特咖啡屋

值得驻足的咖啡吧

波旁咖啡馆

指南针咖啡馆

菲兹咖啡馆

最好的酒吧

ANXO 酒吧

巴塞罗那 14 酒吧

达查之阴酒吧

杰克玫瑰酒吧

确权酒吧

乘客酒吧

主权酒吧

本地啤酒

DC Brau 啤酒

Natty Boh 啤酒

本地必参加的活动

大西洋创意节

独立日

华盛顿国家樱花节

全国运动会

华府护照节

排行榜

天使投资人

博比 · 雅达尼（Bobby Yazdani）

杰伊 · 维尔迪（Jay Virdy）

迈克尔 · 蔡森（Michael Chasen）

迈尔斯 · 吉尔伯尼（Miles Gilburne）

奈尔杰 · 莫斯（Nigel Moms）

肖恩 · 格拉斯（Sean Glass）

史蒂夫 · 卡斯（Steve Case）

特德 · 莱奥斯（Ted Leonsis）

托尼 · 佛罗伦斯（Tony Florence）

风险投资机构

ABS 资本

格罗科技投资

印求泰尔投资

JMI 投资

NEA 投资

诺瓦卡比德投资

变革投资

美国普信集团

孵化器

1776

Acceleprise 孵化器

bwtech@UMBC 孵化器

Mach 37 孵化器

创业活动

ACS 创业峰会

美国小型企业峰会

创业挑战杯

女性领导未来峰会

2015 年第四季度至 2016 年第三季度顶级融资情况

精确医药——7 500 万美元

RainKing——6 700 万美元

Higher Logic——5 500 万美元

Lookingglass——5 000 万美元

GrayBug——4 500 万美元

华盛顿哥伦比亚特区风险投资机构——1776

1776是华盛顿哥伦比亚特区的一个全球性的孵化器和种子基金。其年度盛典——“挑战杯”是一个世界范围的挑战杯锦标赛，有前景的创业公司可以在该锦标赛中赢取奖项，建立人脉网络，和全世界分享它的雄心壮志。“挑战杯”包括45个本地竞赛、9个地区竞赛和1个全球总决赛。

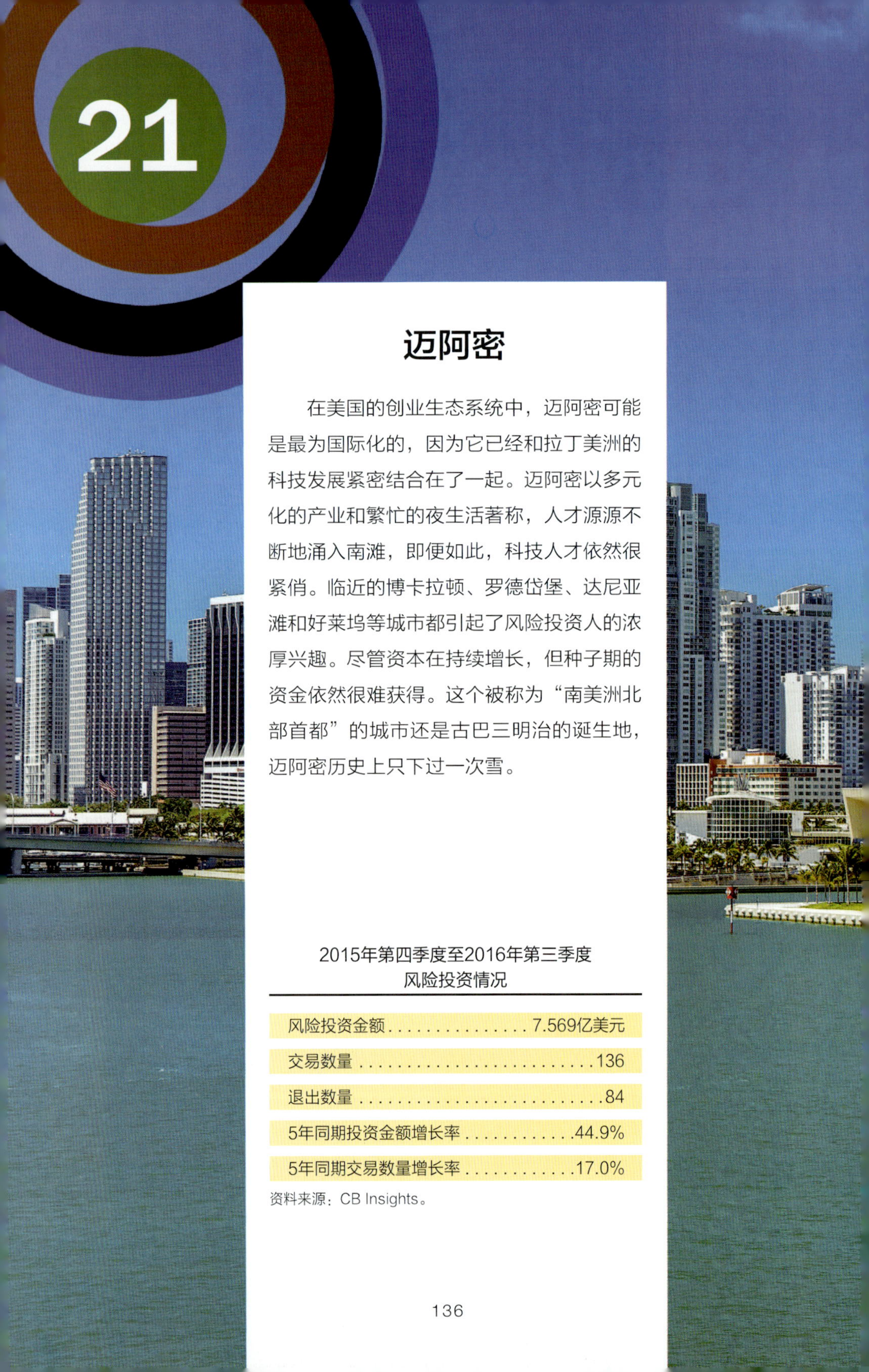

21

迈阿密

在美国的创业生态系统中，迈阿密可能是最为国际化的，因为它已经和拉丁美洲的科技发展紧密结合在了一起。迈阿密以多元化的产业和繁忙的夜生活著称，人才源源不断地涌入南滩，即便如此，科技人才依然很紧俏。临近的博卡拉顿、罗德岱堡、达尼亚滩和好莱坞等城市都引起了风险投资人的浓厚兴趣。尽管资本在持续增长，但种子期的资金依然很难获得。这个被称为“南美洲北部首都”的城市还是古巴三明治的诞生地，迈阿密历史上只下过一次雪。

2015年第四季度至2016年第三季度
风险投资情况

风险投资金额	7.569亿美元
交易数量	136
退出数量	84
5年同期投资金额增长率	44.9%
5年同期交易数量增长率	17.0%

资料来源：CB Insights。

迈阿密一瞥

早餐会最佳地点
Big Fish 餐厅
冰柜咖啡馆
迈阿密咖啡馆
Yardbird 餐厅

值得驻足的咖啡吧
安吉丽娜的咖啡屋
黑猫咖啡吧

本地啤酒
迈阿密白啤酒

创业区域
布里克尔区
市中心
翁伍德区

最好的酒吧
巴奇美食酒吧

本地必参加的活动
巴赛尔艺术展
装饰艺术周末节
南滩美食和红酒节

消息小灵通
在小哈瓦那不要穿有卡斯特罗图案的衬衣。

排行榜

天使投资人
贡柴罗 · 科斯塔（Gonzalo Costa）
赫克托 · 于连（Hector Hulian）
马赛洛 · 克劳德（Marcelo Claure）
马克 · 金登（Mark Kingdon）
皮特 · 凯尔纳（Peter Kellner）
肖恩 · 亚伯拉罕松（Shaun Abrahamson）

风险投资机构
雅典风险投资
H.I.G. 资本
奈特企业基金
拉登堡塞曼投资
麦笛纳资本

孵化器
奋进孵化器
迈阿密想法中心
达德孵化器
迈阿密实验室孵化器
Rokk3r 实验室孵化器
亥资本
文斯孵化器

创业活动
Emerge Miami
迈阿密 OpenHack 见面会
迈阿密格林德创业会
创业周末
巴尔工业科技之夜

2015 年第四季度至 2016 年第三季度顶级融资情况
魔力条约——8.27 亿美元
傅音诺瓦金融——5 250 万美元
亥集控股——4 000 万美元
印聚——3 390 万美元
阿尔斯潘——3 000 万美元
杰特斯玛特——3 000 万美元

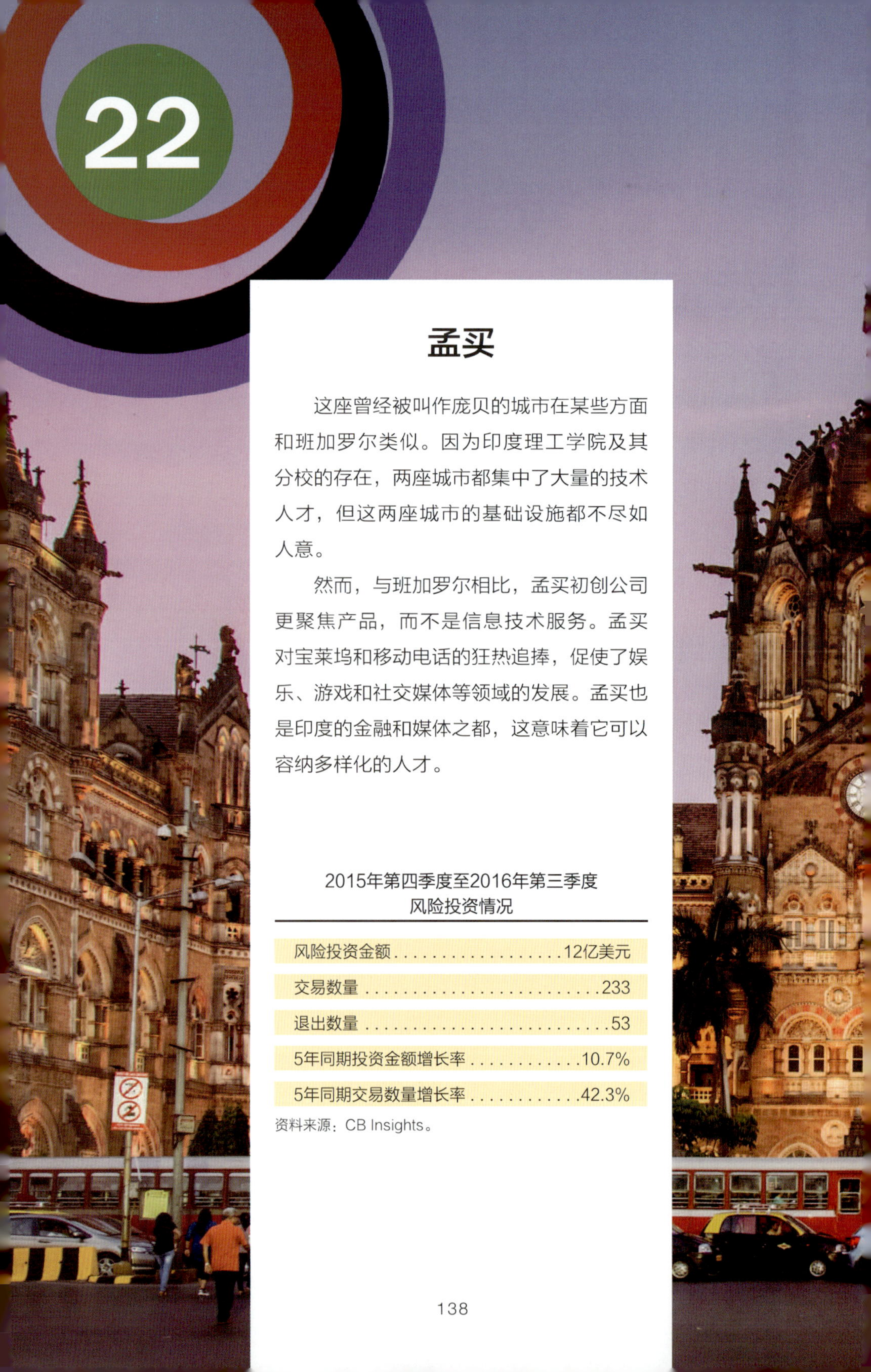

22

孟买

这座曾经被叫作庞贝的城市在某些方面和班加罗尔类似。因为印度理工学院及其分校的存在，两座城市都集中了大量的技术人才，但这两座城市的基础设施都不尽如人意。

然而，与班加罗尔相比，孟买初创公司更聚焦产品，而不是信息技术服务。孟买对宝莱坞和移动电话的狂热追捧，促使了娱乐、游戏和社交媒体等领域的发展。孟买也是印度的金融和媒体之都，这意味着它可以容纳多样化的人才。

2015年第四季度至2016年第三季度
风险投资情况

风险投资金额	12亿美元
交易数量	233
退出数量	53
5年同期投资金额增长率	10.7%
5年同期交易数量增长率	42.3%

资料来源：CB Insights。

孟买一瞥

早餐会最佳地点
百吉饼商店
盐水咖啡馆
萨珊面包房

值得驻足的咖啡吧
巴瑞斯塔咖啡吧
盖洛德咖啡吧
摩卡咖啡吧

本地啤酒
吠鹿啤酒
孟买布隆德啤酒
飞天猪啤酒

本地必参加的活动
孟买干杯节
卡拉哥达艺术节
普里维特戏剧节

消息小灵通
标志性建筑泰姬酒店在著名建筑“印度门”的对面，这里一直是本地商人和游客的集中地。

排行榜

天使投资人
安纳德·拉德萨瑞亚（Anand Ladsariya）
安尼如德·达马尼（Anirudh Damani）
马赫什·穆尔帝（Mahesh Murthy）
拉维·基兰（Ravi Kiran）
桑杰·凯兰尼（Sanjay Kamlani）

风险投资机构
贝赛麦风投
布兰德资本
梅菲尔德风投
内瓦纳投资
西北投资

孵化器
GSF 孵化器
Seedfarm 孵化器
SINE 孵化器
UnLtd 孵化器
VentureNursery 孵化器

创业活动
Ignite 活动
孟买创业周末

科技节
Techsparks 活动
创业峰会

2015 年第四季度至 2016 年第三季度顶级融资情况
欧拉——5 亿美元
印度 Infoline——1.73 亿美元
交易车——1.45 亿美元
Crompton Greaves——1.26 亿美元
BookMyShow——8 150 万美元

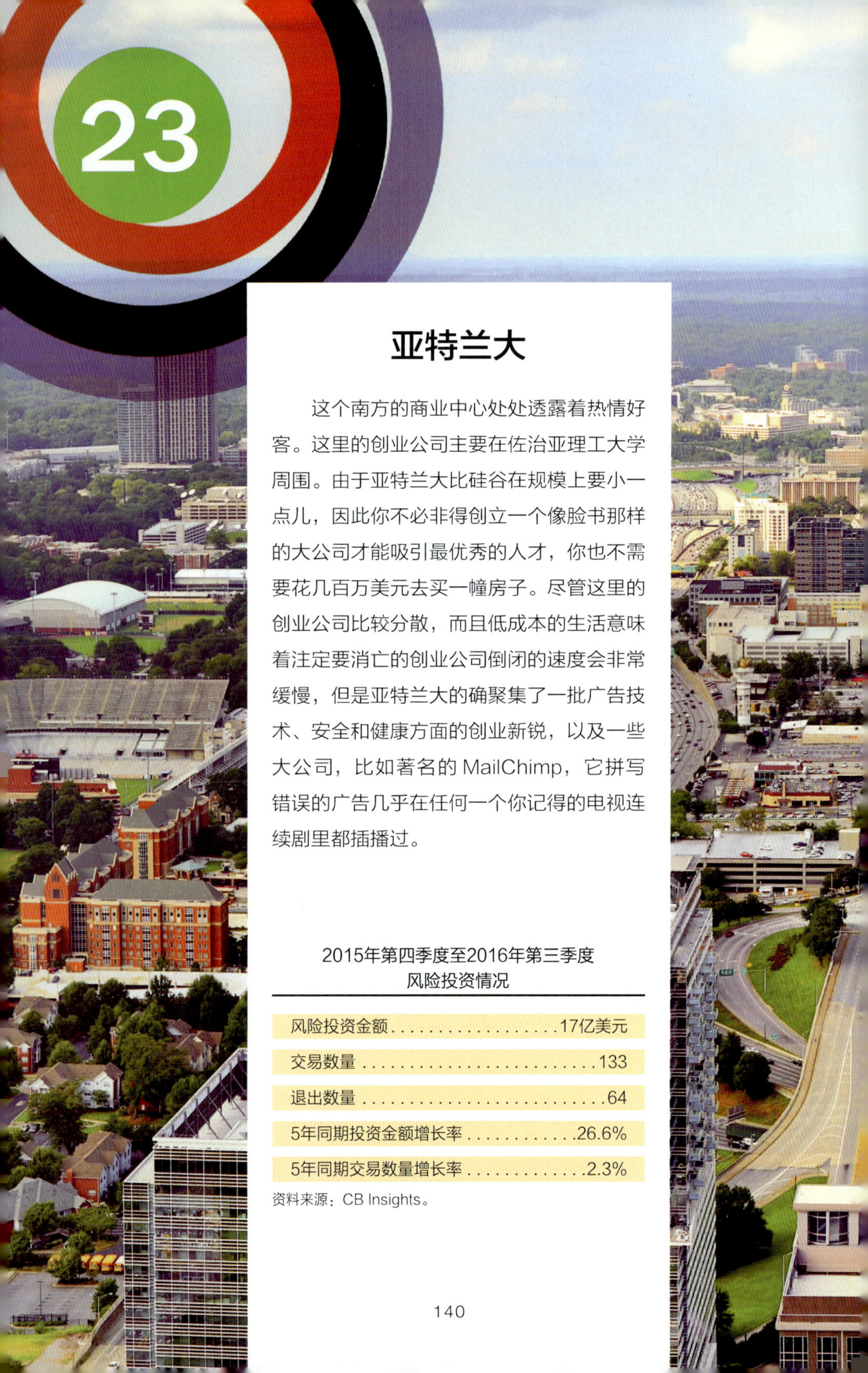

23

亚特兰大

这个南方的商业中心处处透露着热情好客。这里的创业公司主要在佐治亚理工大学周围。由于亚特兰大比硅谷在规模上要小一点儿，因此你不必非得创立一个像脸书那样的大公司才能吸引最优秀的人才，你也不需要花几百万美元去买一幢房子。尽管这里的创业公司比较分散，而且低成本的生活意味着注定要消亡的创业公司倒闭的速度会非常缓慢，但是亚特兰大的确聚集了一批广告技术、安全和健康方面的创业新锐，以及一些大公司，比如著名的 MailChimp，它拼写错误的广告几乎在任何一个你记得的电视连续剧里都插播过。

2015年第四季度至2016年第三季度
风险投资情况

风险投资金额	17亿美元
交易数量	133
退出数量	64
5年同期投资金额增长率	26.6%
5年同期交易数量增长率	2.3%

资料来源：CB Insights。

亚特兰大一瞥

早餐会最佳地点
Babs 餐厅
街角咖啡厅
Folk Art 餐厅
Gato 咖啡厅
Juliana 的咖啡店
高地面包店
崇高甜甜圈店
贝利阳光餐厅
华夫饼餐厅

值得驻足的咖啡吧
亚特兰大咖啡烘焙坊
Octane 咖啡馆

最好的酒吧
五季酒吧
比尔威利酒吧
塞普莱斯酒吧

本地啤酒
420 额外精酿
比尔威利啤酒
周一夜晚啤酒
狂野天堂啤酒

本地必参加的活动
香槟古董行
山茱萸节
Dragon Con 年度漫展
茵曼公园游园会
中城音乐节
伍德拉夫公园

消息小灵通

世界上最繁忙的机场在亚特兰大。对于美国大多数城市来说，这是 3 个小时内能到达的最方便的地方。

排行榜

天使投资人
大卫 · 卡明斯
（David Cummings）
詹森 · 赛兹
吉米 · 刘（Jimmy Liu）
乔恩 · 戈登（Jon Gordon）
保罗 · 贾奇（Paul Judge）
西 · 莫里斯（Sig Mosley）

风险投资机构
BIP 资本
Cox 风险投资基金
佛鲁迪风投
支点投资
基耐迪克风投
诺劳 · 莫塞莱风投
科技操作器风投
科技广场风投

孵化器
先进技术开发中心
亚特兰大创投孵化器
闪点孵化器
调度场孵化器

创业活动
数字峰会
Govathon 黑客马拉松
HackGT 活动
Startup Chowdown
创业休息室
亚特兰大创投

2015 年第四季度至 2016 年第三季度顶级融资情况
卡瓦纳——1.6 亿美元
卡柏格——1.35 亿美元
安库拉咨询集团——1 亿美元
品罩浦——7 500 万美元
瑞沃麦德健康——6 000 万美元

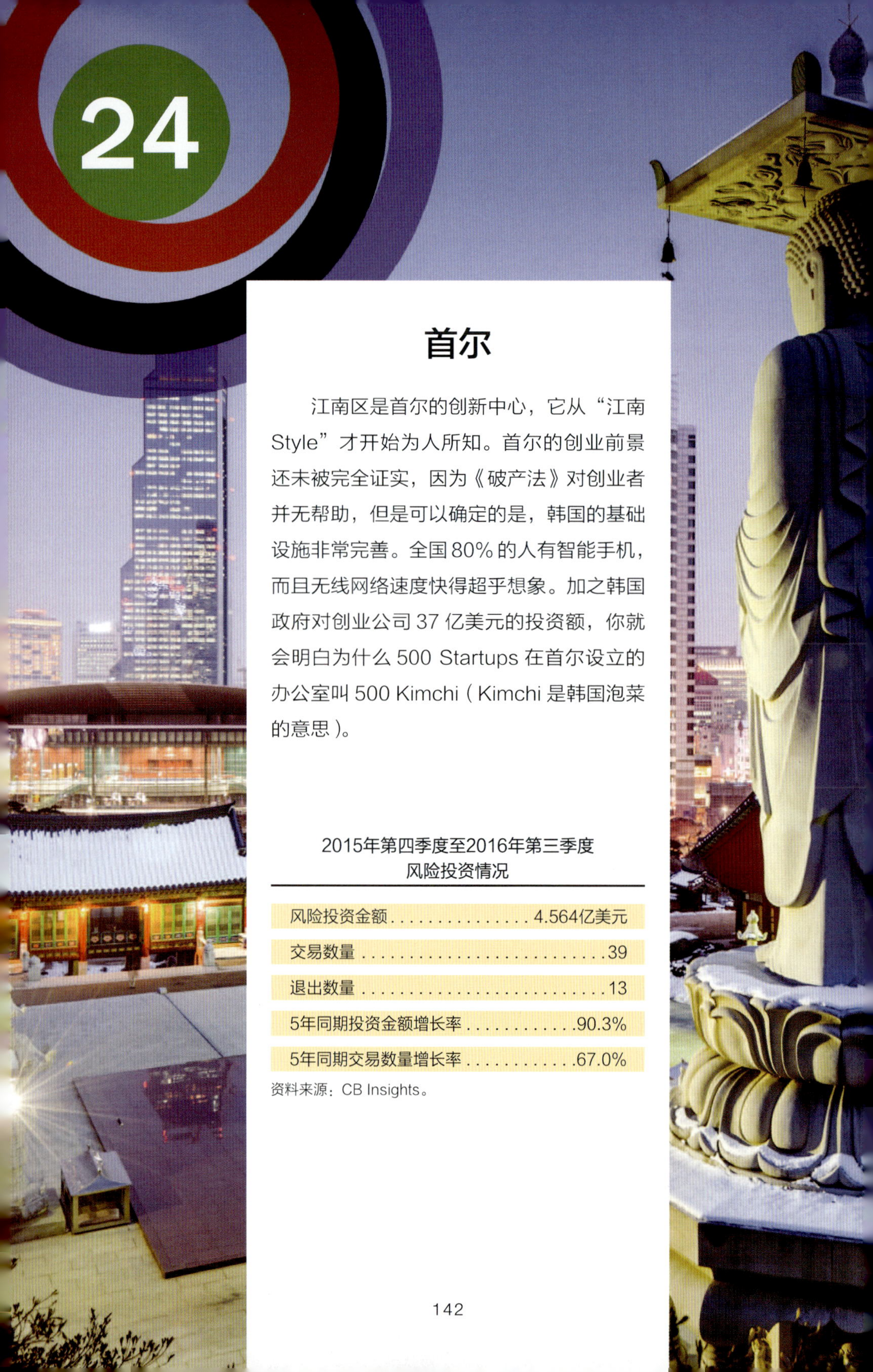

24

首尔

江南区是首尔的创新中心，它从“江南Style”才开始为人所知。首尔的创业前景还未被完全证实，因为《破产法》对创业者并无帮助，但是可以确定的是，韩国的基础设施非常完善。全国80%的人有智能手机，而且无线网络速度快得超乎想象。加之韩国政府对创业公司37亿美元的投资额，你就会明白为什么500 Startups在首尔设立的办公室叫500 Kimchi（Kimchi是韩国泡菜的意思）。

2015年第四季度至2016年第三季度
风险投资情况

风险投资金额	4.564亿美元
交易数量	39
退出数量	13
5年同期投资金额增长率	90.3%
5年同期交易数量增长率	67.0%

资料来源：CB Insights。

首尔一瞥

早餐会最佳地点

Bistro Miru 餐厅
Gusto Taco 餐厅
Hemlagat 餐厅

值得驻足的咖啡吧

查理布朗咖啡吧
Coffeest 咖啡吧
钢琴咖啡吧

本地啤酒

皇后区威森啤酒

本地必参加的活动

韩国国际艺术博览会
燃灯嘉年华
七叶树夏季音乐节

消息小灵通

为你倒的第一杯酒，你千万不要拒绝。

天使投资人

本杰明 · 约菲（Benjamin Joffe）
克里斯廷 · 蔡（Christine Tsai）
吉米 · 任（Jimmy Rim）
奈特 · 杰克布森（Net Jacobsson）
蒂姆 · 蔡（Tim Chae）

风投机构

Insight
K Cube 风投
韩国首尔生命科学基金会
软银资本
石桥资本

孵化器

速路亚洲孵化器
未来局孵化器
K 初创孵化器
明亮实验室孵化器
方资本

创业公开活动

beGlobal Seoul 创业展
beLaunch 创业科技大会
韩国商业网络
Max Summit 大会
首尔种子创业明星推介大会
首尔创业磨坊

2015 年第四季度至 2016 年第三季度顶级融资情况

网禅——1.7 亿美元
YG 娱乐——8 500 万美元
美美箱——6 590 万美元
外送的民族——5 000 万美元
沃泽兄弟——5 000 万美元

斯德哥尔摩

斯德哥尔摩曾经因为是阿巴合唱团的诞生地而闻名遐迩，如今，瑞典有了新的招牌：这里诞生了 Skype、声田，以及两款风靡世界的移动游戏——《糖果传奇》和《我的世界》。在金发碧眼、耳朵稍稍发蓝（室外天气寒冷造成的）的瑞典人中，有很多极具天赋的程序员，他们造就了一个无现金社会，这里还有俗称“詹代法则”的谦逊美德，这与总是把名人挂在嘴边似乎显得自己很厉害的硅谷人形成了鲜明对比。得益于这个城市的包容性和全球视野，斯德哥尔摩的初创公司得以迅速发展。

2015年第四季度至2016年第三季度风险投资情况

风险投资金额	14亿美元
成交数量	143
退出数量	50
5年同期投资金额增长率	44.1%
5年同期交易数量增长率	53.1%

资料来源：CB Insights。

斯德哥尔摩一瞥

早餐会最佳地点
格兰特酒店
瑞驰餐厅
姿印珂餐厅

值得驻足的咖啡吧
咖啡办公室
水滴咖啡吧
老情人咖啡吧

当地啤酒
卡内基波特啤酒
鳄鱼啤酒
Falcon 啤酒
帕斯科尔啤酒

线下交友场所
特拉戈登俱乐部

本地必参加的活动
甘草糖节
马尔默狂欢节
斯德哥尔摩骄傲大游行

消息小灵通
在瑞典，快乐时光是在“下班后”，也许这是瑞典人长寿的秘诀。

排行榜

天使投资人
阿尼尔 · 海斯吉（Anil Hansjee）
弗洛里斯 · 罗斯特 · 凡 · 托尼跟（Floris Rost van Tonningen）
奈特 · 杰克布森（Net Jacobsson）
罗伯托 · 伯南辛加（Roberto Bonanzinga）
肖恩 · 西顿－罗杰斯（Sean Seton-Rogers）

风险投资机构
Creandum 风投公司
Edastra 资本
HealthCap 资本
Industrifonden 基金
瑞典银瑞达集团
Northzone 风投

孵化器
Bonnier 孵化器
Epicenter 孵化器
Frogleap 孵化器
Shift 孵化器
STING 孵化器
Stugan 孵化器
SUP46 孵化器

创业公开活动
特训营
斯德哥尔摩见面会
创业日
创业周
斯德哥尔摩技术节

2015 年第四季度至 2016 年第三季度顶级融资情况
声田——10 亿美元
Pomegranate——6 760 万美元
星澜——4 000 万美元
爱泽特乐——6 400 万美元
凯莱娜——Klarna 3 000 万美元

最成功和最失败的收购案

社交网络巨头脸书当年以10亿美元收购图片分享公司Instagram，几乎每个人都在质疑这笔交易，然而结果是双方公司都取得了巨大的成功，因为Instagram如今市值已超过350亿美元。相比之下，雅虎斥数十亿美元收购马克·库班（Mark Cuban）的互联网无线电公司就没有这么幸运了。以下是过去几年技术公司收购案中最成功和最失败的案例。

最失败的案例

1999 年雅虎以 57 亿美元的价格收购了 Broadcast。如果 ROI（投资回报率）就是 Radio on the Internet（互联网无线电），那么雅虎的 ROI 做到了 100%。

1999 年雅虎斥资 36 亿美元收购 Geocities。2009 年，雅虎关闭了 Geocities，进一步证实了雅虎作为风险投资机构的失败。

2005 年新闻集团 (NewsCorp) 以 5.2 亿美元收购美国在线社交网络 MySpace。2011 年，这个一度非常火爆的在线社交网站仅以 3 500 万美元被卖出。

2005 年微软公司以 4 亿美元的价格收购了 Hotmail。然而这个电子邮件平台的命运却与它的名字毫不相符。

2010 年惠普以 12 亿美元收购 Palm。惠普使 Palm 摆脱困境，并在 2011 年停业了所有设备的生产。

2012 年谷歌以 125 亿美元收购摩托罗拉，这是谷歌历史上一次罕见的失策，两年后，谷歌以当初并购价的 25% 将摩托罗拉出售。

2012 年星佳（Zynga）以 1.8 亿美元收购 Omgpop，2013 年星佳关闭了 Omgpop。

2000 年 Terra 斥 125 亿美元巨资收购网络资讯收集网站 Lycos。2004 年，Lycos 以 1.05 亿美元被出售，售价不到投资额的 1%。

最成功的案例

2012 年，脸书以 10 亿美元收购图片分享应用平台 Instagram 的时候，Instagram 只有 15 名员工。现在，Instagram 的市值超 350 亿美元。Instagram 是一个汇集了名人、青少年和“骗子”的图片分享平台。

2005 年谷歌以 5 000 万美元的价格收购了安卓。这个移动操作系统如今被安装在 14 亿个移动设备上，几乎遍及每一个国家。安卓是移动操作系统的主导者。

2006 年谷歌以 16.5 亿美元收购了优兔视频网站，现在优兔是世界上最大的视频网站，估值为 800 亿美元。

2007 年谷歌以 31 亿美元收购了美国一家网络广告服务商 DoubleClick 公司。这个平台推动了谷歌在线广告业务的发展，成为谷歌的经济引擎。

1981 年微软以 7.5 万美元收购了 DOS。DOS 最终成为微软的 DOS，也就是后来的 Windows 操作系统。

2005 年联想以 12.5 亿美元的价格收购了 IBM 的 PC 业务。这帮助联想的业务走向了一个新的高度，让联想到达了 100 亿美元的市值。

2002 年易趣以 15 亿美元的价格收购了贝宝。贝宝是一个在线支付平台，如今贝宝的市值已经高达 350 亿美元。

2009 年亚马逊以 12 亿美元收购了捷步（Zappos）。捷步不仅为亚马逊贡献了销量，同时也帮助亚马逊找到了精神所在。

2004 年 EMC 以 6.25 亿美元收购了威睿虚拟系统，现在这家公司市值是 206 亿美元。

1996 年苹果以 4.29 亿美元招揽了史蒂夫 · 乔布斯（相当于将 NeXT 电脑公司收入囊中），请参看“词汇表”中的“史蒂夫 · 乔布斯”。1996 年，苹果公司的市值是 31 亿美元，如今它的市值已经超过了 5 000 亿美元。

贴士

虽然史蒂夫 · 乔布斯喜欢光着脚走路，但是穿上鞋子、保持良好的卫生习惯对于寻求资本的企业家来说是一个更好的策略。一旦你有钱了，你可以变得古怪，但是你在还没变得富有之前，别假装成有钱人。

先锋系列

马克·贝尼奥夫

- 1999 年，贝尼奥夫创立了赛富时，创立之初的愿景是以改革软件程序设计和分发的方式振兴软件产业。
- 在赛富时，贝尼奥夫率先开创了被称为“1/1/1”的慈善体系模式，即公司贡献 1% 的利润、1% 的股权和 1% 的员工工时回馈社会。

比尔·坎贝尔——硅谷传奇导师

- 曾是亚马逊、谷歌、推特和很多硅谷公司的创始人和首席执行官的核心顾问。
- 前苹果董事会成员和财捷集团首席执行官 / 董事长。

维诺德·科斯拉

- 太阳微系统公司创始人、首任董事长兼首席执行官。
- 凯鹏华盈的前合伙人，2004 年创立了科斯拉风险投资公司，这家公司很快就成为世界上广受认可的风险投资公司之一。

维诺德·科斯拉在2015年亚利桑那大学的球硅谷峰会上讲话

基准兄弟——比尔·柯尔利、米奇·拉斯基、马特·科勒、彼得·芬顿、埃里克·维书亚、斯科特·贝尔斯基

- 基准是硅谷的顶级风险投资公司之一，对许多非常成功的初创公司进行了早期投资，如多宝箱、优步、推特、色拉布、Instagram 等，基准兄弟在这些公司中担任董事会成员。

黛安妮·格林

- 威睿虚拟系统创始人兼总裁及首席执行官，威睿虚拟系统是全球最大的虚拟业务公司之一，已被 EMC 收购。
- 目前任职谷歌云业务的资深副总裁，同时在麻省理工学院和可汗学院的董事会担任职务。

拉里·松西尼

- 硅谷最杰出的律师事务所之一罗沙迪（Wilson Sonsini）的主席。
- 为谷歌、苹果、太阳微系统、网景和优兔等公司提供相关法律咨询。

马克·扎克伯格

- 在宿舍创立了社交网站脸书，脸书是目前世界上最大的社交平台，拥有超过 16 亿用户。扎克伯格承诺将持有的 99% 股份（约 450 亿美元）用于创立陈·扎克伯格倡议基金会。

罗恩·康韦

罗恩·康韦堪称硅谷最多产的天使投资人，他的传奇之处在于他的人脉和善于与人打交道的能力。他的投资项目囊括了谷歌、脸书、品趣志和推特，他的朋友来自各行各业，比如谷歌副总裁玛莉莎·梅耶（Marissa Mayer）、歌手布赖恩·威尔逊（Brian Wilson），以及说唱天王汉默。自20世纪90年代中期以来，康韦已投资超过600家互联网公司，被认为是天使投资的先驱。所以，有人认为投资有正确的方式、错误的方式和康韦的方式。

26

新德里与古尔冈

在印度首都被甘地领导过的土地上，坐落着一些较大的初创公司。毗邻的城市古尔冈也成为技术活动的中心，这里是财富 500 强中 250 多家公司的家园。摇滚明星总理纳伦德拉·莫迪（Narendra Modi）在 2014 年推出“印度制造”的概念，以鼓励跨国公司在印度开设工厂。

2015年第四季度至2016年第三季度
风险投资情况

风险投资金额	32亿美元
交易数量	280
退出数量	38
5年同期投资金额增长率	83.9%
5年同期交易数量增长率	68.5%

资料来源：CB Insights。

新德里与古尔冈一瞥

早餐会最佳地点
Sagar Ratna 餐厅

值得驻足的咖啡吧
咖啡日咖啡馆
格伦兹面包咖啡店

本地啤酒
翠鸟啤酒

本地必参加的活动
新德里香卡市场康诺特广场活动
BlueFrog 酒吧派对
国际杧果节

消息小灵通
整个公交系统使用的是环保型压缩天然气，这让新德里成为世界上最环保的城市之一。

排行榜

天使投资人
艾洛克·巴杰帕伊（Aloke Bajpai）
安如德·穆立克（Anirudh Mullick）
杰·米艾涛（Jay Meattle）
勒凯什·索德阿格拉瓦（Rakesh Agrawal）
桑迪普·莫西（Sandeep Murthy）

风险投资机构
布兰德资本
卡纳投资
印第安天使投资
光速投资
印度红杉资本
印度小型工业发展银行风险投资

孵化器
布兰德资本 / 全球硅谷
印度理工学院德里分校创业发展组织
印度天使联盟
T 实验室

创业公开活动
新德里创业周
技术圈创业
创业车库
德里印度企业家协会

2015 年第四季度至 2016 年第三季度顶级融资情况
瑞纽力量——2.65 亿美元
亿波集团——2.5 亿美元
易旅——1.8 亿美元
亥克——1.75 亿美元
维斯潘可回收公司——1.65 亿美元

27

达拉斯与沃思堡

达拉斯是财富 500 强公司的总部，这里聚集了许多亿万富翁，其中包括全球硅谷名人马克·库班。由于这两座城市相距比较远，因此这里的创业公司比较分散。不过，达拉斯所在的得克萨斯州的很多东西都比其他地方大一些，比如大公司。由于这里大公司密集，并且免州税，因此得克萨斯人普遍抱有一种投机的心态。

2015年第四季度至2016年第三季度
风险投资情况

风险投资金额	22亿美元
交易数量	129
退出数量	82
5年同期投资金额增长率	5.2%
5年同期交易数量增长率	13.3%

资料来源：CB Insights。

达拉斯与沃思堡一瞥

早餐会最佳地点

Bolsa 餐厅

Crossroads Diner 餐馆

Jonathon's Oak Cliff 餐厅

值得驻足的咖啡吧

Local Press + Brew 咖啡吧

Mudsmith 咖啡吧

Oak Lawn 咖啡吧

Opening Bell 咖啡吧

最好的酒吧

Joule 酒吧

Midnight Rambler 酒吧

本地必参加的活动

达拉斯国际电影节

圣帕特里克节游行

得州博览会

TEDxSMU

消息小灵通

达拉斯有超过 25 个亿万富翁，以马克 · 库班为代表。

排行榜

天使投资人

亚历克斯 · 张（Alex Chang）

凯文 · 摩尔（Kevin Moore）

马克 · 库班

莫顿 · 迈耶森（Morton Meyerson）

拉朱 · 因都库瑞（Raju Indukuri）

风险投资机构

达拉斯风险投资

绿园湾区投资

汉格投资

纳雅投资

奥特乐投资

孵化器

外德凯特健康孵化器

瑞傅科技孵化器

外德凯特科技孵化器

地板联合孵化器

创业公开活动

数字达拉斯

创业招聘会

创业磨坊

创业周

2015 年第四季度至 2016 年第三季度顶级融资情况

瑞姆洛克——5 亿美元

露西德能源集团——3.5 亿美元

斯塔克帕斯——1.8 亿美元

提尔资源——1.25 亿美元

派乐敦科技——5 240 万美元

28

都柏林

都柏林有“科技城”的称号，是爱尔兰最大的城市，也是世界上最有活力的城市之一。而全球网络峰会（Web Summit）让“科技城”这一名号实至名归，全球网络峰会诞生于都柏林，但是现在已经转移到里斯本召开。这一峰会在过去发生过很多有意思的事，比如它曾经在历史上第一个酒吧召开。都柏林拥有全欧洲最年轻的人群，也拥有 666 家特许经营的酒吧。这里一半以上的人口年龄小于 25 岁，因此都柏林有足够的借口将法定喝酒年龄设为 18 岁。或许是酒精能够给人灵感，都柏林著名的三一学院拥有许多著名的毕业生，其中包括奥斯卡 · 王尔德（Oscar Wilde）、乔纳森 · 斯威夫特（Jonathan Swift）和布莱姆 · 斯托克（Bram Stoker）。

2015年第四季度至2016年第三季度
风险投资情况

风险投资金额	16亿美元
交易数量	108
退出数量	52
5年同期投资金额增长率	35.3%
5年同期交易数量增长率	40.1%

资料来源：CB Insights。

都柏林一瞥

早餐会最佳地点
Food Game 餐厅
KC Peaches 餐厅
Slattery's 餐厅

值得驻足的咖啡吧
3Fe 咖啡吧
Coffee Angel 咖啡吧
Joe' s Coffee 咖啡吧
Kaph 咖啡吧
The Fumbally 咖啡吧

最好的酒吧
57 The Headline 酒吧
Octagon 酒吧
The Palace 酒吧
Vintage Cocktail Club 酒吧

本地必参加的活动
Electric Picnic 音乐节
萨温节
圣帕特里克节游行

消息小灵通
“我被鞭笞”要理解为“我要出去喝酒”。

排行榜

天使投资人
埃蒙·伦纳德（Eamon Leonard）
杰克·李奈（Jack Leeney）
凯文·阿博什（Kevin Abosch）
马克·康明斯（Mark Cummins）
拉杰·拉曼楠迪（Raj Ramanandi）

风险投资机构
ACT 风险投资
AIB 种子资本基金
三角洲投资
EE 投资
珂梅资本
奥亿斯特科技投资

孵化器
NDRC 孵化器
新边域孵化器

创业公开活动
Dubstarts 科技创业招聘会
谷歌企业家周
开放咖啡爱尔兰俱乐部
创业周末
千粒种子活动

2015 年第四季度至 2016 年第三季度顶级融资情况
亿尔——2.55 亿美元
海贝姆拉——1.65 亿美元
音特瑞姆康复——4 000 万美元
门斯医疗——3 400 万美元
克拉维斯——2 000 万美元
GC 美学——2 000 万美元

29

迪拜

得益于地处中东地区的中心，且基础设施世界一流，迪拜几乎是在一夜之间成为世界精英城市之一的。迪拜拥有世界上最豪华的机场，它属于阿联酋航空公司。（一位环球旅行者说：“死之前要再坐一次阿联酋航空的飞机。”）迪拜是世界上发展最快的国际化大都市之一，地球上 20% 的起重机都在迪拜，这里 83% 的人口都是移民。是的，它有世界上最高的建筑——哈利法塔（又名迪拜塔），这里非常安全，并且不用交所得税。我们知道了这一优势，也就明白为什么这里好做生意了。

2015年第四季度至2016年第三季度
风险投资情况

风险投资金额	6.111亿美元
交易数量	28
退出数量	7
5年同期投资金额增长率	38.8%
5年同期交易数量增长率	41.1%

资料来源：CB Insights。

迪拜一瞥

早餐会最佳地点
Bateel 咖啡厅
香格里拉酒店
Urban Bistro 酒吧

值得驻足的咖啡吧
RAW Coffee 咖啡吧
Spill the Bean 咖啡吧

最好的酒吧
At.mosphere Burj Khalifa
餐厅酒吧
The Jetty Lounge 酒吧
Zuma 酒吧

晚宴最佳地点
Le Petite Maison 餐厅

本地必参加的活动
迪拜电影节
迪拜夏季惊喜节
阿联酋沙漠挑战赛
2020 迪拜世博会

消息小灵通
迪拜的一些自动柜员机可以取金条。

排行榜

天使投资人
阿德尔 · 阿尔赛德博士
（Dr. Adel Al Sayed）
法迪 · 甘杜尔
（Fadi Ghandour）
伊藤穰一
穆罕默德 · 塞伊菲
（Mohammed Seyfi）
山姆 · 哈桑（Sam Hassan）
萨米 · 图坎
（Samih Toukan）
塔默 · 坎得米
（Tammer Qaddumi）

风险投资机构
BECO 资本
贾巴尔互联网集团
iMENA 风投
LEAP 资本
中东创投公司
STC 风投
Wamda 资本

孵化器
Dubai Silicon Oasis 孵化器
Flat6Labs 孵化器
i360 孵化器
In5 孵化器

创业公开活动
阿拉伯网络数字峰会
全球创业峰会
全球创新峰会
中小企业峰会
迪拜印度企业家协会

2015 年第四季度至 2016 年第三季度顶级融资情况
Souq——2.75 亿美元
瓦蒂——6 700 万美元
卡瑞姆——6 000 万美元
贝娅特——2 000 万美元
普洛普方德——2 000 万美元

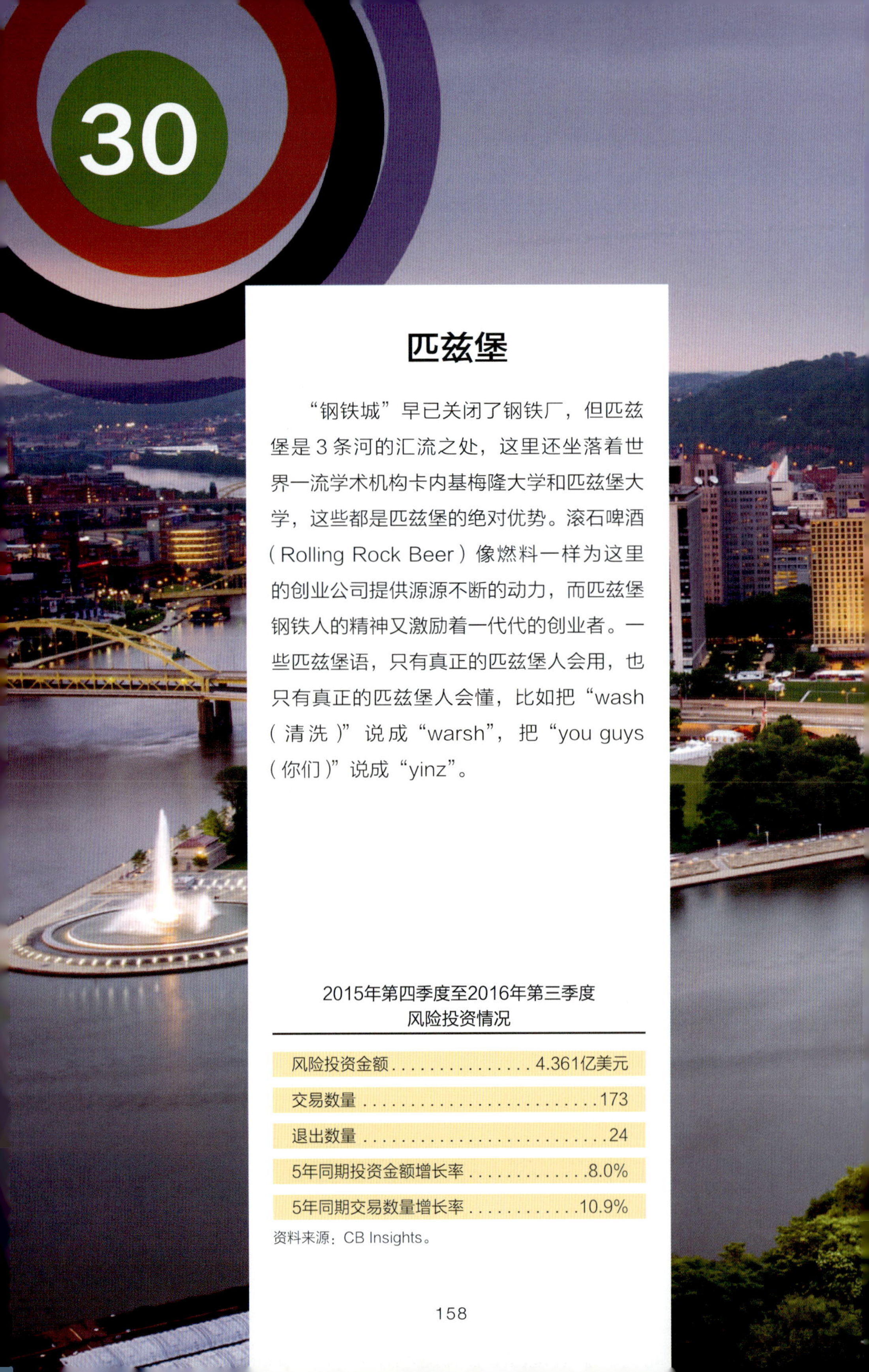

30

匹兹堡

“钢铁城”早已关闭了钢铁厂，但匹兹堡是3条河的汇流之处，这里还坐落着世界一流学术机构卡内基梅隆大学和匹兹堡大学，这些都是匹兹堡的绝对优势。滚石啤酒（Rolling Rock Beer）像燃料一样为这里的创业公司提供源源不断的动力，而匹兹堡钢铁人的精神又激励着一代代的创业者。一些匹兹堡语，只有真正的匹兹堡人会用，也只有真正的匹兹堡人会懂，比如把“wash（清洗）”说成“warsh”，把“you guys（你们）”说成“yinz”。

2015年第四季度至2016年第三季度
风险投资情况

风险投资金额	4.361亿美元
交易数量	173
退出数量	24
5年同期投资金额增长率	8.0%
5年同期交易数量增长率	10.9%

资料来源：CB Insights。

早餐会最佳地点
马可酒吧
可可咖啡店
帕梅拉华夫饼店
广场咖啡店

值得驻足的咖啡吧
21 街咖啡吧
大人物咖啡吧
烘焙咖啡树
普通咖啡吧
手工浓缩咖啡吧
金杯咖啡吧
则可的咖啡店

最好的啤酒
滚石啤酒

最好的酒吧
布瑞罗盒子啤酒吧
公爵酒吧
格拉蓬亚酒吧
Houghts 酒吧
工业出版社酒吧

本地必参加的活动
亚美电影节
胡桃果酱音乐会
点灯节
丝绸影展
三河艺术节
三河赛舟会
维阿音乐节

消息小灵通

硅谷的传奇人物比尔·坎贝尔在霍姆斯特德长大，这里有一半的小镇以他和他兄弟的名字命名。

排行榜

天使投资人
奥德利·鲁索（Audrey Russo）
蓬可（Bong Koh）
埃里克·塞尔维尔（Eric Silver）
麦特·纽顿（Matt Newton）
苏尼尔·瓦迪瓦尼（Sunil Wadhwani）
威廉·格特曼（William Guttman）

风险投资机构
亚当斯资本管理
布奇米尔投资
蓝之数联盟天使投资
煤山集团企业
德雷珀三角投资
创新工场
梅隆投资公司

孵化器
阿尔法实验室
阿尔法实验装置
埃森德
理想铸造厂
明星机器人

创业公开活动
企业成长会议
创业展示会
Network After Work
社交活动
Pgh 技术聚会
创业周末
科技 50 创业大赛
Thrival 音乐节
UnStuck PHG

2015 年第四季度至 2016 年第三季度顶级融资情况
珠峰基建——1 亿美元
科赫拉医疗——5 000 万美元
全景科技——4 280 万美元
360 飞翔——4 000 万美元
阿葵恩能源——3 320 万美元

31

明尼阿波利斯

明尼阿波利斯有深厚的创新历史，最早可以追溯到 3M 公司、Control Data 公司和美国美敦力等公司的成立，这些公司受益于优质的公共教育、较强的职业道德，以及明尼阿波利斯的恶劣天气——一年中有 6 个月是极度的寒冷天气，在这样恶劣的天气中工作相比于冻死来说算是一种更好的选择。明尼阿波利斯也被称为是金发碧眼蓝耳朵人群的领地，这里曾是其兄弟城市斯德哥尔摩和斯堪的纳维亚半岛的移民聚集地。这里还是世界医疗创新圣地，拥有梅奥诊所、明尼苏达大学、医疗走廊和数以千计的初创公司。这个城市拥有 19 家财富 500 强公司，一家美国购物中心 (78 个足球场的大小)。人行天桥连接着明尼阿波利斯市中心约 69 个街区，被称为“双子城”之一的明尼阿波利斯总是能给人焕然一新的感觉。

2015年第四季度至2016年第三季度
风险投资情况

风险投资金额	4.277亿美元
交易数量	66
退出数量	51
5年同期投资金额增长率	23.3%
5年同期交易数量增长率	15.6%

资料来源：CB Insights。

明尼阿波利斯一瞥

早餐会最佳地点
埃迪娜烧烤吧
美好的一天咖啡馆
原味薄饼店

值得驻足的咖啡吧
Dunn Bros. 咖啡吧
Spyhouse 咖啡吧

最好的酒吧
Freehouse 酒吧
Lord Fletchers 酒吧
The Suburban 酒吧

本地啤酒
Summit 酿酒
Surly Brewing 啤酒

本地必参加的活动
教堂街区聚会
格思里剧院
明尼苏达州博览会
冬日嘉年华

消息小灵通

尽管在明尼苏达州土生土长的鲍勃·迪伦（Bob Dylan）获得了诺贝尔文学奖，但是明尼阿波利斯音乐之王依然是普林斯·罗杰斯·内尔森（Prince Rogers Nelson）。

排行榜

天使投资人
大卫·弗拉恩苏
（David Frauenshuh）
大卫·罗斯卡
（David Russick）
迪克·帕金斯
（Dick Perkins）
亨利·柯西诺
（Henry Cousineau）
杰夫·戴尔（Jeff O'Dell）
万斯·奥普曼
（Vance Opperman）

风险投资机构
亚瑟投资
麦驰斯蒂克投资
中枢投资
瑞丽投资
分石投资
星科投资

孵化器
发电机孵化器
可卡特实验室孵化器
树屋健康孵化器

创业公开活动
贝塔
企业家启动交流会
医学走廊组织
Minnebar 科技软件大会
MN 挑战杯
MobCon 移动数字社区

2015 年第四季度至 2016 年第三季度顶级融资情况
萨瑞典公司——1.5 亿美元
CVRx 公司——9 300 万美元
蔻德 42——8 500 万美元
光明健康——8 000 万美元
斯泰印普——5 500 万美元

32

蒙特利尔

蒙特利尔位于圣劳伦斯河中央的一个岛上，很长一段时间内，这里充当着贸易中心的角色。这个坐落于北美洲的城市充满着欧洲风情，现在，蒙特利尔汇聚了众多娱乐领域的初创公司，它以欧洲独特别致的氛围深受创业者青睐。与人们通常所想的相反，蒙特利尔 30 多千米长的地下城主要被人们用来躲避炎炎酷暑，而不是冬日严寒。世界上 85% 的枫糖浆产自魁北克，这也是在蒙特利尔创业的另一个甜蜜犒赏。

2015年第四季度至2016年第三季度
风险投资情况

风险投资金额	4.421亿美元
交易数量	76
退出数量	32
5年同期投资金额增长率	32.5%
5年同期交易数量增长率	21.3%

资料来源：CB Insights。

蒙特利尔一瞥

早餐会最佳地点

蒙镇咖啡馆

值得驻足的咖啡吧

Aunja 咖啡吧

Dispatch 咖啡吧

Presse 咖啡吧

本地啤酒

Dieu du Ciel Péché Mortel 啤酒

本地必参加的活动

雪屋电子音乐节

国际爵士节

“只是笑”喜剧节

消息小灵通

冰球是蒙特利尔人特别喜欢的运动。

排行榜

天使投资人

艾伦·麦金托什（Alan MacIntosh）

克里斯·阿瑟诺（Chris Arsenault）

埃里克·马蒂洛-佛丁（Eric Martineau-Fortin）

乔纳森·尼尔森

泰·丹科（Ty Danco）

风险投资机构

化蝶投资

伊诺维亚投资

诺瓦卡普投资

瑞而投资

罗赫投资

巍恩艾之投资

耶鲁镇投资

孵化器

波地孵化器

方德傅尔孵化器

坦德姆蓝驰孵化器

创业活动

比特北会议

Ignite 活动

蒙特利尔新技术聚会

蒙特利尔创业节

创业训练营

2015 年第四季度至 2016 年第三季度顶级融资情况

三科公司——8 000 万美元

布罗克斯题姆——5 500 万美元

蔻阿丽参——2 100 万美元

胡佩尔——1 600 万美元

坦德姆蓝驰——1 200 万美元

33

费城

这座由本杰明 · 富兰克林（Benjamin Franklin）创建的城市不仅是美国的诞生地，还是能够容纳输家的地方，这对创业公司来说再好不过了。费城大学城是全球最大的研究机构园区之一，这里坐落着 17 家学术研究机构，比如天普大学、宾夕法尼亚大学、德雷赛尔大学以及其他创业者聚集地。费城也被称为“兄弟之爱城”，这里有全美国第一所动物园、医院和医学院。在美国，每 6 名医生之中就有 1 人是在费城接受教育的。幸运的是，他们未能找到企业家脑中的“创业虫”，创业的想法依然层出不穷。

2015年第四季度至2016年第三季度
风险投资情况

风险投资金额	5.362亿美元
交易数量	91
退出数量	42
5年同期投资金额增长率	18.2%
5年同期交易数量增长率	12.7%

资料来源：CB Insights。

费城一瞥

早餐会最佳地点
La Colombe 咖啡馆
La Pain Quotidien 咖啡馆
Minellas 餐厅
Nineteen 餐厅
PARC 餐厅
Radnor 酒店

值得驻足的咖啡吧
Elixr 咖啡厅
HubBub 咖啡屋
Joe 咖啡吧
Lovers & Madmen 咖啡屋
OCF 咖啡屋

本地啤酒 / 小杯酒
蓝色杜松子酒
爸爸的帽子威士忌
本地伏特加
Tröegs 酒
英格灵啤酒

最好的酒吧
联合联盟

本地必参加的活动
美国制造音乐节
古装乐团游行（新年）
XPoNential 音乐节

消息小灵通
费城所有的风险投资都是为了保护科学公司的创始人沃伦·V. 皮特·马瑟（Warren V. Pete Musser）。

排行榜

天使投资人
大卫·阿德瑞曼（David Adelman）
道格·亚历山大（Doug Alexander）
艾拉·鲁伯特（Ira Lubert）
约翰·洛夫特斯（John Loftus）
约翰·赖安（John Ryan）
乔希·科佩尔曼（Josh Kopelman）
迈克尔·阿伦森（Michael Aronson）
迈克尔·鲁宾（Michael Rubin）
迈克·卡特（Mike Carter）
皮特·马瑟（Pete Musser）
萨西·雷迪（Sashi Reddi）
沃尔特·巴克利（Walter Buckley）

风险投资机构
阿克涂阿投资
布喷资本
康卡斯特投资
第一轮资本
LLR
导科投资
里程碑投资
新春资本
奥萨格投资
瑞顿投资
塞弗噶德科学投资

孵化器
Dreamit 孵化器
德雷赛尔大学孵化器
PSL 孵化器
Quorum 数字健康科学中心
老虎实验室
宾夕法尼亚大学

创业活动
费城代码
黑客马拉松
费城科技周
创新社区
费城可持续商业网络

2015 年第四季度至 2016 年第三季度顶级融资情况
利伯缇 SBF——7 500 万美元
阿蔻拉德——7 110 万美元
音萨特买得——5 000 万美元
阿布里西阿——3 000 万美元
库瑞拉特——2 750 万美元

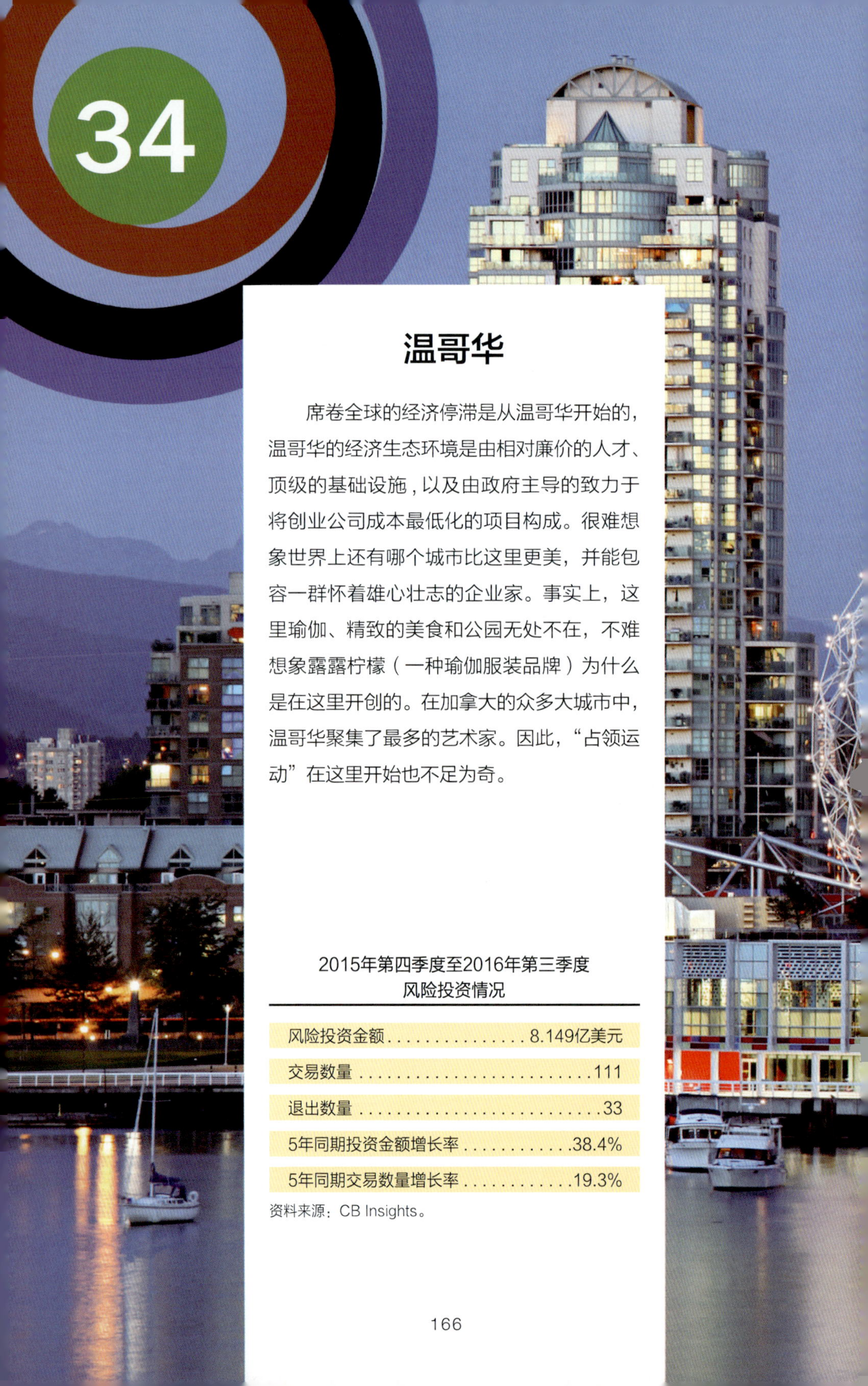

34

温哥华

席卷全球的经济停滞是从温哥华开始的，温哥华的经济生态环境是由相对廉价的人才、顶级的基础设施，以及由政府主导的致力于将创业公司成本最低化的项目构成。很难想象世界上还有哪个城市比这里更美，并能包容一群怀着雄心壮志的企业家。事实上，这里瑜伽、精致的美食和公园无处不在，不难想象露露柠檬（一种瑜伽服装品牌）为什么是在这里开创的。在加拿大的众多大城市中，温哥华聚集了最多的艺术家。因此，“占领运动”在这里开始也不足为奇。

2015年第四季度至2016年第三季度
风险投资情况

风险投资金额	8.149亿美元
交易数量	111
退出数量	33
5年同期投资金额增长率	38.4%
5年同期交易数量增长率	19.3%

资料来源：CB Insights。

温哥华一瞥

早餐会最佳地点

仙人掌俱乐部咖啡吧
荷兰餐厅
终点餐厅

值得驻足的咖啡吧

Elysian 咖啡吧
Matchstick 咖啡吧
Timbertrain 咖啡吧

本地啤酒

西楚戴乐科单一酒花印度爱尔啤酒

本地必参加的活动

卑诗高地运动会和苏格兰节
斯阔米什谷音乐节
TED 大会

消息小灵通

创业之前，你可以听听 Hootsuite 办公设计公司的首席执行官赖安·福尔摩斯（Ryan Holmes）说的话，他说温哥华之所以是座伟大的创业城市，是因为它拥有许多特质，比如“天生对工程有感觉”“财务支持给力”，更重要的是有“更好的啤酒和培根”。

排行榜

天使投资人

亚摩斯·迈克逊（Amos Michelson）
朗斯·特雷西（Lance Tracey）
马库斯·佛林德（Markus Frind）
迈克·沃克（Mike Volker）
洛姆·佛朗西斯（Norm Francis）
赖安·福尔摩斯（Ryan Holmes）
谢非·德哈尼（Shafin Tejani）

风险投资机构

BDC 资本
莱瑞增长投资
斯坦利公园投资
湾际资本
西部风投
沃斯湾投资

孵化器

印沃氪孵化器
发射台孵化器
风险实验室孵化器

创业活动

粉红超越领导力会议
增长回忆年会
发射增长会议
温哥华精益创业组织
牵引力会议
温哥华创业周

2015 年第四季度至 2016 年第三季度顶级融资情况

加拿大手工西服定制平台 Indochino——3 000 万美元
加拿大在线零售商 Cymax——2 500 万美元
营销表现管理平台提供商 Allocadia——1 650 万美元
记账软件提供商 Bench——1 600 万美元
环境科学服务商 ESSA——1 500 万美元
个人贷款公司 Lendful——1 500 万美元
身份识别技术服务商 Trulioo——1 500 万美元

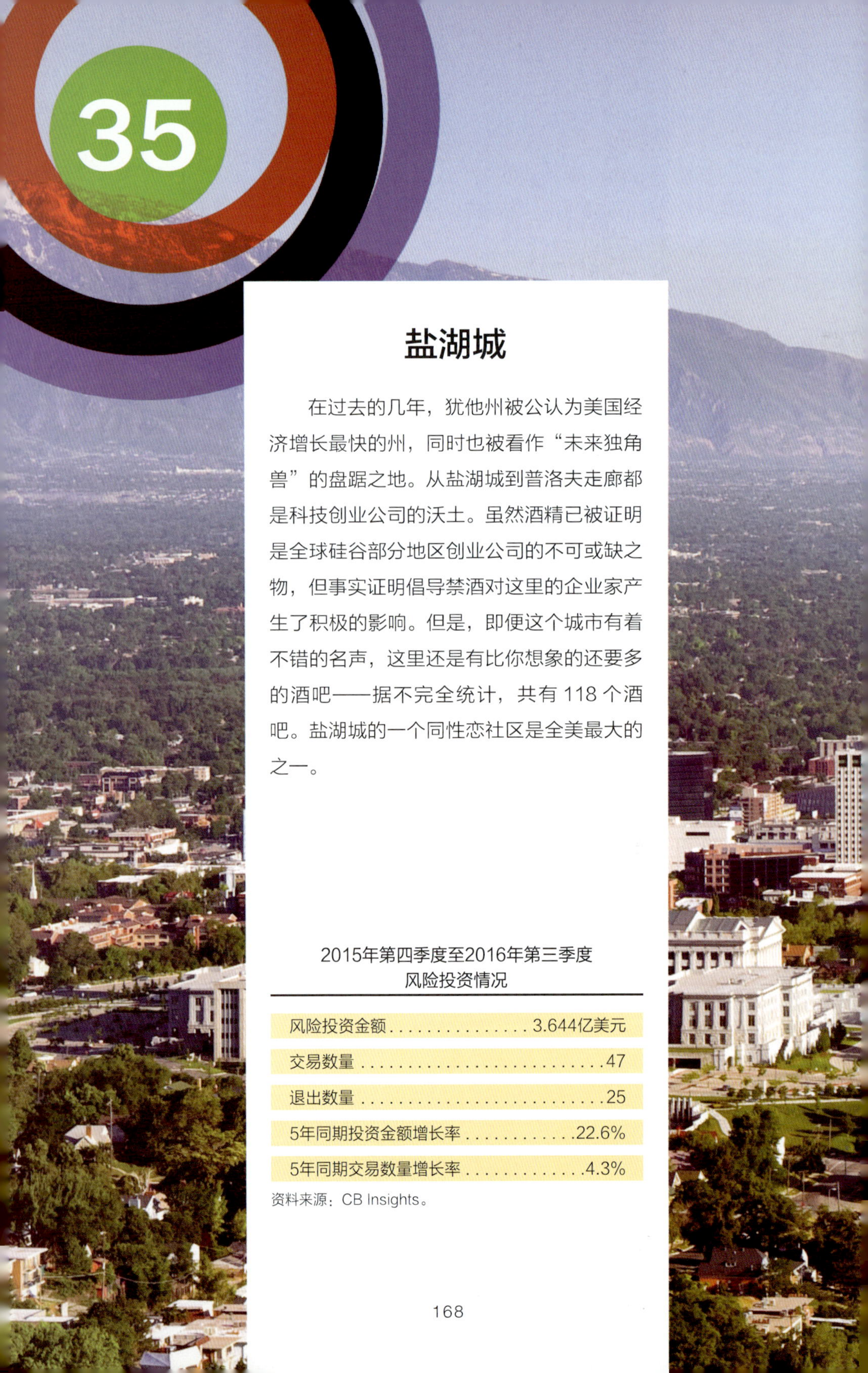

35

盐湖城

在过去的几年，犹他州被公认为美国经济增长最快的州，同时也被看作“未来独角兽”的盘踞之地。从盐湖城到普洛夫走廊都是科技创业公司的沃土。虽然酒精已被证明是全球硅谷部分地区创业公司的不可或缺之物，但事实证明倡导禁酒对这里的企业家产生了积极的影响。但是，即便这个城市有着不错的名声，这里还是有比你想象的还要多的酒吧——据不完全统计，共有 118 个酒吧。盐湖城的一个同性恋社区是全美最大的之一。

2015年第四季度至2016年第三季度
风险投资情况

风险投资金额	3.644亿美元
交易数量	47
退出数量	25
5年同期投资金额增长率	22.6%
5年同期交易数量增长率	4.3%

资料来源：CB Insights。

盐湖城一瞥

早餐会最佳地点
Copper Onion 餐厅
Pago 餐厅
公园咖啡馆
Pig & a Jelly Jar 餐厅

值得驻足的咖啡吧
咖啡联盟
帕克城市烧烤咖啡店
The Rose Establishment 咖啡厅

本地酒吧
X 酒吧
啤酒吧
高西酿酒吧

本地必参加的活动
桑迪热气球节
圣丹斯电影节
暮光之城音乐会

消息小灵通
想要获得高质量的睡眠，可以选择摩纳哥酒店，它是盐湖城最佳酒店之一。

排行榜

天使投资人
本·卡佩里（Ben Capell）
艾诺特·比斯诺（Elliott Bisnow）
乔尔·彼得森（Joel Peterson）
乔希·詹姆斯（Josh James）
迈克·利文索尔（Mike Levinthal）
诺布·穆塔古昔（Nobu Mutaguchi）

风险投资机构
EPIC 风格
初创种子投资
高峰投资
佩仑投资
信峰投资
索韧松投资
大学风险基金
瓦萨驰投资

孵化器
柏印诺韦德孵化器
繁华孵化器
教州加速器
影响枢纽孵化器
拉松德研究所
原子想法孵化器

创业活动
BrainShare 大会
Interface 大会
科技寻根大会
技术创业节
技术安全讨论会

2015 年第四季度至 2016 年第三季度顶级融资情况
市场数据管理服务提供商 StorageCraft——1.87 亿美元
商业智能云平台 Domo——1.3 亿美元
智能家居安全服务商 Vivint——1 亿美元
医疗数据管理分析服务提供商 Health Catalyst——7 000 万美元
视觉设计软件创业公司 Lucid Software——3 600 万美元

36

香港

香港的生意是商业，运动也是商业。香港是一个风景秀丽、遍布摩天大楼和世界级酒店的城市，这匹“经济黑马”的一举一动都牵动着全球商业。在汽车领域，香港人比其他城市的人拥有劳斯莱斯的数量要多。在酒水行业，香港不限制向未成年人出售酒。不知道那些反对饮酒的人会不会看到这一内容。

2015年第四季度至2016年第三季度
风险投资情况

风险投资金额	6.35亿美元
交易数量	74
退出数量	34
5年同期投资金额增长率	0%
5年同期交易数量增长率	35.8%

资料来源：CB Insights。

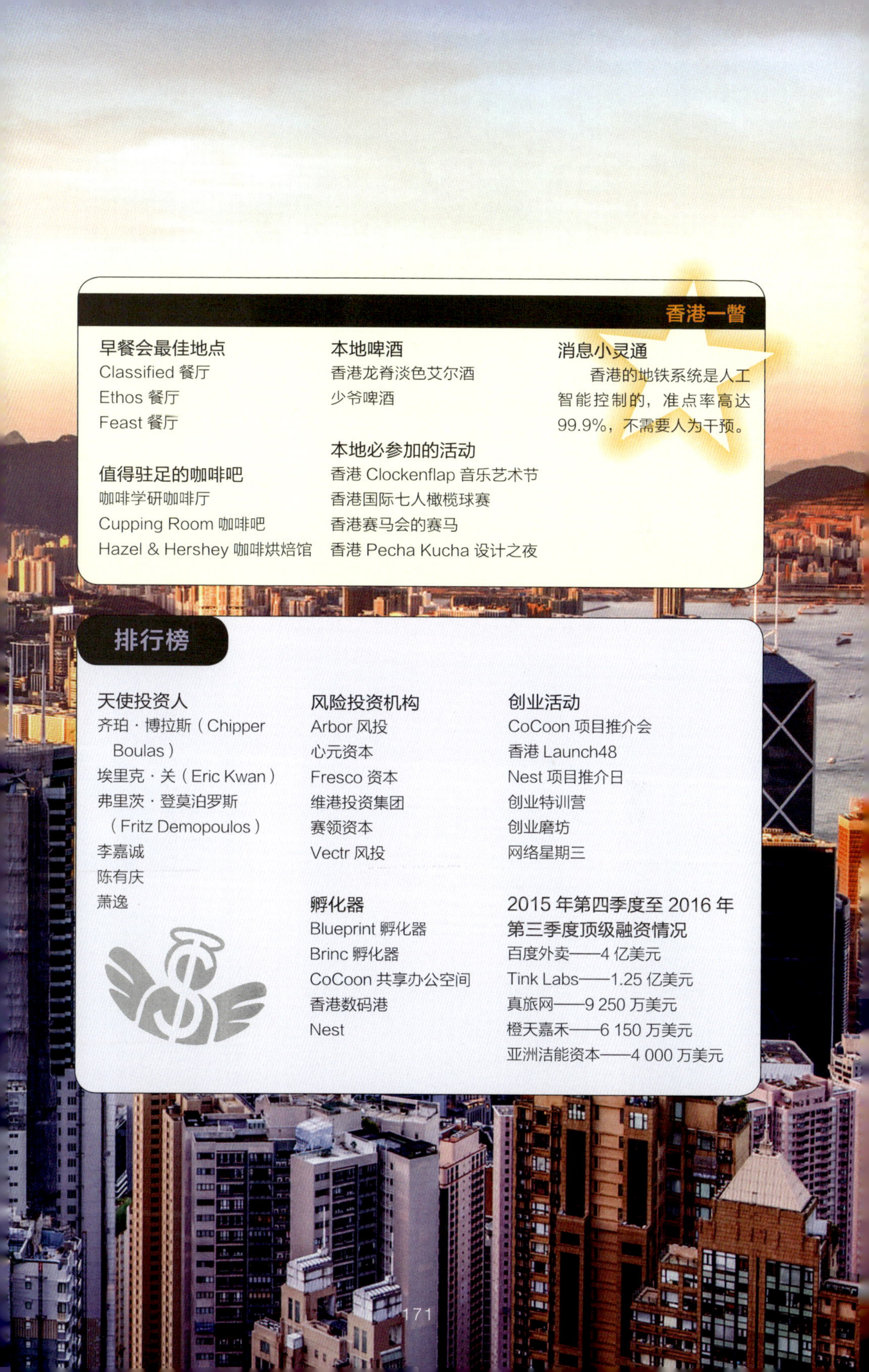

香港一瞥

早餐会最佳地点

Classified 餐厅
Ethos 餐厅
Feast 餐厅

值得驻足的咖啡吧

咖啡学研咖啡厅
Cupping Room 咖啡吧
Hazel & Hershey 咖啡烘焙馆

本地啤酒

香港龙脊淡色艾尔酒
少爷啤酒

本地必参加的活动

香港 Clockenflap 音乐艺术节
香港国际七人橄榄球赛
香港赛马会的赛马
香港 Pecha Kucha 设计之夜

消息小灵通

香港的地铁系统是人工智能控制的，准点率高达 99.9%，不需要人为干预。

排行榜

天使投资人

齐珀 · 博拉斯（Chipper Boulas）
埃里克 · 关（Eric Kwan）
弗里茨 · 登莫泊罗斯（Fritz Demopoulos）
李嘉诚
陈有庆
萧逸

风险投资机构

Arbor 风投
心元资本
Fresco 资本
维港投资集团
赛领资本
Vectr 风投

孵化器

Blueprint 孵化器
Brinc 孵化器
CoCoon 共享办公空间
香港数码港
Nest

创业活动

CoCoon 项目推介会
香港 Launch48
Nest 项目推介日
创业特训营
创业磨坊
网络星期三

2015 年第四季度至 2016 年第三季度顶级融资情况

百度外卖——4 亿美元
Tink Labs——1.25 亿美元
真旅网——9 250 万美元
橙天嘉禾——6 150 万美元
亚洲洁能资本——4 000 万美元

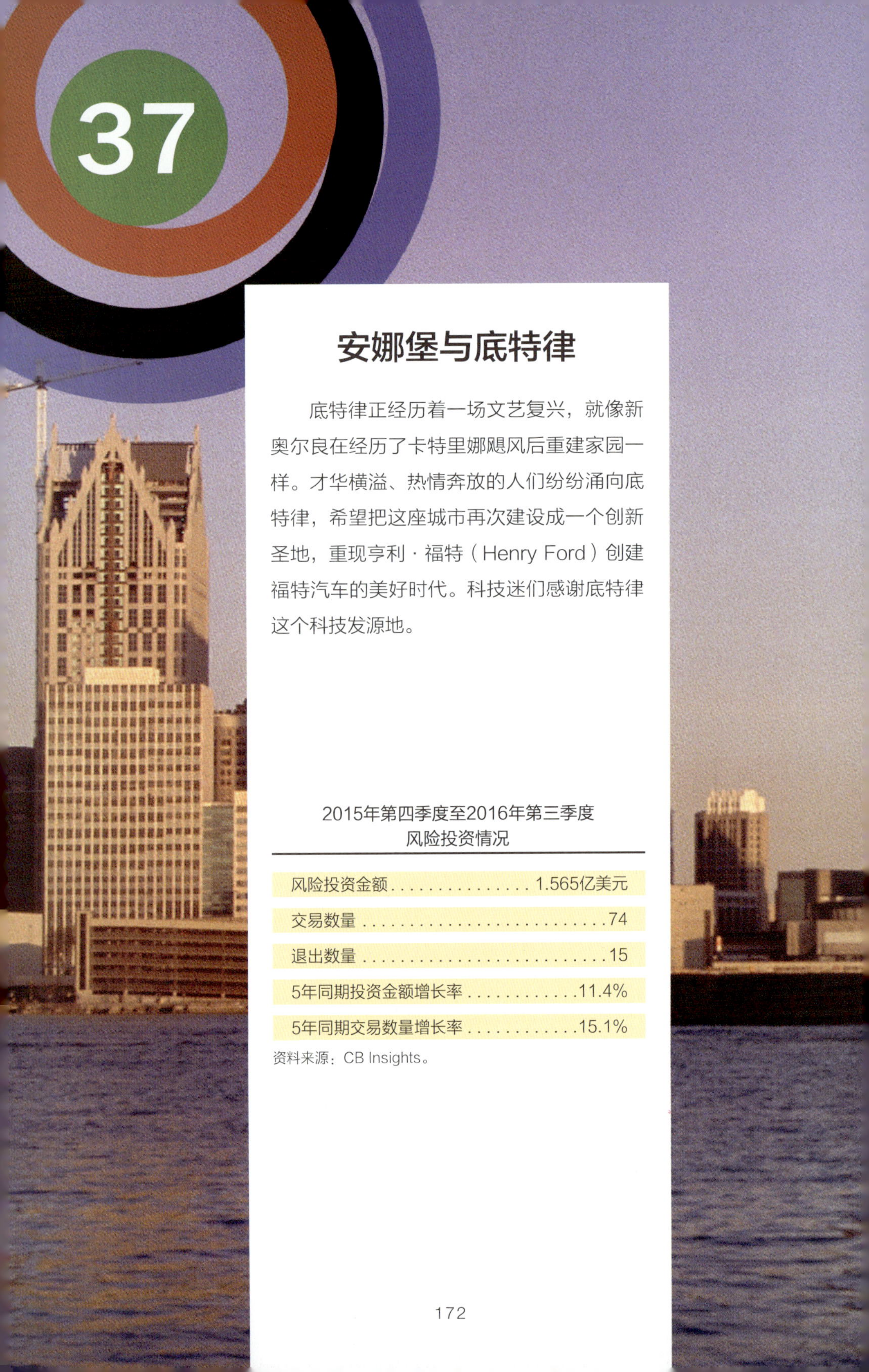

37

安娜堡与底特律

底特律正经历着一场文艺复兴，就像新奥尔良在经历了卡特里娜飓风后重建家园一样。才华横溢、热情奔放的人们纷纷涌向底特律，希望把这座城市再次建设成一个创新圣地，重现亨利·福特（Henry Ford）创建福特汽车的美好时代。科技迷们感谢底特律这个科技发源地。

2015年第四季度至2016年第三季度风险投资情况

风险投资金额	1.565亿美元
交易数量	74
退出数量	15
5年同期投资金额增长率	11.4%
5年同期交易数量增长率	15.1%

资料来源：CB Insights。

安娜堡与底特律一瞥

早餐会最佳地点

佐拉咖啡馆
Sava 的餐厅
Señor Lopez 餐厅
金爵曼餐厅

值得驻足的咖啡吧

彗星咖啡吧
Mighty Good 咖啡吧
甜水咖啡吧

本地啤酒

Brune 啤酒
Final Absolution 酒
Gulo Gulo 酒

本地必参加的活动

安娜堡夏季嘉年华
底特律 Downtown Hoedown 音乐节
运动电子音乐节

消息小灵通

在安娜堡，了解吉姆·哈勃（Jim Harbaugh）比了解教皇更重要。

排行榜

天使投资人

戴维·哈特曼（Dave Hartmann）
罗杰·牛顿（Roger Newton）
斯基普·西姆斯（Skip Simms）
沃尔特·扬格（Walter Young）

风险投资机构

植物园风格
白令风投基金
底特律风投公司
通用风投
普利茅斯风投
RPM 风投

孵化器

德赛
星火中央孵化器
泰克亚特学生企业孵化器
底特律技术之星
科技城孵化器
UM 投资孵化器

创业活动

Accelerate Mighican 创新大赛
底特律创业周末
Entrepreneurs Engage 沙龙
Grow Detroit 社区
MHacks 黑客马拉松
密歇根资本增长研讨会
科技周

2015 年第四季度至 2016 年第三季度顶级融资情况

普洛提恩电子——7 000 万美元
米尔恩多疗法公司——6 200 万美元
阿克西奥斯河移动资产公司——1 400 万美元
地层肿瘤学公司——1 200 万美元
复古感治疗公司——600 万美元

38

东京

东京是世界上最干净、最古典和最规整的城市之一。这里的生意人都一丝不苟。如果你去东京，请务必先了解日本的传统习俗。如果你在这里丢失了一只靴子，八成你能找得回来。东京重新定义了“拉面赢利”的概念。在东京，创业者不得不居住在比旧金山的公寓还要狭小的空间内。创业者和投资者都在期待把生意做大，这样他们才能安心地享受这里众多的米其林星级餐厅的美食。

2015年第四季至2016年第三季度
风险投资情况

风险投资金额	5.11亿美元
交易数量	97
退出数量	32
5年同期投资金额增长率	57.9%
5年同期交易数量增长率	25.6%

资料来源：CB Insights。

东京一瞥

早餐会最佳地点
French Kitchen 餐厅
K'Shiki 餐厅
Les Saisons 餐厅

值得驻足的咖啡吧
小睡咖啡馆
8 号熊咖啡厅
Omotesando Koffee
猿田彦咖啡厅
蒸煮咖啡厅

最棒的酒吧
高五酒吧
Shampoo 酒吧
Shot 酒吧

本地啤酒
原宿北德啤酒
Popeye 精酿酒
札幌啤酒
Yona Yona 啤酒厨房的啤酒

本地必参加的活动
富士摇滚音乐节
Pecha-Kucha 设计师交流会
代官山 T-Site
日本电子音乐节

消息小灵通
东京人爱喝酒。在这里，掌握好喝酒的分寸同研发最小可行性产品一样重要。

排行榜

天使投资人
阿米蒂·马哈詹（Amitt Mahajan）
埃里克·关
伊藤穰一
贾斯汀·沃尔德伦（Justin Waldron）
南一哉

风险投资机构
DCM 创投
Globis 资本
JAFCO 投资公司
SBI Holdings 控股
日本软银

孵化器
DOCOMO 创新村孵化器
KDDI Mugen Labo
维达
开放网络实验室孵化器
Samurai 孵化器

创业活动
Justa 招聘网
东京 Mobile Monday 社交活动
Slush 社群活动
东京创业周末
亚洲科技活动
日本桥活动

2015 年第四季度至 2016 年第三季度顶级融资情况
手机广告服务商 App-CM——1.4 亿美元
新闻应用 SmartNews——3 800 万美元
高端招聘网站 BizReach——3 290 万美元
比特币交易所 bitFlyer——2 700 万美元
网络虚拟化初创公司 Midokura——2 040 万美元

39

马德里

马德里拥有喝美酒和午睡的习惯，传统上它并不是一个适合创业的地方。如今，企业家们争先恐后地进入马德里，这里的创业公司社区与西班牙政府正在“度蜜月”。学生们对马德里的看法也非常乐观。因为马德里是欧洲高等教育的热门城市，这里有一些古老的大学和颇有名的项目。近年来，谷歌在马德里设立了创新特训营，这是欧洲地区的第三个营区，由此带动了一股创业热潮。经济危机给这个国家带来了不小的冲击，仅存一线希望的工程师不得不为了“食物而工作”，越来越多的人开始创立自己的事业。

2015年第四季度至2016年第三季度
风险投资情况

风险投资金额	3.548亿美元
交易数量	58
退出数量	30
5年同期投资金额增长率	108.6%
5年同期交易数量增长率	45.2%

资料来源：CB Insights。

马德里一瞥

早餐会最佳地点
La Pepa Chic 餐厅
Mur 咖啡馆

值得驻足的咖啡吧
贝拉斯阿尔特斯咖啡吧
谷歌校园咖啡吧

最好的酒吧
Cervezas La Virgen 酒吧
Mahou 酒吧

本地必参加的活动
西班牙狂欢节
西班牙国际旅游交易会
马德里时装周
马德里国际美食峰会

消息小灵通

“干杯”基本上是完成“举起酒杯、碰杯、收回酒杯、放下酒杯”一系列动作。但要注意，不要对认识不久的陌生人说干杯。

排行榜

天使投资人
弗兰西斯科·德柏克斯（François Derbaix）
阿尼卡·阿萝拉（Iñaki Arrola）
阿尼卡·北伦克尔（Iñaki Berenguer）
亚戈·阿韦洛亚（Yago Arbeloa）

风险投资机构
阿麦瑞构投资
凯布戴斯投资
侯赛基石投资
印柴坎拉斯创投
印瑞迪投创资
氪波投资

孵化器
蓝匝德拉孵化器
开放未来孵化器
种子火箭孵化器
图团山谷孵化器
巍拉孵化器

创业活动
Campus Party 技术节
恩普雷萨沙龙
Smart Money 大会
South Summit 创业者大会
xSpain

2015 年第四季度至 2016 年第三季度顶级融资情况
出行服务商 Cabify——1.2 亿美元
招聘服务初创企业 Jobandtalent——4 200 万美元
活动预订平台 Fever——1 200 万美元
生物制剂产品公司 Plant Response Biotech——600 万美元
媒体分享及可视化通信平台 Cloud App——200 万美元

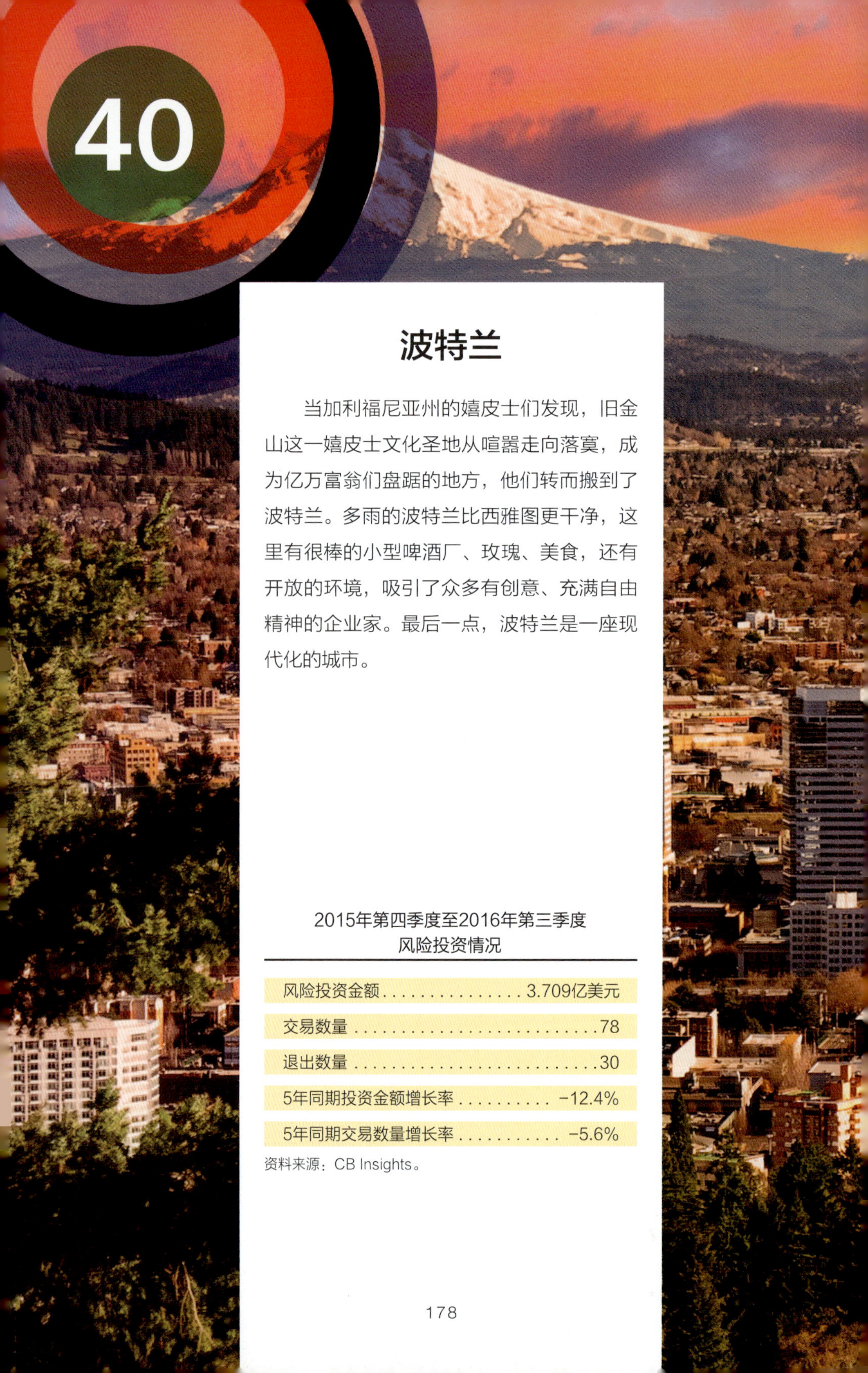

40

波特兰

当加利福尼亚州的嬉皮士们发现，旧金山这一嬉皮士文化圣地从喧嚣走向落寞，成为亿万富翁们盘踞的地方，他们转而搬到了波特兰。多雨的波特兰比西雅图更干净，这里有很棒的小型啤酒厂、玫瑰、美食，还有开放的环境，吸引了众多有创意、充满自由精神的企业家。最后一点，波特兰是一座现代化的城市。

2015年第四季度至2016年第三季度
风险投资情况

风险投资金额	3.709亿美元
交易数量	78
退出数量	30
5年同期投资金额增长率	−12.4%
5年同期交易数量增长率	−5.6%

资料来源：CB Insights。

波特兰一瞥

早餐会最佳地点
Daily 咖啡馆
Little T 美式面包坊

值得驻足的咖啡吧
Barista 咖啡吧
Stumptown 咖啡吧
Water Avenue 咖啡吧

当地啤酒
布里奇波特印度爱尔酒

最佳葡萄酒
第 24 章酒庄的酒

本地必参加的活动
俄勒冈美食节
俄勒冈啤酒节
波特兰玫瑰节

消息小灵通

在波特兰，你会看到现实版的《鸭子王朝》（*Duck Dynasty*），著名企业家菲尔·奈特（Phi Knight）就是现实版的族长。

排行榜

天使投资人
亚当·格林（Adam Greene）
克里斯·洛根（Chris Logan）
埃里克·多倍勒（Eric Doebele）
尼丁·康纳（Nitin Khanna）
尼丁·拉伊（Nitin Rai）

风险投资机构
3x5 特别机会基金
俄勒冈天使基金
波特兰种子基金
七峰基金
印度企业家协会
Voyager

孵化器
Forge 孵化器
波特兰孵化实验室
波特兰种子基金
PSU 商业孵化器

创业活动
Angel Oregon
下一个波特兰活动
OEN 公开演讲
波特兰创业周末
波特兰印度企业家协会

2015 年第四季度至 2016 年第三季度顶级融资情况
数据隐私服务商 ID Experts——2 750 万美元
社交网络账号登录服务提供商 Janrain——2 700 万美元
成本管理云服务平台 Cloudability——2 400 万美元
流量优化厂商 Cedexis——2 200 万美元
半导体材料公司 Inpria Corporation——1 000 万美元

41

雅加达

印度尼西亚有 2.5 亿人口，高人口密度让雅加达成为东南亚最有活力的创业城市之一。在印度尼西亚的 18 000 个岛屿上分布着许多创新公司，其中包括 GoJek，这家公司的目标是成为印度尼西亚版的优步。雅加达的生活节奏很快——7x24 小时开放的购物中心、上下班高峰期的拥堵让洛杉矶都“自叹不如”。雅加达也有“大榴梿”之称，如同纽约被称为大苹果一样。这片群岛上坐落着全世界第四大人口国家，下一个 10 亿美元的创业机会将出现在这里，可能是关于基础设施、军事后勤、金融或其他领域的解决方案。

2015年第四季度至2016年第三季度
风险投资情况

风险投资金额	12亿美元
交易数量	76
退出数量	12
5年同期投资金额增长率	188.8%
5年同期交易数量增长率	80.2%

资料来源：CB Insights。

雅加达一瞥

早餐会最佳地点

Authentique 咖啡馆

Le Quartier 餐厅

Paul 餐厅

值得驻足的咖啡吧

Anomalie 咖啡吧

Common Grounds 咖啡吧

Giyanti 咖啡烘焙坊

Ombe Koffie 咖啡吧

最好的酒吧

Bats 酒吧

CJs 酒吧

本地啤酒

船锚啤酒

宾当啤酒

本地必参加的活动

Jalan Jaksa 狂欢节

雅加达博览会

爪哇爵士音乐节

消息小灵通

在雅加达这个“推特之都”，接触某个人最快的办法就是在推特上 @ 他。

排行榜

天使投资人

卫藤 · 巴达拉（Batara Eto）

丹尼尔 · 琼斯（Daniel Jones）

卡什帕 · 周（Kaspar Zhou）

阔银 · 林（Kuo-Yi Lim）

威尔森 · 瓜卡（Willson Cuaca）

风险投资机构

500 Startups

East 风投

GDP

Monk's Hill 风投

Mountain Kejora 风投

Northstar 集团

孵化器

500 Startups

印尼建国大学

Ideabox

Indigo

创业活动

Echelon Indonesia

印尼亚洲增长黑客活动

想法盛会

亚洲创业大会

印度尼西亚创业周末

2015 年第四季度至 2016 年第三季度顶级融资情况

印尼版滴滴 GoJek——5.5 亿美元

印尼电商 Tokopedia——1.47 亿美元

韩国电商 Elevenia——5 000 万美元

印尼电商 Bhinneka——2 200 万美元

电商网站 Orami——1 500 万美元

德雷珀家族

如果说风投家族真实存在，那么毫无疑问是德雷珀家族了。从威廉·亨利·德雷珀（William Henry Draper）将军创立了西海岸第一家风险投资公司开始，历经德雷珀、盖瑟和安德森，到1958年，已经有4代人加入这个家族企业。百度、特斯拉和Skype只是德雷珀家族投资过的一部分改变世界的企业。德雷珀家族不仅是创新领域的投资者，他们也是企业家，德雷珀家族已经开始做他们自己的风险投资网络，以及他们自己的在线创业课程，还成立了一家专注于比特币和虚拟现实初创公司的加速器。

德雷珀家族照片（从左到右）：比利·德雷珀（Billy Draper）、亚当·德雷珀（Adam Draper）、比尔·德雷珀（Bill Draper）、蒂姆·德雷珀，杰西·德雷珀（Jesse Draper）

1957年

威廉·德雷珀将军在西海岸创立了第一家风险投资公司。

1964年

比尔·德雷珀共同创立了著名的萨特山投资公司。

1985年

蒂姆·德雷珀创立了德丰杰全球创业投资基金，总部设立在加利福尼亚州门洛帕克。

1990年

蒂姆创立了德丰杰风投基金网络，如今与分布在全球30多个城市的35家风投机构共同投资，掌管着超过50亿美元的资本。

2008年

杰西·德雷珀创立了创业媒体节目——《硅谷女孩秀》（*The Valley Girl Show*）。

2012年

蒂姆创立了德雷珀大学和城市英雄共享办公空间，来培养下一代企业家。同时，德雷珀家族创立了德雷珀在线电视（DraperTV），提供在线创业课程。

2012年

亚当·德雷珀创立了BoostVC，专注于孵化比特币和虚拟现实的创业公司。

2013年

蒂姆发起了“6个加州”（Six Californias）的倡议活动，该活动的主要诉求是将加州拆分成独立的几块来管理，因为加州土地面积太大、社会构成多元化而难以管理。

2015年

蒂姆·德雷珀在德雷珀大学开设了电视节目*StartupU*。

硅谷求职布告栏

和硅谷的很多事情一样，职务名称仿佛也进入了《星球大战》（*Star Wars*）中的“现实扭曲力场”。以下是一些顶级公司的独特职位，以及相应的现实生活中的实际职务。

夏尔巴人 来自尼泊尔的夏尔巴族，是喜马拉雅山的登山精英一族。

创新夏尔巴人 威廉·邦斯（William Bunce），被微软任命领导创新业务，曾在烹饪学校学习过创新。

先知 先知们声称和神交流过，神给先知教了关于未来的新知识。

数据先知 David Shing，就职于AOL公司，被委派对未来做出预测。他的头发很长很浓密，因为里面装满了秘密。

策展人 通常指在博物馆、美术馆等非营利性艺术机构专职负责藏品研究、保管和陈列等工作，或策划组织艺术展览的专业人员。

首席策展人 迈克尔·默斯科维茨（Michael Moskowitz），就职于易贝。迈克尔决定首先要展示使用过的苹果播放器或者被使用过的假普拉达包。

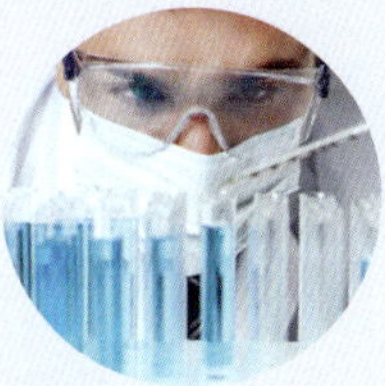

研究员 受过高等教育的人，致力于研究世界上最复杂的问题，比如自然发生。

研究员 纳森·乔恩森（Nathan Juergenson），就职于色拉布，专注于研究数字照片消失的复杂问题。

哲学家 在伦理学和逻辑学方面提出深刻理论的人。

谷歌内部的哲学家 达蒙·霍洛维茨（Damon Horowitz），对科技和人文的交叉学科充满好奇，也是谷歌兼职的工程总监。

天才 某些自称是某个特定领域的“爱因斯坦”，他们通常也的确算得上那个领域的“爱因斯坦”。

苹果公司的天才 那些只要通过关机、开机就能修好你的电脑的人。

有卓越研究成果的银河系总督 我们现实一点儿吧，这个星球上根本没有银河系总督这个职业头衔。

微软的银河系总督 詹姆斯·麦肯基（James Mickens）给自己了这个职业头衔，但是他就是现实版《火星救援》（*The Martian*）的主人公，他能在火星上种土豆，所以他算得上真正的银河系总督。

42

悉尼

澳大利亚的初创公司将办公地点设在悉尼，比设在其他城市要好，整个澳洲大陆60% 的初创公司都在悉尼。悉尼有着绝色美女和好喝的美酒，这两大优势吸引了众多人才，还有 Atlassian 公司，Atlassian 公司已经上市，其股票代码为 TEAM。学一点儿汉语和阿拉伯语的时髦用语会在这个世界级大都市走得更加长远，因为这两种语言都非常受欢迎。悉尼是澳大利亚新南威尔士州的首府。政府为初创公司提供了良好的合作环境和创新服务，这一点非常棒。

2015年第四季度至2016年第三季度
风险投资情况

风险投资金额	2 620万美元
交易数量	6
退出数量	1
5年同期投资金额增长率	77.2%
5年同期交易数量增长率	24.6%

资料来源：CB Insights。

悉尼一瞥

早餐会最佳地点

Bowery Lane 餐厅
Venti 咖啡馆
食物工艺甜点坊

值得驻足的咖啡吧

Bay Ten Espresso 咖啡吧
Nook Urban 咖啡吧
The Grounds 咖啡吧

最好的酒吧

Sky Terrace 酒吧

本地啤酒

Bloody Wit 啤酒
Three Sheets 精酿啤酒

本地必参加的活动

圣诞颂歌演唱会
乔治街露天电影院
悉尼节

消息小灵通

你要盯紧着钱，因为悉尼是澳大利亚金融行业 65% 的公司的根据地。有人和你说过金融科技吗？

排行榜

天使投资人

詹姆斯·帕克
（James Packer）
麦克·坎农－布鲁克斯
（Mike Cannon-Brooks）
史蒂夫·巴克斯特
（Steve Baxter）

风险投资机构

自流资本
黑鸟创投
H2 创投
慧衍创投
Tank Stream 创投

孵化器

Fishburners 孵化器
muru-D 孵化器
Stone & Chalk 联合办公空间
HUB 联合办公空间
Tyro FintechHub 孵化器

创业活动

广告技术会议
悉尼国际消费电子贸易展览会
微软 Ignite 大会
火花节
Tech.co 庆祝大会
Tech23 大会

2015 年第四季度至 2016 年第三季度顶级融资情况

商业信用公司 Tyro Payments——7 200 万美元
外贸电商平台 Bigcom merce——3 000 万美元
医疗数字通信与媒体供应商 Medical Channel——2 500 万美元
跑腿服务网站 Airtasker——2 200 万美元
鞋子定制平台 Shoes of Prey——1 550 万美元

43

吉隆坡

一直处在姐妹城市新加坡阴影下的吉隆坡，如今扬眉吐气，在创业圈占据了一席之地。吉隆坡不乏优秀的创业公司，其中包括打车软件服务商 GrabTaxi。在柔佛海峡的另一边，我们能看到政府法案对创业公司的支持，这对创业社区的蓬勃发展起到了非常大的积极作用。吉隆坡是马来西亚的零售业中心，这里有 66 家购物商场。企业家从中看到了巨大的机会，不断创新，使这里的商业、零售业和客户体验焕然一新。

2015年第四季度至2016年第三季度
风险投资情况

风险投资金额	1.326亿美元
交易数量	32
退出数量	10
2年同期投资金额增长率	264.9%
2年同期交易数量增长率	146.2%

资料来源：CB Insights。

吉隆坡一瞥

早餐会最佳地点

Loveme Seven Days 咖啡馆

Take Eat Easy 餐厅

值得驻足的咖啡吧

Butter + Beans 咖啡吧

Doiffee 咖啡吧

Shephard Star 咖啡吧

最好的酒吧

Fuego 酒吧

本地啤酒

Taps 啤酒

本地必参加的活动

世界摩托车马来西亚站锦标赛

布城国际热气球嘉年华

吉隆坡 UrbanScapes 创意艺术嘉年华

消息小灵通

吉隆坡被称为 KL，所以吉隆坡的居民就叫 KLites。

排行榜

天使投资人

戴维 · 麦克卢尔

埃迪 · 李（Eddie Lee）

陈亮宏（James Chan）

阔银 · 林

维尼尔 · 劳里亚（Vinnie Lauria）

风险投资机构

500 Startups

亚洲风险投资集团

摇篮基金

东方风险投资公司

Jungle 创投

孵化器

1337

亚洲 Bootstrap 孵化器

MAD 孵化器

优化实验室孵化器

创业活动

黑客巢科技社交会

创业磨坊

SWELL

技术企业家开放日

2015 年第四季度至 2016 年第三季度顶级融资情况

流媒体服务公司 iFlix——4 500 万美元

汽车服务平台 iCar Asia——1 320 万美元

初创公司服务平台 AppShack——400 万美元

招聘平台Kaodim——400 万美元

互联网营销服务提供商 Ebizu——300 万美元

金融科技公司 Jirnexu——300 万美元

44

赫尔辛基

从诺基亚时代开始，芬兰开启了创业的漫漫征程。今天，芬兰首都赫尔辛基的创业社区由强大的教育系统支撑。像 Rovio 和 Supercell 这样的游戏公司的火爆，与芬兰漫长的寒冬相映成趣，构成了一幅持续创新的独特景象。虽然在冬季召开，但是依然火爆的创新大会 Slush 每年都会吸引超过 20 000 名参会者赶赴赫尔辛基。芬兰人用松鼠作为本国的标志，举办“背老婆”比赛和“扔手机”大赛，他们会举办各种各样的娱乐活动，让自己的创业生活充满欢声笑语。

2015年第四季度至2016年第三季度
风险投资情况

风险投资金额	1.497亿美元
交易数量	59
退出数量	24
5年同期投资金额增长率	104.4%
5年同期交易数量增长率	63.8%

资料来源：CB Insights。

赫尔辛基一瞥

早餐会最佳地点

TinTin Tango 咖啡厅
Seurahuone 酒店
SIS Deli 餐厅

值得驻足的咖啡吧

美好生活咖啡吧
Gran Delicato 咖啡吧
Moko Market 咖啡吧
Steam 咖啡吧

最好的酒吧

Leijuva Lahna 酒吧

本地啤酒

Mufloni Vaalea 啤酒
Suomenlinna Pils 啤酒
Suomenlinnan Panimo 啤酒
Teerenpeli 啤酒

本地必参加的活动

4 月 30 号狂欢节
流动艺术节
赫尔辛基艺术节
图斯卡金属音乐节

消息小灵通

大部分芬兰人都因芬兰的教育、游戏、手机、桑拿在全球名列前茅而自豪。如果你了解“无敌神鹰”[Mighty Eagle，他是 Rovio 的联合创始人彼特·韦斯特巴卡（Peter Vesterbacka）]，你就比一般的芬兰人厉害多了。

排行榜

天使投资人

布雷特·梅森（Brett Mason）
克里斯丁·泰勒－沃尔斯基（Christian Thaler-Wolski）
杰里·英格杰斯通（Jyri Engeström）
内·杰克松（Net Jacobsson）
彼特·韦斯特巴卡
里斯托·拉斯马（Risto Siilasmaa）
肖恩·西顿－罗杰斯

风险投资机构

阿克赛尔合伙公司
原子风投
初创资本公司
InVenture
Lifeline 创投
伦敦创投
Nexit 创投
Open Ocean
PROfounders 资本

孵化器

氪普凯驰
纽蔻
索娜初创
xEdu

创业活动

欧洲商业天使网络社区
赫尔辛基咖啡见面会
赫尔辛基精益创业
Slush 创新大会
赫尔辛基创业周末

2015 年第四季度至 2016 年第三季度顶级融资情况

送餐应用 Wolt——1 240 万美元
智能手机 Jolia——1 200 万美元
触摸感应器制造商 Canatu——1 130 万美元
游戏开发商 Next Games——1 000 万美元
碳资产管理、应对气候变化和可再生能源市场综合解决方案提供商GreenStream Network——450 万美元

45

纳什维尔

南方特色和乡村音乐并不是这个田纳西州首府的唯一特点。纳什维尔是创业氛围非常活跃的一个城市，当然和派对的活跃气氛相比，还是差一点儿。说到创业精神，猫王不仅创建了一个全新的音乐流派，更在纳什维尔录制了 200 多首歌曲，践行了创业精神。纳什维尔是医疗卫生和音乐的重要中心，这两个领域集中了纳什维尔的核心竞争者。纳什维尔必参观之处是纳什维尔创业中心，这是纳什维尔创业社区的心脏地带。从 2010 年开始，纳什维尔创业中心已经为超过 450 家创业公司提供了帮助。

2015年第四季度至2016年第三季度
风险投资情况

风险投资金额	2.29亿美元
交易数量	40
退出数量	31
5年同期投资金额增长率	7.4%
5年同期交易数量增长率	−5.8%

资料来源：CB Insights。

纳什维尔一瞥

早餐会最佳地点
Marsche 餐厅
Pancake Pantry 餐厅
Pinewood Social 餐厅

值得驻足的咖啡吧
Crema 咖啡吧
Edgehill 咖啡吧
Frothy Monkey 咖啡吧

本地啤酒 / 饮料
摩闪酒
黑艾比酒
Corsair 酒
杰克丹尼威士忌
Yazoo 酒

本地必参加的活动
波纳罗音乐节
草地音乐节
番茄艺术节

消息小灵通

千万不要去住奥普兰地区游客常住的酒店，你可能永远都找不到出来的路。

排行榜

天使投资人
尼克 · 奥格登（Nick Ogden）
巴 · 迪林厄姆（Pat Dillingham）
希德 · 卡密布莱斯（Sid Chambless）
汤斯 · 邓肯（Townes Duncan）
比克 · 加托（Vic Gatto）

风险投资机构
Claritas 资本
纳什维尔资本网络
里奇兰创投
Solidus 公司
三星科技创投

孵化器
Jumpstart Foundry
纳什维尔创业中心

创业活动
纳什维尔发展组织
Launch Tennessee 孵化器
纳什维尔创业周末
纳什维尔 WELD 社区

2015 年第四季度至 2016 年第三季度顶级融资情况
太阳能电厂开发商 Silicon Ranch——1 亿美元
认知计算创业公司 Digital Reasoning Systems——4 000 万美元
银行 INSBANK——1 300 万美元
健康顾问公司 MindCare Solutions——1 280 万美元
活动监测器制造商 evermind——500 万美元
教学视频网站 GoNoodle——500 万美元

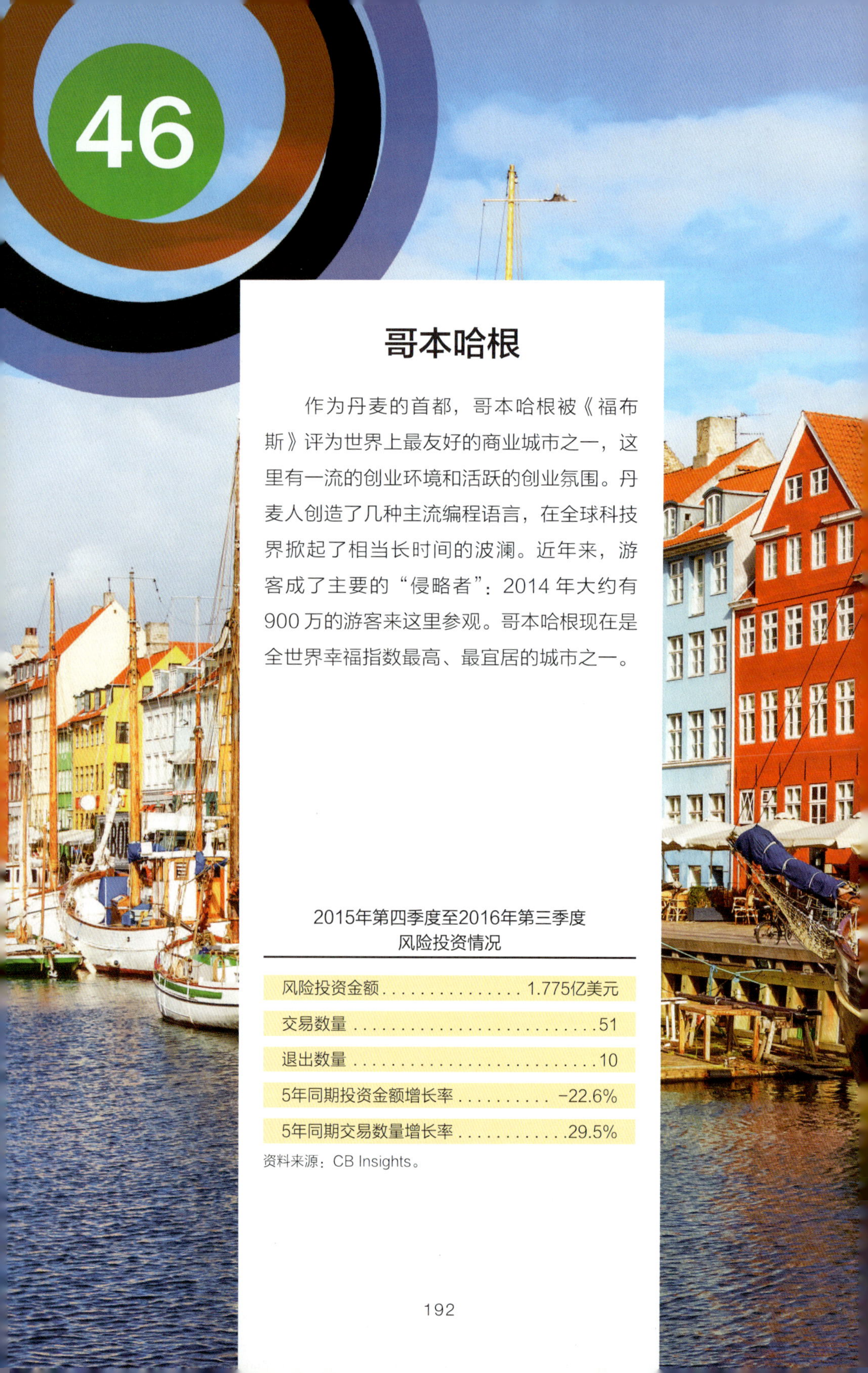

46

哥本哈根

作为丹麦的首都，哥本哈根被《福布斯》评为世界上最友好的商业城市之一，这里有一流的创业环境和活跃的创业氛围。丹麦人创造了几种主流编程语言，在全球科技界掀起了相当长时间的波澜。近年来，游客成了主要的“侵略者”：2014 年大约有 900 万的游客来这里参观。哥本哈根现在是全世界幸福指数最高、最宜居的城市之一。

2015年第四季度至2016年第三季度
风险投资情况

风险投资金额	1.775亿美元
交易数量	51
退出数量	10
5年同期投资金额增长率	−22.6%
5年同期交易数量增长率	29.5%

资料来源：CB Insights。

哥本哈根一瞥

早餐会最佳地点
Sweet Treat 餐厅
联合厨房

咖啡吧
Collective 咖啡吧
First 咖啡吧
Original 咖啡吧

最好的酒吧
Mikkeller and Friends 酒吧

本地啤酒
美奇乐啤酒

本地必参加的活动
哥本哈根纪录片节
Distortion 街头派对
罗斯基勒音乐节

消息小灵通

丹麦人喜欢聚集在格拉布咯德多如和新码头这些地方吃喝玩乐。

排行榜

天使投资人
大卫・赫尔贾森（David Helgason）
汗布斯・雅各布松（Hampus Jakobsson）
克劳斯・尼亚噶尔德（Klaus Nyengaard）
托马斯・马德森－马哥达尔（Thomas Madsen-Mygdal）
汤米・安德森（Tommy Andersen）

风险投资机构
格林达姆
东北风投
北帽投资
北地投资
SEED 资本
阳石资本

孵化器
Accelerace 孵化器
丹麦科技挑战
创业特训营
Thinkubator 孵化器

创业活动
CPHFTW 创业社区创业者会议
Coldfront 会议
哥本哈根 Forge 见面会
哥本哈根精益创业
创业周末
TechBBQ 峰会

2015 年第四季度至 2016 年第三季度顶级融资情况
在线展示广告平台 Adform——2 150 万美元
人事管理解决方案初创公司 Planday——1 400 万美元
招聘平台 Peakon——440 万美元
欧洲交易聚合器 Bownty——380 万美元
交通解决方案云平台 Drivr——340 万美元

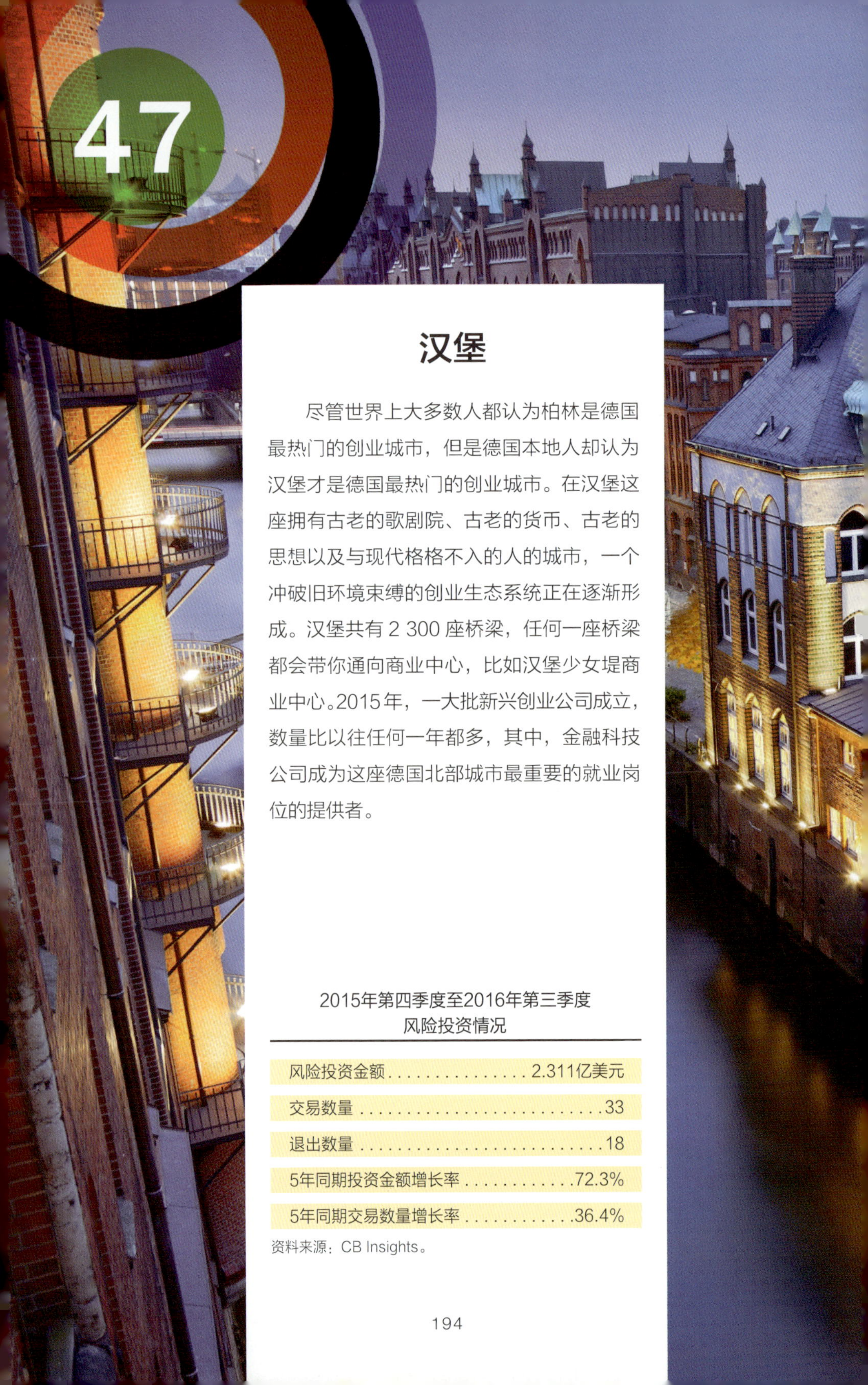

47

汉堡

尽管世界上大多数人都认为柏林是德国最热门的创业城市，但是德国本地人却认为汉堡才是德国最热门的创业城市。在汉堡这座拥有古老的歌剧院、古老的货币、古老的思想以及与现代格格不入的人的城市，一个冲破旧环境束缚的创业生态系统正在逐渐形成。汉堡共有 2 300 座桥梁，任何一座桥梁都会带你通向商业中心，比如汉堡少女堤商业中心。2015 年，一大批新兴创业公司成立，数量比以往任何一年都多，其中，金融科技公司成为这座德国北部城市最重要的就业岗位的提供者。

2015年第四季度至2016年第三季度
风险投资情况

风险投资金额	2.311亿美元
交易数量	33
退出数量	18
5年同期投资金额增长率	72.3%
5年同期交易数量增长率	36.4%

资料来源：CB Insights。

汉堡一瞥

早餐会最佳地点
Pauline 咖啡馆和小酒馆
Savory 餐厅

值得驻足的咖啡吧
Balzac 咖啡吧
Betahaus 咖啡吧
日用咖啡食品公司
Eclair au 咖啡吧

最好的酒吧
Le Lion 酒吧

本地啤酒
布雷瑟菲尔啤酒
拉特谢瑞恩啤酒

本地必参加的活动
克里斯托弗大街游行日
汉堡多姆民俗节
汉堡港口生日庆典
MS Dockville 音乐节

消息小灵通
“Mors Mors”意思是“恭维”，但是在汉堡，通常被球迷用来为自己支持的球队加油。

排行榜

天使投资人
拉尔斯·欣里希斯（Lars Hinrichs）
尼尔斯·雷吉（Nils Regge）
菲利普·施罗德（Philipp Schroeder）
罗尔夫·马蒂斯（Rolf Mathies）
斯蒂芬·乌瑞巴奇（Stephan Uhrenbacher）
乌利奇·赫奇（Ulrich Hegge）

风险投资机构
DS 投资公司
e.ventures
IFB Innovationsstarter
iVenture 资本
Shortcut 创投
Tru Venturo

孵化器
空中巴士商业实验室
Comdirect 创业车库
Dynport GmbH
Greenhouse Innovation
Hanse 创投
下一个媒体加速器
新商业空间

创业活动
创始人学院活动
创始人论坛
汉堡创新峰会
Ideensturm 项目推介会
LaborX Series
NEUMACHER 大会
汉堡即时在线活动

2015 年第四季度至 2016 年第三季度顶级融资情况
在线银行 Kreditech——1.03 亿美元
消费信贷技术公司 FinanzCheck——3 750 万美元
金融科技公司 Deposit Solutions——1 640 万美元
房地产众筹项目平台 Exporo AG——910 万美元
生物技术公司 Topas Therapeutics——450 万美元

48

莫斯科

莫斯科有许多年轻聪明又勤奋的人心怀宏大志愿，想要通过创业改变世界。他们唯一的障碍和新泽西的一样。你可以去看看斯科尔科沃创新中心，一览这座由政府和政治掮客扶持的创新城市。莫斯科已经重新定义了“天使投资”，它在福布斯亿万富翁数量排行榜上位列第三。

2015年第四季度至2016年第三季度
风险投资情况

风险投资金额	3.068亿美元
交易数量	23
退出数量	8
5年同期投资金额增长率	−1.7%
5年同期交易数量增长率	−13.7%

资料来源：CB Insights。

莫斯科一瞥

早餐会最佳地点
Michel 咖啡馆

值得驻足的咖啡吧
Bucer's 咖啡吧
Artista 咖啡吧

线下社交场所
Soho Rooms 俱乐部

本地啤酒
波罗的海啤酒
日古廖夫啤酒
科林斯可伊 · 斯维特沃啤酒

本地必参加的活动
当代音乐节
俄罗斯谢肉节
俄罗斯独立日
克里姆林宫杯网球赛
妇女节

消息小灵通

如果你想赚钱，别人会让你做伏特加酒的生意。如果你和别人说你想做伏特加酒的生意，你能得到双倍的投资。

排行榜

天使投资人
亚历山大 · 巴普洛夫（Alexander Pavlov）
德米特里 · 佛尔科维奇（Dmitry Falkovich）
德米特里 · 格里申（Dmitry Grishin）
爱德华 · 森尔德科维奇（Edward Shenderovich）
奥列格 · 特切尔佐夫（Oleg Tscheltzoff）
尤里 · 米尔纳（Yuri Milner）

风险投资机构
直接集团
数字天空科技
e.Ventures
英特尔资本
Kinnevik

孵化器
API 莫斯科
Navigator Campus
斯科尔科沃创新中心
TechPeaks
Yandex

创业活动
精益创业活动
莫斯科创业创始人 101
创业桑拿
创业村
国际创新峰会

2015 年第四季度至 2016 年第三季度顶级融资情况
在线自营平台 YouDo——620 万美元
餐包配送平台 Chefmarket——500 万美元
俄罗斯订票网站 OneTwoTrip——400 万美元
在线支付服务提供商 PayQR——390 万美元
生物创业公司 Genotek——200 万美元

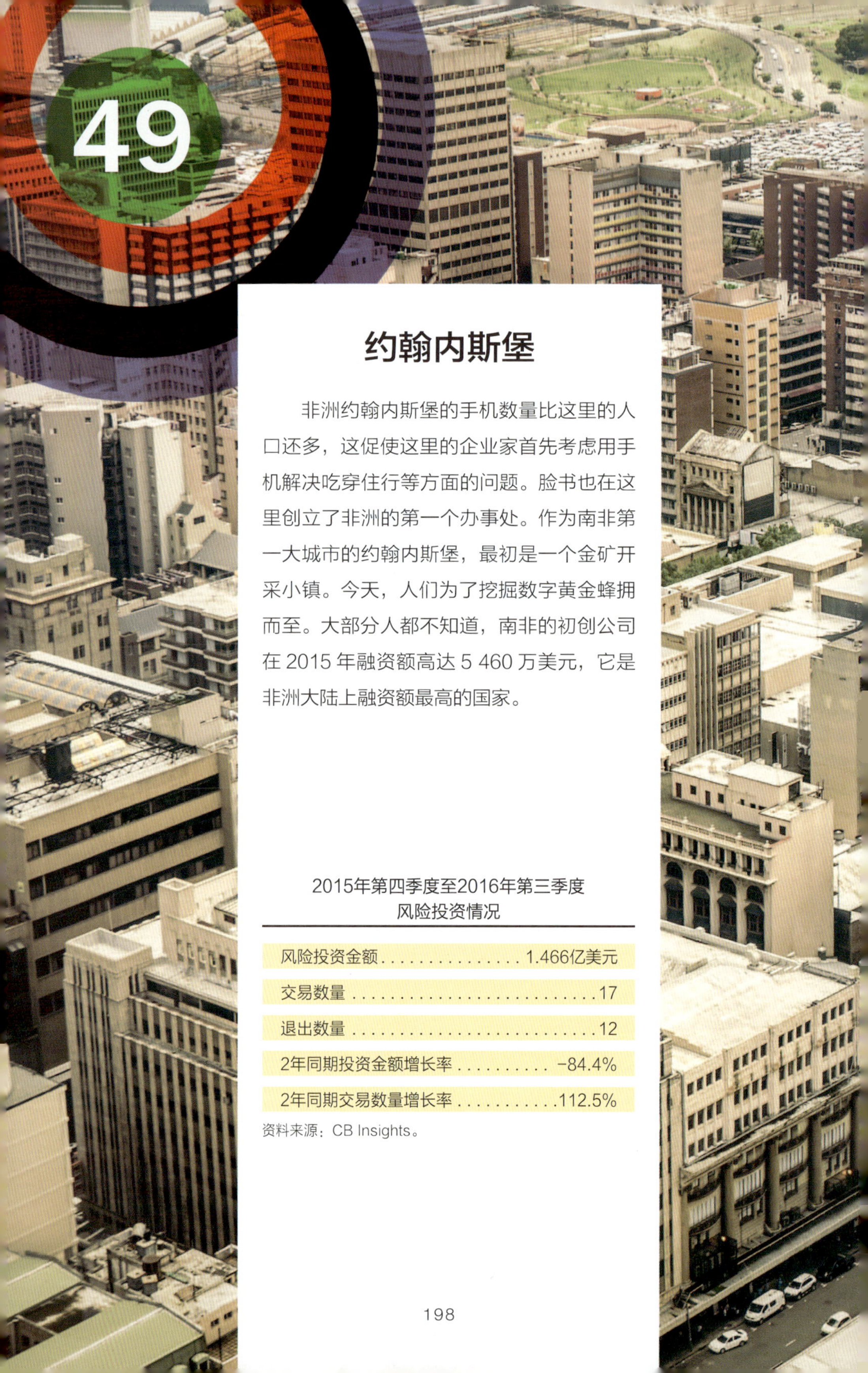

约翰内斯堡

非洲约翰内斯堡的手机数量比这里的人口还多，这促使这里的企业家首先考虑用手机解决吃穿住行等方面的问题。脸书也在这里创立了非洲的第一个办事处。作为南非第一大城市的约翰内斯堡，最初是一个金矿开采小镇。今天，人们为了挖掘数字黄金蜂拥而至。大部分人都不知道，南非的初创公司在 2015 年融资额高达 5 460 万美元，它是非洲大陆上融资额最高的国家。

2015年第四季度至2016年第三季度
风险投资情况

风险投资金额	1.466亿美元
交易数量	17
退出数量	12
2年同期投资金额增长率	−84.4%
2年同期交易数量增长率	112.5%

资料来源：CB Insights。

约翰内斯堡一瞥

早餐会最佳地点

四季酒店

Love Food 咖啡馆

Salvation 咖啡馆

值得驻足的咖啡吧

Bean There 咖啡吧

Guru 咖啡吧

Motherland 咖啡吧

本地啤酒

Castle 1895 Draught 啤酒

最好的酒吧

Stanley 啤酒屋

本地必参加的活动

I Heart Joburg 音乐节

Jozi 电影节

消息小灵通

外地人亲切地称这里为约翰内斯堡，本地人一般叫它约斯。

排行榜

天使投资人

查尔斯·罗仁车欧（Charles Lorenceau）

马克·伊莱亚斯（Marc Elias）

穆罕默德·纳纳比哈（Mohamed Nanabhay）

佩塔尔·索尔多（Petar Soldo）

塔班·马什罗莱（Thabang Mashiloane）

风险投资机构

AngelHub 创投

CRE 创投

Knife 资本

红杉资本

Umbono 资本

Vantage 资本

孵化器

种子发动机公司

新苗师范学院

非洲技术实验室

创业活动

非洲国际通信技术展览会

南非约翰内斯堡通信展

约翰内斯堡创业磨坊

约翰内斯堡创业周末

非洲 Tech4

2015 年第四季度至 2016 年第三季度顶级融资情况

软件公司 Snapt——100 万美元

招聘软件 Giraffe——50 万美元

市场调研公司 Delvv.io——1.27 亿美元

停车控制系统平台 WizzPass——12 万美元

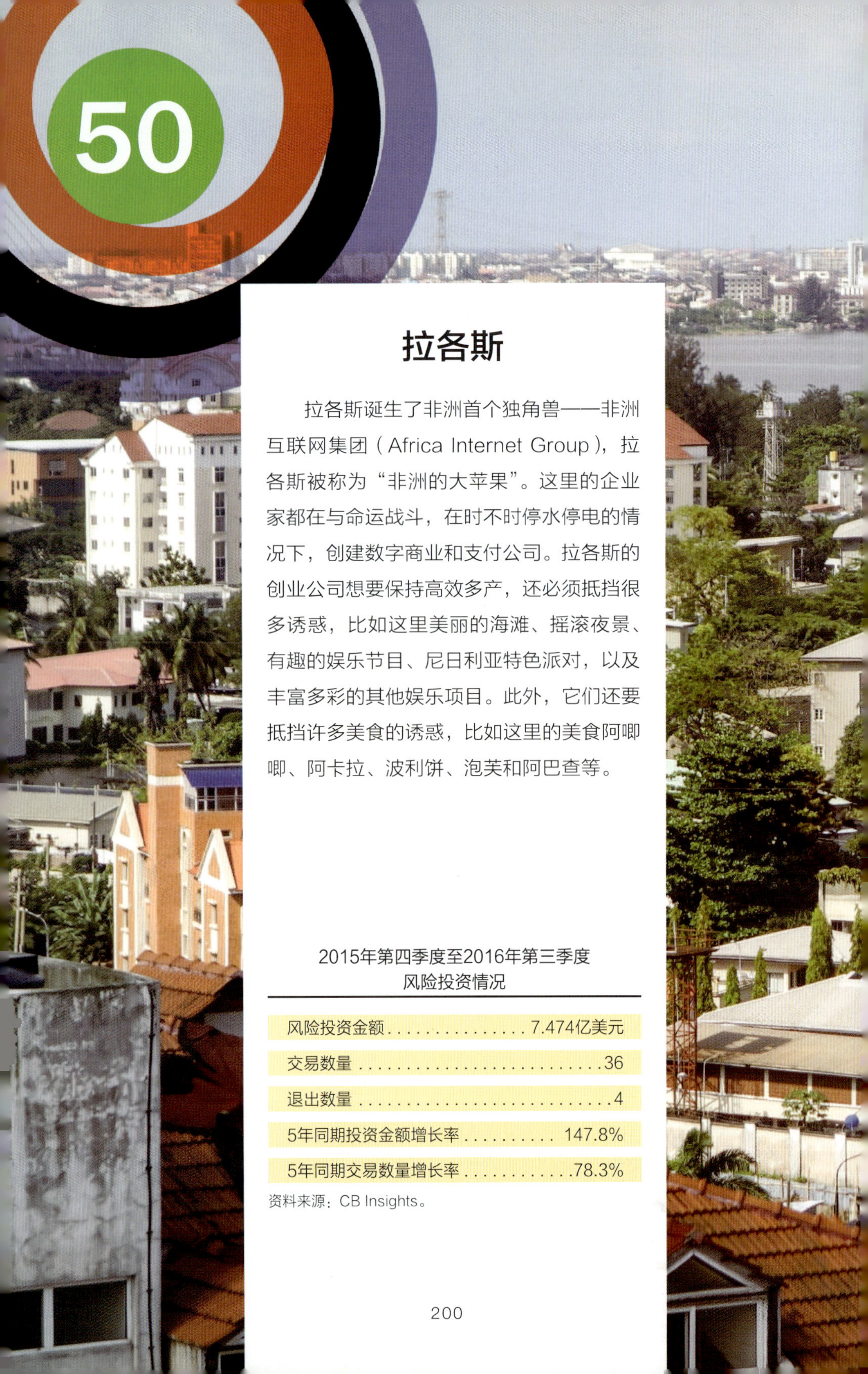

50

拉各斯

拉各斯诞生了非洲首个独角兽——非洲互联网集团（Africa Internet Group），拉各斯被称为“非洲的大苹果”。这里的企业家都在与命运战斗，在时不时停水停电的情况下，创建数字商业和支付公司。拉各斯的创业公司想要保持高效多产，还必须抵挡很多诱惑，比如这里美丽的海滩、摇滚夜景、有趣的娱乐节目、尼日利亚特色派对，以及丰富多彩的其他娱乐项目。此外，它们还要抵挡许多美食的诱惑，比如这里的美食阿唧唧、阿卡拉、波利饼、泡芙和阿巴查等。

2015年第四季度至2016年第三季度
风险投资情况

风险投资金额	7.474亿美元
交易数量	36
退出数量	4
5年同期投资金额增长率	147.8%
5年同期交易数量增长率	78.3%

资料来源：CB Insights。

拉各斯一瞥

早餐会最佳地点
Lagoon 餐厅
拉各斯喜来登
Terra Kulture 餐厅

值得驻足的咖啡吧
Neo 咖啡吧
Paris Deli 咖啡吧

最好的酒吧
Quilox 酒吧

本地啤酒
Orijin 啤酒
Star Lager 啤酒

本地必参加的活动
Evo 节
拉各斯狂欢节
拉各斯音乐节

消息小灵通
如果有人告诉你，他们想要贿赂官员，你应该赶快离他们远点儿。

排行榜

天使投资人
亚轮·柳（Aaron Liew）
布尼米（Bunmi Akinyemiju）
其卡·沃比（Chika Nwobi）
科尼利厄斯·甫雷（Cornelius Frey）
都屯·奥罗沃普洛库（Dotun Olowoporoku）
伊德瑞斯·阿宇德奇·贝罗（Idris Ayodeji Bello）
欧佩尼·阿沃野米（Opeyemi Awoyemi）
托尼·艾卢梅卢（Tony Elumelu）

风险投资机构
CRE 创投
EchoVC
国际金融公司
奥米迪亚网络公司

孵化器
440NG
联合创造汇流中心
IDEA/Tech Launchpad
Spark
Wennovation 中心

创业活动
Afropolitan Vibes 音乐会
DEMO 非洲
创业者配对社区 Founder2be
全球创业周
拉各斯创业周
社交媒体周
拉各斯创业磨坊
VC4Africa 见面会

2015 年第四季度至 2016 年第三季度顶级融资情况
通信技术公司 Zinox Technologies——2 500 万美元
地产开发商 Landmark Africa——2 000 万美元
P2P 转账公司 Paga——1 300 万美元
信贷公司 Aella Credit——720 万美元
旅游网站 Travelbeta——200 万美元

全球硅谷

250家先锋企业

商业中最令人惊叹的回报是小公司发展成大公司。在全球硅谷，我们的目标是寻求和投资明日之星——全球成长最快且非常有创新精神的公司。

我们以自上而下的角度来审视这个大趋势，或者从科技、经济和社会因素方面来分析星星之火何以燎原。我们相信通过对如今大趋势的分析，能提供指引我们研究未来市场发展机会的形势图。我们自下而上的分析主要集中在4P——people（人）、product（产品）、potential（潜力）和predictability（可预测性）上。我们找到了250家很可能成为全球下一代独角兽的私营公司。伟大的公司都有一个特质：它们对如何运营有着系统化的战略规划。只有当4P的特质同时具备，一家公司才能保持可持续的增长。以下是这些公司的名称和网站地址。

一起作业：17zuoye.com
21 世纪：21.co
阿德戴帕：addepar.com
阿垪姆：affirm.com
空器：airware.com
异库：alienvault.com
另类学校：altschool.com
安哥拉：andela.com
安珂：anki.com
艾普安妮：appannie.com
阿奎恩能源：aquionenergy.com
灵感：aspiration.com
阿索斯：liveathos.com
八月：august.com
阿亚兹迪：ayasdi.com
百特门特：betterment.com
百特沃克：betterworks.com
巨关网络：bigswitch.com
巨篮：bigbasket.com
墨鹿：blackbuck.com
混合实验室：blendlabs.com
链流：blockstream.com
布鲁姆瑞驰：bloomreach.com
蓝网：bluejeans.com
布劳特斯瑞德：boltthreads.com
农场度量：branch.io
布里瑟：breather.com
光明健康：brighthealthplan.com
布荣米姆：bromium.com
拜珠：byjus.com
卡德：cadre.com
金丝雀：canary.is
坎瓦：canva.com
开普丽姿：capriza.com
凯尔克劳德：carecloud.com
旋木：carousell.com
凯瑟普：casper.com
转点：chargepoint.com
钗氪：checkr.com
塞氪：circle.com
塞克阿普：circleup.com
普惠学习：civitaslearning.com
克莱瑞珐：clarifai.com
卡拉斯都宏：classdojo.com
卡拉斯帕斯：classpass.com
洁力金融：cleanpowerfinance.com
洁故数据：clearstorydata.com
明惠：clever.com
三叶草健康：cloverhealth.com
币基：coinbase.com
共通健康：collectivehealth.com
色彩：getcolor.com
考门：hicommon.com
靠门邦德：commonbond.co
康百世交通卡：compass.com
触摸数据库：couchbase.com
控数：counsyl.com
课程英雄：coursehero.com
课程时代：coursera.org
创生：creativelive.com
积云网络：cumulusnetworks.com
仪表盘：dashlane.com
数犬：datadog.com
拨盘：dialpad.com
数据资产：digitalasset.com
数据海洋：digitalocean.com
联结：dnanexus.com
道尔戴式：doordash.com
斗鱼：douyu.com
画桥：drawbridge.com
迪布里无人机：dronedeploy.com
朵尔安全：duosecurity.com

多邻国：duolingo.com
打沃拉支付：dwolla.com
诚挚信评：meetearnest.com
宜耳欧路由：eero.com
亿航：ehang.com
亿拉斯提克：elastic.co
安德给姆：endgame.com
印着亿：goenjoy.com
艾弗法：everfi.com
弗莱克斯珀特：flexport.com
五星：fivestars.com
飞协博：flexport.com
坲斯考特：forescout.com
四方广场：foursquare.com
坲莱士代斯克：freshdesk.com
方德伯克斯：fundbox.com
集合培训：generalassemb.ly
吉尼尔斯：genius.com
基因尔克生物：ginkgobioworks.com
基非：giphy.com
吉特实验室：gitlab.com
构哲氪：go-jek.com
欧易行：goeuro.com
易投：gofundme.com
绿室：greenhouse.io
格鲁夫：grofers.com
噶登特健康：guardanthealth.com
唯一黑客：hackerone.com
汉迪：handy.com
哈里斯：harrys.com
海尔赛社交：hearsaysocial.com
海尔德：hired.com
荣誉：joinhonor.com
浩特斯威特：hootsuite.com
奥沃纳德：hourlynerd.com
超旋科技：hyperlooptech.com
IFTTT：ifttt.com
不可思议食物：impossiblefoods.com
因斯塔：instartlogic.com

因特卡姆：intercom.io
印为珍：invisionapp.com
离子安全：ionicsecurity.com
罗拉健康：iorahealth.com
爱泽投：izettle.com
JAMF 软件：jamfsoftware.com
兆昂特：jauntvr.com
吉卜：myjibo.com
卓娅：getjoya.com
智榨：juicero.com
肯索：kensho.com
珂贝斯：keybase.io
纽顿：knewton.com
凯迈特：kymetacorp.com
林布拉姆：leanplum.com
法聚：legalzoom.com
青柠：lemonade.com
里的阿普：lendup.com
来坲：lever.co
莱肯特：lightneer.com
利沃构健康：livongo.com
卢克：looker.com
鲁克萨：luxe.com
利特尔：lytro.com
梅尔维尔百特：malwarebytes.org
迈特珀特：matterport.com
咪迪而姆：medium.com
迈姆数据：memsql.com
迈叟斯菲尔：mesophere.com
迈塔：metavision.com
迈特迈而：metromile.com
米克斯排：mixpanel.com
谋比微克：mobikwik.com
摩登米德：modernmeadow.com
姆钗瑞：munchery.com
蜜柚网络：musical.ly
内姆里人力：namely.com
叙事科学：narrativescience.com
纳福迪：navdy.com

纳德钱包：nerdwallet.com
新声媒体：newvoicemedia.com
下代虚拟现实：nextvr.com
楠波特：ninebot.com
弩班科银行：nubank.com.br
弩投诺米：nutonomy.com
唯一医疗：onemedical.com
昂筛普：onshape.com
开源英文：openenglish.com
开放政府软件：opengov.com
奥普瑞特：operator.com
奥普特米泽：optimizely.com
轨道洞察：orbitalinsight.com
外脑推荐：outbrain.com
OYO 酒店：oyorooms.com
OZY 媒体：ozy.com
帕垂艺术：patreon.com
派安盈：payoneer.com
派乐隆健身：pelotoncycle.com
私财金融：personalcapital.com
皮而派克：pillpack.com
品脱安全：pindropsecurity.com
三周：pivot3.com
星球实验室：planet.com
布兰格里德：plangrid.com
复观：pluralsight.com
邮递员：postmates.com
普罗科雷：procore.com
项蛙数据：projectfrog.com
量子对冲：quantopian.com
速测教育：quizlet.com
星团：qumulo.com
莱尔姿：raise.com
瑞姆：realm.io
红鳍地产：redfin.com
精炼 29：refinery29.com
瑞迈德：remind.com
瑞维内特科技：revinate.com
扣铃智能家居：ring.com

瑞波：ripple.com
罗比尼奥金融：robinhood.com
卢布里克：rubrik.com
轮回物联：samsara.com
索斯实验室：saucelabs.com
换科外包：scienceexchange.com
斯克布里娱乐：scopely.com
斯氪利布德：scribd.com
赛格门特：segment.com
叁得格力德：sendgrid.com
形状安全：shapesecurity.com
行路打印：shapeways.com
斯威夫特：shift.com
斯福特科学：siftscience.com
塞路瑞尔科技：siluria.com
斯森斯：sisense.com
空高：skyhighnetworks.com
智行系统：smartdrive.net
斯奈普软件：snaplogic.com
雪花计算：snowflake.net
斯拜斯沃克：spiceworks.com
斯拜尔：spire.com
快展：spredfast.com
方形空间软件：squarespace.com
全栈互换：stackexchange.com
缝线时尚：stitchfix.com
苏摩逻辑：sumologic.com
斯维吉：swiggy.com
鑫耐克：synack.com
嗒布拉：taboola.com
泰克洛特：takealot.com
嗒兰德：talend.com
嗒玛数据：tamr.com
塔斯特科技：tastemade.com
师换教育：teacherspayteachers.com
缇丽姆数据：tealium.com
提斯布林：teespring.com
缪斯求职：themuse.com
千眼：thousandeyes.com
兴旺市场：thrivemarket.com
提尔特：tilt.com
投斯特：pos.toasttab.com
托科佩迪亚：tokopedia.com
易交二手：tradesy.com
呼叫智能：truecaller.com
特博诺米克：turbonomic.com
优拜生物：ubiome.com
优代教育：udemy.com
阿普斯塔：upstart.com
阿普沃克：upwork.com
外喽克劳德：velocloud.com
VIPKID：vipkid.com.cn
VIP 泰拉：viptela.com
沃克：walkerandcompany.com
康线智能：wealthfront.com
维尔托克：welltok.com
维传数据：wetransfer.com
X 智能：x.ai
X 广告网络：xad.com
载普莱：flyzipline.com
仔普瑞库招聘：ziprecruiter.com
祖睿：zuora.com
载印默珍生物：zymergen.com

全球硅谷

独角兽

尽管在过去15年的大部分时间里，IPO市场不尽如人意，但风险投资家并没有停止投资。2000年，全球只有一家独角兽公司，如今已经超过175家。

自2001年以来，风险投资公司每年平均投资3 200家公司，仅2015年一年就有3 709家公司获得投资。我们预计目前市值1亿美元及以上的获得风险资金支持的公司就超过2 000家。

从20世纪90年代开始，IPO市场已经缩水了80%。与此同时，风险投资和变现规模翻了两番，加之数字轨道的铺设，使31亿因特网用户和26亿智能手机用户相连，这一切使得一个创意在瞬间抵达上千万人成为可能。

1 .... 优步（625亿美元）
2. .... 蚂蚁金服（600亿美元）
3 .... 小米（450亿美元）
4 .... 滴滴出行（337亿美元）
5 .... 爱彼迎（300亿美元）
6 .... 帕兰蒂科技公司（201亿美元）
7 .... 色拉布（193亿美元）
8 .... 陆金所（185亿美元）
9 .... 美团点评（180亿美元）
10 .... WeWork（169亿美元）
11 .... 普利普卡特（150亿美元）
12 ..... 太空探索技术公司（120亿美元）
13 .... 品趣志（110亿美元）
14 .... 多宝箱（104亿美元）
15 .... Stripe（92亿美元）
16 .... 声田（85亿美元）
17 .... 大疆（80亿美元）
18 .... 众安科技（80亿美元）
19 .... 菜鸟网络（77亿美元）
20 .... 京东金融（71亿美元）
21 .... Hulu（58亿美元）
22 .... 链家（57亿美元）
23 .... 来福车（55亿美元）
24 .... Coupang（50亿美元）
25 .... Ola（50亿美元）
26 .... Paytm（48亿美元）
27 .... Snapdeal（48亿美元）
28 .... Magic Leap（45亿美元）
29 .... 神州专车（44亿美元）
30 .... Cloudera（41亿美元）
31 .... Yello Mobile（40.5亿美元）
32 .... Slack（38亿美元）
33 .... Garena（38亿美元）
34 .... Greensky（36亿美元）
35 .... Credit Karma（35亿美元）
36 ... 乐视体育（LeSports）（33亿美元）
37 .... 魅族（33亿美元）
38 .... Fanatics（32亿美元）
39 .... 外卖超人（31亿美元）
40 .... BAM Tech（30亿美元）
41 .... DocuSign（30亿美元）
42 .... 饿了么（30亿美元）
43 .... Grab（30亿美元）
44 .... HelloFresh（30亿美元）
45 .... 平安好医生（30亿美元）
46 .... SoFi（30亿美元）
47 .... 凡客诚品（30亿美元）
48 .... 万达电子商务（30亿美元）
49 .... 摩德纳医药公司（30亿美元）
50 .... 布鲁姆能源公司（28亿美元）
51 .... 皮沃拖（28亿美元）
52 .... Powa Technologies（28亿美元）
53 .... 奥斯卡医疗（27亿美元）
54 .... Vice Media（26亿美元）
55 .... 来赞达集团（25亿美元）
56 .... Mozido（24亿美元）

57 . . . . 美图（24亿美元）
58 . . . . Houzz（23亿美元）
59 . . . . Adyen（23亿美元）
60 . . . . .阿里影业（21亿美元）
61 . . . . 淘票票（21亿美元）
62 . . . . .AppDynamics（21亿美元）
63 . . . . .Avant（20亿美元）
64 . . . . .北京微影科技（20亿美元）
65 . . . . 蓝围裙（20亿美元）
66 . . . . Domo（20亿美元）
67 . . . . .网信理财（20亿美元）
68 . . . . 盖特（20亿美元）
69 . . . . .GitHub（20亿美元）
70 . . . . .InMobi（20亿美元）
71 . . . . Instacart（20亿美元）
72 . . . Intarcia Therapeutics（20亿美元）
73 . . . One97 Communications（20亿美元）
74 . . . . .调查猴子（20亿美元）
75. . . . . .赫基集团（20亿美元）
76 . . . . .Zenefits（20亿美元）
77 . . . . .Prosper（19亿美元）
78 . . . . Avito.ru（18亿美元）
79 . . . . . . .南特生物组学公司（18亿美元）
80 . . . . Sprinklr（18亿美元）
81 . . . . Tanium（18亿美元）
82 . . . . ZocDoc（18亿美元）
83 . . . . CureVac（17亿美元）
84 . . . . Honest Co.(17亿美元)
85 . . . . Jawbone(17亿美元）
86 . . . . Deem（16亿美元）
87 . . . . 拉卡拉（16亿美元）
88 . . . . Quanergy Systems（16亿美元）
89 . . . . Zoox（16亿美元）
90 . . . . .Blippar（15亿美元）
91 . . . . BuzzFeed（15亿美元）
92 . . . . .Farfetch（15亿美元）
93 . . . . InsideSales（15亿美元）
94 . . . . JetSmarter（15亿美元）
95 . . . . .LivingSocial（15亿美元）
96 . . . . Mu Sigma（15亿美元）
97 . . . . MuleSoft（15亿美元）
98 . . . . .牛津纳米孔技术公司（15亿美元）
99 . . . . .Unity Technologies（15亿美元）
100 . . . . 微医（挂号网）（15亿美元）
101 . . . . Conduit（14亿美元）
102 . . . . .Hike（14亿美元）
103 . . . . 拉扎尔（14亿美元）
104 . . . . 口袋购物（14亿美元）
105 . . . . MongoDB（14亿美元）
106 . . . . .58到家（13亿美元）
107 . . . . Apttus（13亿美元）
108 . . . . Auction（13亿美元）
109 . . . . 达达（13亿美元）
110 . . . . FanDuel（13亿美元）
111 . . . . GoJek（13亿美元）
112 . . . . .Medallia（13亿美元）
113 . . . . .Red Ventures（13亿美元）
114 . . . . 图钉（13亿美元）
115 . . . . 途家网（13亿美元）
116 . . . . .AppNexus（12亿美元）
117 . . . . AUTO1 Group（12亿美元）
118 . . . . .Automattic（12亿美元）
119 . . . . BlaBlaCar(12亿美元)
120 . . . . .DraftKings（12亿美元）
121 . . . . . Human Longevity（12亿美元）
122 . . . . Infinidat（12亿美元）
123 . . . . Klarna（12亿美元）
124 . . . . 拉手网（12亿美元）
125 . . . . 秒拍（12亿美元）
126 . . . . Okta（12亿美元）
127 . . .普罗透斯数字健康公司（12亿美元）
128 . . . . Qualtrics（12亿美元）
129 . . . . 搜狗（12亿美元）
130 . . . . Ten-X（12亿美元）
131 . . . . 瓦尔比派克眼镜公司（12亿美元）
132 . . . . .23andMe（11亿美元）
133 . . . . Actifio（11亿美元）
134 . . . . Adknowledge（11亿美元）

135 .... Anaplan（11亿美元）
136 .... CloudFlare（11亿美元）
137 .... Cylance（11亿美元）
138 .... Eventbrite（11亿美元）
139 .... Funding Circle（11亿美元）
140 ... Funding Fashion Group（11亿美元）
141 .... MarkLogic（11亿美元）
142 .... MediaMath（11亿美元）
143 .... MindMaze（11亿美元）
144 .... Nextdoor（11亿美元）
145 .... NJOY（11亿美元）
146 .... ShopClues（11亿美元）
147 .... Taboola（11亿美元）
148 .... Tango（11亿美元）
149 .... TransferWise（11亿美元）
150 .... Vox Media（11亿美元）
151 .... Wi-Fi万能钥匙（11亿美元）
152 .... Zomato（11亿美元）
153 .... Zscaler(11亿美元)
154 .... 祖睿科技（11亿美元）
155 .... 非洲互联网集团（10亿美元）
156 ...... Age of Learning（10亿美元）
157 .... AppDirect（10亿美元）
158 .... 爱维士（10亿美元）
159 .... 贝贝网（10亿美元）
160 .... Boohoo（10亿美元）
161 .... 康百世交通卡（10亿美元）
162 .... Datto（10亿美元）
163 .... Deliveroo（10亿美元）
164 .... Docker(10亿美元)
165 .... 斗鱼直播（10亿美元）
166 .... 印象笔记（10亿美元）
167 .... 演绎游戏公司（10亿美元）
168 .... 返利网（10亿美元）
169 .... ForeScout科技（10亿美元）
170 .... Glassdoor（10亿美元）
171 .... Home24（10亿美元）
172 .... 碳云智能（10亿美元）
173 .... Illumio（10亿美元）
174 .... 铁源（10亿美元）
175 .... iTutorGroup（10亿美元）
176 .... 爱屋吉屋（10亿美元）
177 .... JustFab（10亿美元）
178 .... Kabam（10亿美元）
179 .... Kabbage（10亿美元）
180 .... Kik（10亿美元）
181 .... 辣妈帮（10亿美元）
182 .... 小红书（10亿美元）
183 .... Lookout（10亿美元）
184 .... Mercari（10亿美元）
185 .... Mime Cast（10亿美元）
186 .... 蘑菇街（10亿美元）
187 .... OfferUp（10亿美元）
188 .... OpenDoor（10亿美元）
189 .... 盘石（10亿美元）
190 ... Procure Technologies（10亿美元）
191 ... QuEST Global Services（10亿美元）
192 .... Quikr（10亿美元）
193 .... 融360（10亿美元）
194 .... Shazam（10亿美元）
195 .... SimpliVity（10亿美元）
196 .... SMS Assist（10亿美元）
197 .... Souq（10亿美元）
198 .... Tintri（10亿美元）
199 .... 51信用卡（10亿美元）
200 .... 优比选（10亿美元）
201 .... 优达学成（10亿美元）
202 .... 豌豆荚（10亿美元）
203 .... Wish（10亿美元）
204 .... 易道用车（10亿美元）
205 .... Zeta Interactive（10亿美元）

资料来源：全球硅谷资产管理公司、科技博客网站、《华尔街日报》和CB Insights。

全球硅谷

致谢

距我写完上一本书《寻找下一个星巴克》已经10年之久了，写这本书就像第二次创业。记忆力差的好处是不记得写一本书和出版一本书有多么艰难。

幸运的是，我有一个一直支持我、帮助我的团队在支撑着我前行，即使在我不确定自己的方向在哪里的时候。我的太太邦妮曾担任了很多年的啦啦队队长，在我需要激励的时候一直鞭策我。我的女儿麦琪和卡罗琳一直鼓励着我，让我觉得自己不是一个无用之人。我还要特别感谢我的大女儿麦琪，她诙谐的编辑风格让大家了解到我不是大多数人以为的那个样子，也了解到一个风险投资人到底是什么样子的。

我要特别感谢全球硅谷团队的成员，他们聪明、热情、孜孜不倦、友善，他们对我就像家人一样。我虽然早就有写一本《全球硅谷猎创手册》的想法，但如果没有拉胡尔·辛格雷迪和瑞恩·戴莫，这本书可能永远不会完成。拉胡尔的奇思妙想和生花妙笔让这本书形象生动，赖安为本书做了很负责的审阅。

我要感谢苏西·韩，她是我的得力助手，对本书的每一章节逐字地审阅。她非常聪慧，能解读我的想法，无论是可怕的想法还是有用的想法。我也感谢尼克·弗朗哥，他是我的首要合作伙伴、首席研究员、首席顾问和首席评论家。他给予了我诸多帮助。感谢李江，他是全球硅谷实验室的首席布道者，是全球硅谷的灵魂人物，鼓励我永远不要停止追逐梦想。

我还要感谢全球硅谷的其他成员，他们与我们并肩作战，他们是居住在纽约的马特·汉森；提供巴黎考察信息的卢本·帕博鲁，他对任何地方的人的想法都有敏锐的嗅觉；住在班加罗尔的戈皮·佩帕卡亚拉，他协助我们在 GSViQ 进行调查；全球硅谷风头负责人拉里·阿斯切布鲁克，他无论何时总能出现在迪拜、孟买和上海；全球硅谷加速器的负责人德博拉·夸索；全球硅谷增长信用部门的大卫·施普伦。

我十分感谢安迪·戈登堡和克里夫·汉弗莱斯，他们很清晰地阐述了全球硅谷究竟是什么，向我和全球硅谷提供了很多帮助。

此外，我还要特别感谢全球硅谷家族的其他对本书做出贡献的成员，他们的名字是：黛比·埃尔森、马克·弗林、比尔·塔罗纳、斯潘塞·麦克劳德、约翰·丹尼斯顿、马克·莫、瑞查德·哈里斯、迈克尔·科恩、黛安·弗林、赛达斯·巴拉吉、迈克尔·拉勒亚、赛亚·拉杰·普罗希特、玛丽亚·维多利亚·费拉拉、仙蒂·林、安东尼·帕尔马、切德维·帕尔马、艾米莉·哈和贾斯廷·豪斯纳。

我还要感谢其他致力于让本书成为现实的人们，他们是：布莱恩·亚伯拉罕、汤姆·亚当、汤姆·亚历山大、珍妮·埃伦、阿基那尔多·安德雷德、约翰·贝利、安舒曼·班赛尔、麦斯维尔·巴尔内斯、罗德里格·巴罗斯、迈克尔·巴尔蒂姆、皮特·贝尔、马克·贝尼奥夫、迈克尔·博耶斯、沃尔特·巴克利、艾文·巴维尔德、阿历克斯·卡巴赛拉托、麦克·卡特、史蒂夫·卡斯、卢卡斯·瑟斯琴、桑杰·恰拉、特伦斯·尚、安东尼·常、奥德丽·程、杰西卡·奇古乐、格朗·周、詹姆斯·斯村、约翰·科赫兰、米歇尔·德·爱丽丝、皮耶特·德·永、佩里·德莱斯、拉胡尔·迪赛、阿坎舒·达万、帕特·迪林厄姆、艾丹·多洛霍、蒂姆·德雷珀、乔·迪卡、艾利克斯·艾利斯、乔尔·埃里克松、克里斯·费尔南德斯、丽萨·弗林、帕特里克·弗朗克、约旦·法兰克福、亚伦·福、格拉哈姆·佛伦、埃米尔·格尔曼、索瑞斯·高希、加勒特·哥尔瑞、莫里·高柏、琼尼·古德温、凯伦·格林、亚历山德拉·格林斯潘、拉斯蒂·格雷夫、斯纳·格雷祖恩、普亚·古布斯、维基·郭、贾斯汀·哈尔索尔、阿伯特·汉泽尔、约翰·哈穆拉特、菲利普·黑尔德、大卫·爱尔费尔、安迪·希达雅特、兰德·赫迪、德里克·罗克曼、大卫·霍夫曼、德鲁·霍夫曼、戈登·霍格、玛丽萨·霍普金·斯科特、詹姆斯·胡、里基·亨特、劳里·嘉尔维乐托、科林·蒋、维克多·蒋、杰里米·约翰逊、达拉·凯利、卡兰·卡亨卡、夏尔曼·肯、阿蕾莎·科米内尼、迪克·卡拉米里奇、阿伦·库马尔、苏阳·凯、李梅、杰西·凯文、迈克·莱文特、丹·李维坦、加洛斯·李、哈瑞·李、巴·林德斯特仑、玛丽安·林斯、乔·朗斯特尔、罗尼·洛特、南希·鲁尔、杰尔米·卢姆、克里斯托弗·麦林、普拉马斯·马里克、安德鲁·马克斯、安娜·梅森、瓦布哈维·梅农、辛迪·米、乔伊·米、南森·米勒特、杰米·蒙哥马利、里卡多·莫拉莱斯、布莱斯·莫瑞萨科、马克·莫瑞萨科、卡里姆·穆斯塔基尼、杰米·尼克、玛格丽特·奥马拉、埃翁·欧奴斯、戴维·伯德恰克、瑞德·普兰斯、斯哥特·普瑞德尔、克里斯·普罗塔斯维奇、塔默·恰都米、本·瓜左、路易斯·罗杰斯、奥德丽·拉索、贾马尔·萨博、比尔·萨尔曼、乔伊·萨本、米凯·萨德斯、戴维·希夫、乔安娜·施瓦兹、拉克希米·谢洛伊、赖安·舒肯、本·斯利卡夫、马特·索尼斯尼、马特·斯佩克特、薄何瑞·斯坦斯维克、鲁西·世通赫尔、卡斯帕·索玛兰奈、凯里·斯则科、杰西卡·谭、史蒂芬·唐、阿迪蒂亚·特里帕帝、霍华德·杜曼、特雷西·格拉克、安东·维茨、本·沃尔斯特、帕特里克·瓦鲁何、霍华德·王、托德·沃伦、安迪·怀特、约瑟夫·威尔金森、梅丽莎·武藤、凯莉·赖特－福特、邓恩·肖、山姆·肖、凯文·周、威廉·周、加布里埃尔·齐尔克。

最后，我要感谢纽约中央车站非常友好的人们，他们相信这本书，还有我的主编格雷琴·永和凯瑟琳·斯托帕，也要感谢杰米·拉布、贝斯·德·古斯曼、杰夫·霍尔特、谢尔比·豪伊克和蒂凡尼·桑切斯。最重要的是，我要感谢吉莉安·马努斯，她让这一切梦想成真。

非常感谢！

全球硅谷

词汇表

A

A/B test（A/B 测试）

初创公司的测试方法，用来比较产品的两个版本哪一个更好："让我们做一个 A/B 测试看看把咖啡换成黑咖啡对我们产品效率的影响。"更多 A/B 测试的类型，请参考"假体测试"。

Acquihire（人才收购）

收购公司的目标是这家公司的人才，而不是其产品或服务。被收购的人才通常会说："我不想被收购，我不愿意给你的公司工作，这家初创公司是我激情和梦想的所在……1 000 万美元吗？没问题。"

Angel（天使投资人）

提供种子期资金的富豪："她没有死……她仅仅像天使一样守护你，按照她的意愿给初创公司提供资金。"

API（应用程序界面）

科技领域的常用缩写词，是应用程序界面的意思，用于制定特殊的路径、协议，以及创建相互联系的应用软件的工具。使用 Slack 聊天工具时，运用应用程序界面，你可以给自己或你的同事预订来福车。

AR/VR（增加现实技术 / 虚拟现实技术）

增加现实技术会给用户在现实世界中叠加一层数字元素。虚拟现实技术可以让用户全面沉浸在数字世界里。换句话说，Pokémon Go 就是增强现实，因为玩家是在现实城市中玩，而在用虚拟现实技术时会让你看起来像一个带上防护目镜的外星人。

AU（活跃用户）

AU 的意思是"活跃用户"，创业者常常使用 MAU（月活用户）或 DAU（日活用户）等指标。考虑到现在用户使用产品的频率与企业评估的频率紧密相关，创业者开始使用 MAU（每分钟活跃用户）、HAU（每小时活跃用户）和 SAU（每秒钟活跃用户）等新指标来检测用户情况。

AUM（资产管理规模）

AUM 是"资产管理规模"的缩写。资产管理规模通常被投资公司用于衡量自己的竞争力，但是真正出钱的投资人只在乎回报率有多高，而不是规模有多大。

B

Bandwidth（带宽）

带宽是完成一个项目的时间和适用性。

老板："你有没有带宽来做这个愚蠢、毫无意义的任务？我不想做了。"

员工："当然有，老板，无非几个通宵。"

老板："太好了，做完这个活，说不定我会给你升职加薪。"

BDR（业务发展代表）

一个高大上的新词，其实是新人常做的事：电话销售。找不到工作的常春藤毕业生可以用这个职务名称来忽悠他们的父母和朋友，让他们以为花了 20 万美元买来的文凭没被马桶冲走。

Benchmark（基准）

这是测量一家公司达成目标的绩效指标，不要和硅谷巨头基准资本公司的名字混淆。这个词通常被风险投资人用于决定是否投资一家公司："由于硅谷创业公司难得有收入，更不用说利润，基准可以帮助投资人保持理性，而不是每天担惊受怕。"

Big Data（大数据）

这其实是数据分析更为广泛的一种说法，“大”表现了对数据的洞察力。迄今为止，大数据几乎已被神化。没看过这本书的人可能会说：“我的大数据应用软件是神圣的象征。”

Bleeding Edge（最前沿）

比“尖端”更高级的一个词，对于炮灰来说也更“血腥”。“我们最前沿的技术设备——虚拟现实头盔可能会对用户的脑袋不利。”

Blockchain（区块链）

区块链是一个有重大积极意义、非常有破坏力的创意。实际上，它是一种通过共享记录或者事件账本来传递信息，并且可以免除第三方阻碍信息传递的一种技术。这种技术还可以验证信息的交换，最有名的区块链是比特币。

Bookings（预订金额）

预订金额指消费者愿意为购买服务而出的价格。预订通常是完成一种协议：“比如，一家创业公司有一个客户预订了3年的服务，总计预订金额达到300万美元，因此他们的预订金额是300万美元，但是他们实际的收益是最后的实际收款。预定金额能让创业者看起来更加可信而不是在画饼，但是预订金额并不能让创业者给自己的孩子买一双鞋子，只有收益是可以的。”

Bootstrap（自力更生）

使用自己的积蓄和信用卡来开创自己的公司，而不是接受风险投资人的资金。“我现在虽然自力更生，但是我迟早会得到种子期资金。我和父母住在一起，不玩使命召唤的时候会为我的理想而工作，这也不错嘛。”

Bozo Explosion（庸才当道）

庸才当道是史蒂夫·乔布斯创造的词，是指一家公司起用了一位无能的高管，此高管又聘用了不称职的经理，经理又雇用了一群无能的员工，最终导致公司里不称职的雇员数量暴增的状况。

Brain Rape（脑侵犯）

这个词用在一个投资人或者另一家公司假装开项目推介会或其他正式会议来挖掘你们公司秘密的时候。

工程师A：“嘿，这真是太棒了，他们喜欢我们！你应该经常带我们去参加这样的会议。”

工程师B：“你没弄明白，他们想盗走我们的想法，脑侵犯我们。”

Bridge（过桥）

一般指在两种正式融资轮之间的融资行为，投资者需要尽量避免遇上“绝路桥”，也就是下一轮融资的迷茫前景。

甲：“我们烧钱太快了，公司无法维持到下一轮融资，我觉得我们需要拿到一些过桥款。”

乙：“昨天我们不是在C轮融资中融到了2.5亿美元吗？”

Brogrammer

这个词是由兄弟会的绰号“bro”和“programmer”混合而成，指在科技领域里那些有兄弟会文化的年轻男性毕业生。

兄弟一：“哥们儿，我们歇一会儿再写代码吧。我是说来3瓶玛格丽特和马里布的混合酒。”

兄弟二：“野蛮人才那么喝，你是一

个真正的 Brogrammer，真希望我们能回到大学时代喝个痛快。”

Babble（泡沫）

指经济蓬勃发展的一种状态，但实际上其底层价值不可持续，因此最终会突然奔溃（比如股票市场）：“2000 年互联网泡沫破裂，7 万亿美元蒸发，许多硅谷人每天都在祈祷新一轮的经济泡沫赶快来临。”

Burn Rate（资金燃烧率）

创业公司每月损失的资金数额，通常会和银行存款作比。换句话说，如果一家公司在银行存有 120 万美元，同时每个月“烧钱”的数额是 10 万美元，你可以说它的钱可以“烧”12 个月。“自从它雇用了一个专业耍杂技的在咖啡时间表演，资金燃烧率增加到了每个月 30 万美元。”

Burning Man（火人节）

为期一周的美国内华达州黑岩沙漠活动。这个活动的目的是彻底自我释放，目前来自硅谷科技行业的参加者队伍越来越壮大。“我以前也参加过火人节，但是现在火人节已经太功利了，硅谷的投资人有乘坐直升机过来的，我是说，我在脸书工作，但是我至少可以来这里放松。”

Business Attire（商务正装）

在商业界，商务正装指西装领带，但是在硅谷，商务正装已经演变成了舒服的牛仔裤和 T 恤衫了（请参考第 19 页“如何着装”）：“我说了要穿商务正装——穿牛仔裤，而不是卡其裤，要有团队精神。”

BYOD（自带设备）

指自己携带设备。

甲：“我听说在硅谷工作可以拿到许多津贴，但是我连一台工作电脑都没有。”

乙：“大部分的创业者都是自带设备的。”

C

CAC（获客成本）

是一个用于测量获得一位新客户所需要的成本以及客户付费值的指标。这个指标通常会和顾客终生价值（LTV）这个指标一起使用：“当人们意识到宠物网需要 1 000 美元的成本才带来一位付费客户，而每位客户实际购买了价值 30 美元的产品时，宠物网成了宠物炸弹。”

Churn Rate（订户下跌率）

指订购客户停止订购服务的占比。按照经验法则，如果下跌率每年高于 30%，你的商业模式就会改变。“经常性收益是神圣的象征——对不起，（请参考第 25 页的“投资推介会上应避免的用语”）如果你的客户不再使用你的服务，就像改掉了一个坏习惯，不再回来，你的麻烦就大了。”

Close（融资敲定）

指签署完成投资相关的所有法律文件和文档，可参考维基百科词条“直到胖妇人出来唱歌才结束”。

Cloud（云）

互联网上托管的远程服务器，用于本地服务器数据的储存、管理和处理。“如果一个投资人问你这是怎么工作的，你只需说部署在云端。”

Critical Mass（临界质量）

指一家初创公司的规模扩大到担心被

另一家初创公司颠覆的时候。“一旦色拉布到达临界质量，很多其他社交平台就会开始蓬勃发展。”

Crowdfunding（众筹）

尝试通过互联网向个人或投资方筹资的一种融资方式。Kickstarter 和 Angelist 是典型的案例。公开向大众众筹是一把双刃剑。如果一切发展顺利，众筹者就不会露出资本家万恶的一面。如果事情发展得不顺利，你现在就遇到了一大堆愤怒的医生、牙医、律师，他们懂得如何使你痛苦，如何拔掉你的牙，如何控告你。“我不担心风险资金，我需要众筹。”

Crowdsourcing（众包）

利用众人的小小贡献来完成某一件事。“如果没有像 Stack Overflow 这样的众包网站，我根本不能成为一个程序员。我的问题似乎都是由一群来自开曼群岛的无聊居民回答的。”

Culture Tsar（文化沙皇）

一个典型的硅谷头衔（请参考第 183 页的“硅谷求职布告栏”），本来是想表达很酷的感觉，但遗憾的是，每个人都知道历史上大部分沙皇的统治都被推翻了，他们甚至死在了群众暴动中。

D

Deliverable（可交付产品）

指你应该交付的确切产品。“开完会，你要做什么可交付产品？我要加一个需求。”

Dilution（稀释）

当新投资者进入的时候，股权比例会被稀释。

Disrupt（搅动）

指新市场的开创，或出现了大幅领先于当下同类产品或服务的龙头企业的公司，其他的公司不得不奋力追赶。“这款产品搅动了一个万亿级别的市场，10 亿人都在使用，那些早期的用户从来都没用过这么好用的产品。”

Disruptive Technology（颠覆性技术）

指改变了行业发展方向的新技术。对颠覆性技术的一个典型定义是：能够以 20% 的成本提供 80% 价值的技术。“我怀念我的司机詹姆士，但是优步可以让我省掉这笔费用，而且不用回到家，就能看见家人。”

Distorted Reality Field（现实扭曲力场）

指的是一个企业家以未来的眼光看待现在这个世界，而且相信这个世界正在朝那个方向发展。“心理学家说苏西很疯狂，但是她不过是在现实扭曲力场。”

Dogfooding（内部测试）

指的是内部使用自己的产品来发现并解决问题，通常是使用测试版本。“布莱恩·切斯基还在对爱彼迎做内部测试——我听说他自己都不买房子。”

Down Round（估值下调）

指的是以较前一轮估值更低的估值筹集资金，这件事被认为比得了绝症更糟糕。“我们下一轮融资要估值下调吗？如果那样，每个人都会想要股本，就像每个人都需要氧气一样。”

DRI（直接负责人）

是硅谷人口中烦琐严肃但无意义的话

的代表，基本意思就是谁来执行任务。“克里斯是清洗洗碗机的直接负责人。”

Drinking the Kool-Aid（喝 Kool-Aid 饮料）

这个过程主要用来吸引普通人，让他们对公司的卓越和伟大深信不疑。这个词常常和硅谷的领导人联系在一起。“吉米真是喝 Kool-Aid 饮料喝得太多了，他居然觉得那套把戏不仅能对商业有帮助，还能拯救人类。”

Due Diligence（尽职调查）

指的是研究和调查一家公司的数据，之所以要做尽职调查，通常是投资人希望了解某个产品或人而不被忽悠。“你做尽职调查没做好，也不能怪我的收益报表误导了你。”

E

EBITDA（税息折旧及摊销前利润）

指利息、税收、折旧和摊销前的收益，一般用于衡量一家公司真正产生了多少现金。有创意的硅谷公司为了将其财务指标（支出前的收益）写得新颖，想出的招数为：“这不是埃博拉病毒，这个词的发音是 ee-bit-da。”

Elevator Pitch（电梯游说）

用极具吸引力的方式简明扼要地阐述创业公司的核心价值，换句话说，你能在从大厅到顶层这段乘电梯的时间内完成一个项目的推介。推介时最失败的是你以为这幢楼有 100 层，但实际上只有 4 层。（请参考第 25 页“投资推介会上应避免的用语”。）

Entrepreneur（创业者）

发现需求，并通过创业帮助他人解决问题的人，也可以参考“现实扭曲力场”。

A：“嗨，伙计，你这个夏天没找到工作，真是太遗憾了。”

B：“没关系，我会做创业者。”

Escape Velocity（逃逸速度）

指创业公司达到指数级增长的临界点。“脸书一度看起来是找乐趣玩游戏的地方，直到 2008 年它达到了逃逸速度。现在几乎所有人都在用它。”

Evangelist（布道者）

一个在公司里通过狂热的信念为产品建立支持的人。这份工作实际上并不用干什么活，只要穿着很酷的 T 恤衫，面带微笑地说：“盖伊·川崎曾经是苹果公司的首席布道者，通过媒体演讲和展示来宣传产品。”

Exit（退出）

指的是一家创业公司被收购或上市。所有的退出价都是不公平的。“Instagram 被脸书以 10 亿美元的价格收购。”

F

Feng Shui（风水）

指强调人与环境和谐共生的中国哲学体系。这是创业公司的高管努力扮演室内设计师的角色、努力在办公室营造繁荣发展前景的原因，也是每周改变办公桌摆向来聚集更强的气场的原因。

Follow On（追加投资）

指的是在前几轮融资当中的投资人后续跟进投资。创始人认为，如果你的投资人不想在后续融资中继续参与融资，就不是一个好的信号。“看到公司的收入直线增长后，凯鹏华盈追加了投资。”

Founder Hounder（创始人猎人）

指喜欢“勾搭”创业公司创始人发生关系的人，可以说是连帽衫版的“拉客”一族。

Freemium（免费增值）

对于大多数的客户来说，一个产品的基础功能或者服务是免费的，但是高级功能是收费的。比如，空气是免费的，但购买一个优质的口罩，是需要付费的。

G

Gig economy（零工经济）

指的是一种新型的商业环境，在这种商业环境中，临时工和自由职业者非常常见。专业机构招聘员工时会签订短期用工合同。“伙计，我喜欢我的新工作，我甚至会更喜欢我的下一份工作。”

Glassholes（戴眼镜的讨厌鬼）

这个词最初用来形容书呆子戴着谷歌眼镜，现在用来形容穿戴任何看起来很有科技感设备的呆子。“这个戴眼镜的讨厌鬼手臂上戴着 Fitbit 手环、苹果手表，还有蓝牙耳机，一只手臂都戴满了。”

Growth Hackers（增长黑客）

指的是专注于培养用户和用户参与度的营销人员、工程师、产品经理，使用户数量增长到一个新高度。“要想下一笔融资成功，我们需要一些真正的增长黑客。”

Growth Metrics（增长指标）

用户评估一家创业公司的增长潜力的指标，比如月活跃用户数或月增长率。“只看当下的利润或资产是不对的，增长指标才是最重要的指标，这家公司将何去何从？”

GSD（搞得定）

形容大多数创业公司中最有价值的员工。“我不在乎尼克的简历，他可以搞得定这些活儿。”（请参考第 128 页“新加坡”。）

H

H-1B Visas（H-1B 签证）

一种非移民签证，它允许美国的公司暂时雇用技术类员工。“考虑到硅谷对工程师的大量需求，H-1B 签证对一家创业公司的价值来说，不亚于一张红杉资本的支票价值”。

Hacker（黑客）

一个有着好奇心、喜欢把一切都做得更好的聪明人。“黑客并不是没事闯入美国国家安全局网络机密中心的人，他们是你想象中的天才，不是你在苹果商店里见到的那样。”（请参考第 183 页的“硅谷求职布告栏”。）

Hockey Stick Growth（曲棍球增长线）

指每周或每月的销售结果呈直线增长。

风险投资人 A：“这家创业公司很棒——看看这漂亮的曲棍球增长线”。

风险投资人 B：“它的曲棍球增长线仅维持了一天就结束了。”

I

Ideate（设想）

是创意（idea）和创造（create）两

个词的合成词，意味着头脑风暴和思考。“我已经厌倦了社会阶层，让我们设想一下如何治愈火星上的癌症，以获得万亿美元的市场机会吧。”

Incubator/Accelerator（孵化器 / 加速器）

通常是一个可以帮助创业公司成长的物理空间或项目，一般会给创业公司提供指导建议、建立人际关系的机会，甚至是资本扶持。“我父母冲着我妹妹大吼，催她去找一份真正的工作而不是当一个优步司机赚几杯酒钱——你可以把我家称为孵化器或加速器 。”

Infobesity（信息肥胖症）

指信息过多导致数据处理受到阻碍。“我在利用减肥中心努力治疗我的信息肥胖症，它限定了我每天只能阅读 10 条推文。”

Internet of Things（物联网）

指的是所有的设备都互相连接而且相互交流，在你操作设备之前，设备基本上已经知道你想做什么了。“早上，我的闹钟给我的平底锅发出信号，然后平底锅开始煎培根，培根的香味从厨房飘到我的卧室，这会给我的通风系统发出警报——欢迎来到物联网世界。”

IPO（首次公开募股）

指的是股份公司首次向公众发行股票。从历史经验来看，首次公开募股通常是风险资本支持股份公司发展的手段。如今看来，首次公开募股是货币化的终极选择。“我们没有别的选择了，所以风险投资人让我们做首次公开募股。”

J

J Curve（J 曲线）

指的是风险投资基金的价值会随着时间推移而变化的一种常见曲线。在基金的早期阶段，其价值会下降，原因是一些投资标的会失败（早熟的柠檬），随后其价值会上升，因为一些好的投资标的开始产生回报。“我一直希望 J 曲线能出现，但是我的基金价格一直走低，都快形成一条 L 形曲线了。”

JOBS Act（乔布斯法案）

乔布斯法案的含义是创业公司启动法案，这是一项为了让新型公司更容易获得风险投资和进入公众视野的法案。可惜乔布斯法案和史蒂夫 · 乔布斯没什么关系，而且首次公开募股依然非常罕见。

K

KPI（关键绩效指标）

硅谷基本上把关键绩效指标等同于一家公司需要专注于成功，并获得尊崇。“对于我们的首席执行官来说，关键绩效指标是不能把钱用光。”

L

Lead Investor（领投方）

指确定交易价格并设定投资条款的个人或企业。“你随时可以跟自己的配偶离婚，但想摆脱领投方，会难上加难，除非你生活在新泽西。”

Lean Startup（精益创业）

指的是专注于产品迭代的创业方法。“我确信，为了实现精益创业，公司正在节衣缩食。”

M

M&A（并购）

并购是“合并和收购”的合成词，指的是一家公司接管另一家公司或与另一家公司合并的过程。“AOL 与时代华纳的并购真是灾难！”

MOFU（漏斗中间环节）

指确定客户的购买意向。“我们的营销总监明确了我们的漏斗中间环节。”可参考第 225 页的“TOFU”。

MoM（月增长率）

指的是月环比增长，可以用来衡量收益，也可以用来衡量用户数，还可以在增长速度不够快时说明增长期已结束。

MVP（最小可行性产品）

指的是仅具备基础功能使早期用户看到潜力的一种产品，能在不断反馈中进行迭代。

1.0 版产品：“这是最小可行性产品。”1.1 版产品：“不，这才是真正的最小可行性产品。”

N

NDA（《保密协议》）

指规定不允许分享保密材料的法律合同。在现实世界中，风险投资人总是把律师草拟的《保密协议》看得和律师本人一样毫无用处。“在 NASA 签订《保密协议》之后，我就拿到了最秘密的文件——变电站都是真实存在的。”

Negging（打压）

指刻意对潜在投资者或员工表现出恶劣的态度，让自己和公司看起来特别受欢迎，特别厉害，特别能赚钱。

艾利奇：“看，大家都想要投资我们，但却不停地贬低我们，总想把我们的价格压下去。但你要是跟他们争的话，他们就会更加肆无忌惮地贬低我们。你打压他们，他们也反过来打压你。”

Network Effects（网络效应）

指的是一位新成员加入网络，会给整个网络的价值带来指数级增长。“Tinder 的网络效应很厉害，一个‘小鲜肉’就吸引来了 50 位姑娘。”

Networking（商务社交）

指的是与别人接触，假装对他们做的东西感兴趣，希望在将来他们能帮到你的一种行为。更多建议参照第 26 页“商务社交的注意事项”。“看看我通过商务社交在领英上与多少人建立了联系。”

Nootropics（健脑药）

用于改善正常人认知功能、记忆力、创造力或动力的“智能药物”。

O

Onboard（入职报道）

指新员工报道，加入新公司。“今天我没法参加会议了，我正在给新员工办入职流程。”

P

Peer-to-Peer（对等网络）

指一种一个设备可以作为另一个设备的服务器，是允许设备之间共享文件的计算机网络结构。“布莱恩·切斯基是对等网络公司之父。”

Phantom Testing（假体测试）

通常在一家公司没有真实产品可以

进行测试，但又想要引导顾客产生消费意愿，取得市场信息时采取的行为。“假体测试是当今的开创性测试。”

Pivot（转型）

指的是一家创业公司改变了业务方向，但还保留着原来的团队。“我的创业公司从做咖啡外卖应用软件转型做了星巴克的咖啡师团队。”

Platform（平台）

通过为两个或两个以上的独立团队赋能从而产生价值的业务。“我们做的不是应用软件，而是平台业务，我们需要得到相应的待遇。”

Post-money（投后估值）

一家公司获得融资之后的价值，不能与公司资金用完时的情况相混淆。“乔的应用软件在拿到 300 万美元的天使投资基金之后，估值达到 1 300 万美元。”

Pre-IPO（上市前融资）

指一家公司在上市之前所做的融资。“最大的赢家是那些在公司上市前以上市前融资价格购入股票的私募股权基金。”

Pre-money（投前估值）

指公司在融资入账之前的估值，不要跟你赚到钱相混淆。“在获得 300 万的天使投资基金之前，乔的应用软件估值是 1 000 万美元，获得天使投资基金之后，估值就变成了 1 300 万美元。”

Pre-revenue（产生收益前）

指公司在产生任何收益之前的状态。“对产生收益前的公司进行估值是一门艺术，基本上是以员工人数乘以 10 个亿。”

Preferences（优先股）

指为投资者提供投资回报的优先权，并给予一定的回款保证。“他有 1 倍的优先股，所以如果他给一家估值 10 亿美元的公司投资 1 亿美元，但是这家公司最后以 5 亿美元的价格被收购，他仍然能保证得到 1 亿美元的回款。如果他有 2 倍的优先股，他可以得到 2 亿美元的回款。”

Price to Sales Ratio（市销率）

将公司的市值或估值除以收益所得出的比率。“我们公司的市销率是一个虚数。”

Profit Margins（毛利率）

净收益除以净利润得出的比率，毛利率可以显示公司利润与成本之间的关系。

风险投资人：“你能否说说怎么预测你们公司的毛利率？”

企业家：“我们公司实际上正在采用更加先进的计算方式，我们把它称为 Ebitdasmbper，即未计利息收入、税费、折旧费、分摊的成本、工资、营销费、福利、津贴、工程费和研发费，换句话说，就是支出前的收入。”

R

Rachet（棘轮条款）

针对投资者，特别是后期融资轮的投资者的反股权稀释条款，可以保护投资者的股权不受到未来融资的影响。“棘轮条款真是胡扯。”

Recurring Revenue（经常性收入）

具有持续性的营业收入。经常性收入包括与产品相关的一次性收入。比如，一家软件服务公司每月从客户那里得到固定收入，所以在客户停止使用这项服务之前，公司的收入是经常性的。经常性收入能让企业家和投资人安心睡好觉，不会常常做噩梦。

Retention（保持）

使人们与一家公司保持联系，不管是用户还是员工。“他们公司的保持率很可观，在音乐订阅服务这个领域，他们公司堪称主角。”

ROI（投资回报率）

投资回报率是一定金额的投资资本产生的利润或损失的百分比。“我们的投资回报率很高！”如果你是马克·库班，也就是电视剧《硅谷》中的角色鲁斯·韩奈曼这样的人物，那么 ROI 是网络广播（Radio on Internet）的意思。

Runaway Valuation（过高估值）

当几家风投机构同时参与投资一家公司时，公司估值有时会偏高。如果公司有被市场淘汰的可能，过高估值的可能性就会特别大。“很多家风险投资机构过于狂热，导致这家公司的估值过高。”

S

Scale（规模扩张）

指迅速扩张的能力。“你们公司在美国两岁儿童市场已经表现很好了，但是能否在中国两岁儿童市场上扩张规模吗？你们有基本的准备吗？”

Seed Round（种子轮资金）

用于帮助一家公司起步的早期资本。种子轮资金伴随着巨大的创业失败风险，但如果创业成功的话，它也会获得极大的回报。

Series A/B/C/D/E and later（A 轮、B 轮、C 轮、D 轮、E 轮和之后的几轮）

指在种子轮之后，公司的业务经过里程碑式的发展后出现的融资阶段。公司的估值通常一轮比一轮高，为了得到更多的投资机会，投资者需要付出更高的价格。“这家创业公司为了跟谷歌竞争，正在试图进行 26 轮私募融资，它的口号是：‘你能做 Alphabet，我也能做 Alphabet。’”

Sharing Economy（共享经济）

参见“对等网络”，共享经济是一种混合市场模式，指的是所有人共享产品和服务。“千禧一代恨不得共享一切，什么都不想拥有。”

SMB（中小型企业）

通常是一家员工不到 100 人的公司。“BDR 的 KPI 正在签署更多的中小型企业。”

Stealth Mode（隐身模式）

指的是一家创业公司退居幕后秘密研发的状态，不想引起别人关注，通常是为了躲避竞争者。“这家公司要么现在正处于隐身模式，躲避抄袭者、竞争者和客户，要么它已经失败了。”

SLA（服务等级协议）

服务提供商和用户在正式确定服务的情况下签订的协议，规定服务范围、服务质量和责任等内容。“我们还没有签服务等级协议，所以不用因为做不到找任何借口。”

Steve Jobs（史蒂夫·乔布斯）

上帝说：“史蒂夫·乔布斯，你已经上了天堂，你的大名令人敬仰。你的苹果手机一出现，竞争者统统失败，就像苹果公司在人间一样。”

Sticky（黏性）

用来表示能够留住用户的产品。“脸书就像狮子鬃毛做的假发一样，黏性很强。”

Stock Options（股票期权）

以期权的形式提供给员工的福利，可以以具体的价格进行交易，通常是用来长久地留住员工。“我很早就加入了Box，因此公司给我的期权很丰厚。我有资格以每股1.50美元的价格购买10 000股，3年后的今天，Box股票的市场价已经涨到了100美元，尽管Box股票现在价格达到了每股100美元，但我还是能够以每股1.50美元购买10 000股。当然，我要交资本利得税。”

Strategic（战略投资者）

指与自己投资的创业公司处于同一行业的公司。战略投资者对于创业公司有极大的诱惑力，而且战略投资者通常会给出更高的估值，并且给创业公司做信用背书。战略投资者也可能利用创业公司的不成熟，偷窃创业公司的最佳创意，或者直接把创业公司排挤出局。“因为通用电气处于能源行业，清洁技术企业必须得将通用电气作为战略投资者。”

Sunsetting（日落西山）

指一种产品或服务的消亡。“我跟几个老朋友喝了几瓶酒，抽了几根烟，看着谷歌+正日落西山，美丽又让人伤感。日落西山的不是谷歌+，是我。”

Syndicate（财团）

几家投资机构合作处理大型投资或交易而形成的松散联盟。“谷歌风投和基准公司组成了一个投资财团，共同迎接未来的创业公司。”

T

Takeunder（低价收购）

一家公司以低于市场价格发出收购要约，这是企业家不得已才接受的选择。“经过接连被告上法庭，这家公司最终同意被低价收购。”

TAM（潜在市场总额）

指的是根据产品可能对市场产生的影响，预估能够得到的收益额。“创始人都很棒，但这种产品的潜在市场总额太小了，世界上抽电子烟的女人就那么点儿。”

-tech（……科技）

表示创业公司所处行业或企业家涉足的行业的一个缩略词。常见的科技行业包括生物科技（Biotech）、教育科技（Edtech）、金融科技（Fintech），不过像农业科技（Agtech）这样的词出现的频率也越来越高。由于tech这个词在现实中几乎人人都在用，在一个行业名称后面加上tech显得有点儿多余，有点儿像一种“惊喜”。

路人甲：“你对什么感兴趣？”

路人乙：“教育科技是我的真爱。”

TED Talks（TED演讲）

TED演讲是一种备受千禧一代钟爱的大会，以简短有力的演讲形式为主，会议围绕科技、娱乐和设计三大主题展开。一些硅谷精英已经登上了TED的舞台。“你看过《关于性高潮你不知道的10个秘密》这场TED演讲吗？”

TOFU（瓶颈期）

指有意愿付费的用户数达到一定数量后不再增长。“我们现在碰到了瓶颈期，因为有意愿付费的用户数量还没有我们的员工人数多。”

Tourist（游客型投资者）

指并不专注于风险投资，但是会时不时地在私募股权市场进行投资，如投资共同基金、对冲基金或公司。“当我看到那家私募公司的人穿着夏威夷衬衫、屁股鼓鼓的，给 GrabTaxi 投了 3 亿美元，我就知道它是一个游客型投资者。”

Tweetstorm（推特风暴）

在推特上一条接着一条连续发布至少 10 条系列推文的情况。在硅谷因推特风暴而闻名的大牌推手包括马克・安德森和比尔・柯尔利，他俩也被称作硅谷版的宋飞和纽曼。

路人甲：“你今天看到马克・安德森的推特风暴了吗？”

路人乙：“哪条？是下午 3 点 10 分发的那条，还是下午 3 点 14 分发的那条？”

U

Ubercorn（优步独角兽）

指估值超过 100 亿美元的私营公司，优步独角兽这个词由优步的巨额估值引申而来。

路人甲：“有了汽车之后，人们就不骑马了。现在是马儿们杀回去的时候了，欢迎来到优步独角兽。”

路人乙：“不会只有特拉维斯・卡兰尼克才骑在马背上吧？”

UI（用户界面）

消费者在操作产品时看到的交互平台的设计。“Craiglist 的用户界面绝对是我在网络上见到的最差劲的。专家总喜欢评论一家创业公司的用户界面，但是市场最终会做出判断。不相信我们？那就看看声田吧。”

UX（用户体验）

消费者在使用产品时获得的体验。“爱彼迎的用户体验和用户界面都是顶尖级的。”

Unicorn（独角兽）

指估值超过 10 亿美元的私营公司。“独角兽是一种罕见的长着一只角的马，6 岁以下的小女孩梦中才会经常看到这种马。”

Unicorpse（独角尸）

指被市场淘汰的独角兽。“别看这几家独角兽公司都一起出现了，其中有几家注定是独角尸公司。”

Uniscorn（曾经的独角兽）

曾经自诩为“新一代最火热的公司”，最后落得让投资者都羞于启齿的一家独角兽公司。“可别再提韦伯万那家开在沙丘路上曾经的独角兽公司了。”

Unit Cost（单位成本）

一家公司每生产一个单位的产品而产生的成本。“本以为单位成本会随着时间不断降低，但实际上成本一直在攀升，因为受到了一些复杂因素的影响，比如游艇聚会。”

V

Value Add（增值）

指的是一家公司为了提升产品价格或价值而给用户提供的额外好处。“我的新款苹果手机有一个增值功能——我的梦中情人 Siri."

Venture Capitalist（风险投资人）

冒着高风险投资创业公司的投资者。年轻的风险投资人总是努力让自己看起来更老成，而年长的风险投资人恰恰相反。不过，他们有一个相同点，都穿卡其色衣服。企业家："看，这儿有一个风险投资人，他能给我们写张支票吗？"

Venture Debt（创业风险贷款）

在实现里程碑式目标之前，公司减少稀释资本看似不可理喻，但有可能是非常高明的做法。"为了实现 10 亿用户的里程碑目标，这家公司从城市国家银行借了一笔创业风险贷款。"

Viral（病毒）

用来形容企业指数级增长，通常全球性扩张的增长情况有这种网络效应的强大特征。病毒经常被误认为是一种性传播疾病，但这实际上是创始人最希望看到的情形。

W

Wantrapreneur（创业爱好者）

把自己吹得很厉害，认为自己能成为下一个马克·扎克伯格，会创立下一个脸书，却把自己的所有时间都花在浏览科技博客网站和看《创智赢家》节目上的那种人。

Warrants（股权认购权）

指在某段时间内以特定的价格购买股份的权利。创始人有时会暗中转移资本，或以不同类型的股权认购权做出欺诈性承诺。"这家公司用股权认购权来引诱投资者，允许他们以更低的价格来买这家公司的更多股份。"

Waterfall（瀑布）

指的是持续流动的资金。尽管瀑布意味着令人欣喜的稳定局面，但如果你身处资金瀑布的底部，你最好还是跳到瀑布顶端。"在一家私募股权基金公司中，投资者通常能收回投资资金，因为这种资金位于瀑布顶端。"

Work-life Balance（工作生活平衡）

把工作和生活区别对待的一种做法，在生活和工作中均衡地投入时间。硅谷人会问："什么是工作生活平衡？"

译后记

我开始写译后记的时候，满脑子都是“节物风光不相待，桑田碧海须臾改”这句诗。这句诗出自唐代诗人卢照邻的《长安古意》。卢照邻这首诗的前半部分极其有画面感，讲长安大道斜，讲青牛白马七香车，讲车盖上随风而顺的流苏，讲建章宫内的铜柱，讲翡翠颜色的被子，讲姑娘的发式和脸上的月牙妆，也讲行侠杀吏和芙蓉剑。

诗至后半部分，一句“节物风光不相待，桑田碧海须臾改”，道尽繁华富贵塌了一地，瞬间大变化。换成今天的话说，就是社会变化快，不确定性成常态。

从 2010 年看过去的 30 年，中国的快速发展和变化超出了人们的想象。从 2019 年看过去的 10 年，中国无论是创业者还是投资人，在世界范围内从模仿到领先，超出了人们的想象。现在是 2020 年 6 月，回看过去的几个月，疫情在全世界范围内的影响，超出了人们的想象。任何深度参与中国过去几十年进程的人，读《长安古意》看繁华起落无常，想起自己的努力和沉浮，都会用最直接的感叹词表达同意。

这本书说的是 21 世纪第二个 10 年的全球创投情况，书中盘点了全球几十个国家值得关注的公司、加速器、投资人、新兴市场。今天，书中盘点的公司、加速器、投资人有些已经发生了巨大变化，但是这本书依然值得大家去关注和阅读，原因有二。

- 体会变化：书中盘点的全球几十个国家值得关注的公司、加速器、投资人、新兴市场，有些已经发生了变化，大家需要关注的是这些公司、机构、投资人、市场是如何变化的，为什么会发生这些变化，变化背后的逻辑是什么，我们要去理解变化，去体会变化，去思考变化。
- 体会不变：这本书中最值得关注的是全球化的视野。 时间线拉长，整个人类的历史就是全球化加速的历史。在无穷的变化后，在长时间维度下，在世界相对和平的情况下，我个人认为全球化是一个不会变化的趋势。尤其是在当下，中国、中国的创业者和投资人正在全球化中逐渐产生更大的影响力。所有读到这本书的人都会被全球化影响，不同的是，你是如何参与其中。

最后，感谢中信出版社的信任，感谢李心怡在翻译过程中的专业协助。

参考文献

"10 Facts about Hamburg." Globalblue. Accessed December 13, 2016. http://www.globalblue.com/destinations/germany/hamburg/10-facts-about-hamburg.

"10 Facts About Hong Kong." USA Today. Accessed December 13, 2016. http://traveltips.usatoday.com/10-hong-kong-21270.html.w

"10 Facts about Tokyo." Globalblue. Accessed December 13, 2016. http://www.globalblue.com/destinations/japan/tokyo/10-facts-about-tokyo/#slide-4.

"10 Interesting Facts about Dubai." The Crazy Facts. August 23, 2014. Accessed December 13, 2016. http://www.thecrazyfacts.com/10-interesting-facts-dubai/2/.

"10 Interesting Facts About Hamburg." OhFact! December 02, 2016. Accessed December 13, 2016. http://ohfact.com/interesting-facts-about-hamburg/.

"10 Interesting Facts About Hong Kong." UNIGLOBE Direct Travel Ltd. Accessed December 13, 2016. http://www.uniglobedirect.com/view-vacation.html?id=10-interesting-facts-about-hong-kong.

"10 Unbelievable And Cool Facts About Detroit." Daily Detroit. June 12, 2016. Accessed December 13, 2016. http://www.dailydetroit.com/2014/12/01/10-unbelievable-cool-facts-detroit/.

"11 Cool Facts You Didn't Know About Dublin, Ireland." EscapeHere. Accessed December 13, 2016. http://www.escapehere.com/destination/11-cool-facts-you-didnt-know-about-dublin-ireland/.

"11 Facts About Nashville You Never Knew Were True." OnlyInYourState. Accessed December 13, 2016. http://www.onlyinyourstate.com/tennessee/nashville/nashville-facts/.

"11 Fun Facts about Nashville." A Southern Gypsy's Adventures. April 26, 2016. Accessed December 13, 2016. http://asoutherngypsy.com/11-fun-facts-about-nashville/.

"12 Fun Facts About Kuala Lumpur, Malaysia." Traveling with the Jones. Accessed December 13, 2016. http://www.travelingwiththejones.com/2014/12/10/12-fun-facts-about-kuala-lumpur-malaysia/.

"15 Interesting Facts About Jakarta." OhFact! July 05, 2016. Accessed December 13, 2016. http://ohfact.com/interesting-facts-about-jakarta/.

"15 Interesting Facts About Kuala Lumpur." OhFact! July 25, 2016. Accessed December 13, 2016. http://ohfact.com/interesting-facts-about-kuala-lumpur/.

"18 Facts About Pittsburgh You Never Knew Were True." OnlyInYourState. Accessed December 13, 2016. http://www.onlyinyourstate.com/pennsylvania/pittsburgh/fun-facts-pittsburgh/.

"20 Interesting Facts About Copenhagen, Denmark." Travel Inspiration 360. November 30, 2016. Accessed December 13, 2016. http://www.travelinspiration360.com/20-interesting-facts-about-copenhagen-denmark/.

"20 Reasons Lagos Is An Amazing Place To Live." Travelstart Nigeria's Travel Blog. October 03, 2014. Accessed December 13, 2016. http://www.travelstart.com.ng/blog/20-reasons-lagos-amazing-place-live/.

"20 Things You Didn’t Know about Salt Lake City." Matador Network. Accessed December 13, 2016. http://matadornetwork.com/trips/20-things-you-didnt-know-about-salt-lake-city/.

"20 Things You Didn’t Know about Salt Lake City." Matador Network. Accessed December 13, 2016. http://matadornetwork.com/trips/20-things-you-didnt-know-about-salt-lake-city/.

2016 Wilmer Hale IPO Report. Report. March 24, 2016. Accessed November 21, 2016. http://www.wilmerhale.com/uploadedFiles/Shared_Content/Editorial/Publications/Documents/2016-WilmerHale-IPO-Report.pdf.

"21 Facts About Vancouver You Probably Didn't Know." VGC International College. October 11, 2016. Accessed December 13, 2016. http://www.vgc.ca/21-facts-vancouver-probably-didnt-know/.

"22 Interesting Facts About Dubai That Are Larger Than Life!" Urban Cocktail. February 10, 2016. Accessed December 13, 2016. https://grabhouse.com/urbancocktail/interesting-facts-about-dubai-that-are-larger-than-life/.

"25 Things You Didn't Know About Philadelphia." Mental Floss. Accessed December 13, 2016. http://mentalfloss.com/article/55036/25-things-you-didnt-know-about-philadelphia.

"25 Things You Should Know About Copenhagen." Mental Floss. Accessed December 13, 2016. http://

mentalfloss.com/article/74685/25-things-you-should-know-about-copenhagen.
"33 Things You Probably Didn't Know About Detroit." Movoto. http://www.movoto.com/guide/detroit-mi/detroit-facts/.
"37 Things You Probably Didn' t Know About Salt Lake City." Movoto. Accessed December 13, 2016. http://www.movoto.com/guide/salt-lake-city-ut/salt-lake-city-facts/.
"50 Fun Facts about Moscow." Friendly Local Guides Blog. June 15, 2016. Accessed December 13, 2016. https://friendlylocalguides.com/blog/fun-facts-50-facts-about-moscow.
"50 Interesting Facts About Sydney." Sydney. Accessed December 13, 2016. http://www.weekendnotes.com/interesting-facts-about-sydney/.
"55 Interesting Facts about Hong Kong." Weekend Notes. http://www.weekendnotes.com/interesting-facts-hong-kong/.
Austin, Scott, Chris Canipe, and Sarah Slobin. "The Billion Dollar Startup Club." WSJ. Accessed November 21, 2016. http://graphics.wsj.com/billion-dollar-club/.
"The Best Colleges in America, Ranked." College Rankings and Data | US News Education. Accessed November 21, 2016. http://colleges.usnews.rankingsandreviews.com/best-colleges.
"Billie Jean King Quotes." BrainyQuote. Accessed December 14, 2016. http://www.brainyquote.com/quotes/quotes/b/billiejean121917.html.
Cogman, David, and Alan Lau. "The 'tech Bubble' Puzzle." McKinsey & Company. Accessed November 21, 2016. http://www.mckinsey.com/business-functions/strategy-and-corporate-finance/our-insights/the-tech-bubble-puzzle.
Commentary. "South Africa's Startups Are Turning out to Be the Silver Lining in a Struggling Economy." Quartz. January 25, 2016. Accessed December 14, 2016. http://qz.com/601736/theres-a-silver-lining-in-south-africas-startup-scene-even-as-the-economy-struggles/.
CrunchBase. "The CrunchBase Unicorn Leaderboard." TechCrunch. Accessed December 06, 2016. https://techcrunch.com/unicorn-leaderboard/.
Deloitte Research. Rethinking the Role of IT for CPG Companies. Report. Accessed November 21, 2016. https://www2.deloitte.com/content/dam/Deloitte/us/Documents/consumer-business/us-cp-rethinking-the-roleof-it-042512.pdf.
"Did You Know? Interesting Facts about Helsinki, Finland! - Tallinn Tours &." Tallinn Tours & Tallinn Shore Excursions. November 25, 2015. Accessed December 13, 2016. http://estonianexperience.com/blog/2015/11/20/know-interesting-facts-helsinki-finland/.
Ericsson Mobility Report. Report. Accessed November 21, 2016. http://www.ericsson.com/res/docs/2015/ericsson-mobility-report-june-2015.pdf.
Forbes. Accessed December 14, 2016. http://www.forbes.com/sites/bryanstolle/2014/07/22/vision-without-execution-is-just-hallucination/.
Frankfurt, Sprachcaffe. "GEOS Languages Plus - Vancouver." 10 Cool Facts About Vancouver. Accessed December 13, 2016. http://www.geosvancouver.com/visiting-vancouver/10_cool_facts_about_vancouver.htm.
Frankfurt, Sprachcaffe. "GEOS Languages Plus, Montreal." 10 Facts About Montreal | GEOS Montreal. Accessed December 13, 2016. http://www.geosmontreal.com/visiting-montreal/10-facts-about-montreal.htm.
"Fun Facts You Might Not Know About Montr é al!" Fun Facts You Might Not Know About Montreal. Accessed December 13, 2016. http://www.ishlt.org/ContentDocuments/2013AprLinks_MontrealFunFacts.html.
"Hamburg Startups, Led by FinTech, Catch up to Berlin Tech." Geektime. March 17, 2016. Accessed December 14, 2016. http://www.geektime.com/2016/03/17/fintech-dominates-among-hamburg-startups-as-the-city-catches-up-to-berlin-tech/.
"How to Start a Startup." How to Start a Startup. Accessed November 21, 2016. http://startupclass.samaltman.com/.
"Interesting Facts About Copenhagen, Denmark." USA Today. Accessed December 13, 2016. http://traveltips.usatoday.com/interesting-copenhagen-denmark-21406.html.
"Interesting Facts about Portland Oregon - AfterGlob." AfterGlobe. December 23, 2013. Accessed December 13, 2016. http://afterglobe.net/interesting-facts-about-portland-oregon/.
"Investors Have Learned from Nasdaq 5K." CNNMoney. Accessed November 21, 2016. http://money.cnn.com/2004/03/09/technology/techinvestor/lamonica/.
"Israel Startup Map." Mapped In Israel. Accessed November 21, 2016. https://mappedinisrael.com/.
"Jack Ma Quotes." BrainyQuote. Accessed December 14, 2016. http://www.brainyquote.com/quotes/quotes/j/jackma678619.html.
Kauffmann, Laura. "10 Astounding Facts You Didn't Know About Madrid." Culture Trip. Accessed December 13, 2016. https://theculturetrip.com/europe/spain/articles/10-astounding-facts-you-

didnt-know-about-madrid/.
Kharas, Homi. "The Emerging Middle Class in Developing Countries." OECD Development Centre, January 2010. Accessed November 21, 2016. https://www.oecd.org/dev/44457738.pdf.
"Martin Luther King, Jr. Quotes." BrainyQuote. Accessed December 14, 2016. http://www.brainyquote.com/quotes/quotes/m/martinluth106169.html.
McGee, Jamie. "Startup Dilemma: To Stay or Leave Nashville." The Tennessean. November 27, 2016. Accessed December 14, 2016. http://www.tennessean.com/story/money/2016/11/27/startup-dilemma-to-stay-or-leave-nashville/93450714/.
Meeker, Mary. "2016 Internet Trends Report." Kleiner Perkins Caufield Byers. Accessed November 21, 2016. http://www.kpcb.com/blog/2016-internet-trends-report.
Meena, Satish. "Consumers Will Download More Than 226 Billion Apps In 2015 | Forrester Blogs." Forrester Research. Accessed November 21, 2016. http://blogs.forrester.com/satish_meena/15-06-22-consumers_will_download_more_than_226_billion_apps_in_2015.
"Michelangelo Buonarroti Quotes." Goodreads. Accessed December 14, 2016. http://www.goodreads.com/author/quotes/182763.Michelangelo_Buonarroti.
National Venture Capital Association. National Venture Capital Association. Report. March 2016. Accessed November 21, 2016. http://nvca.org/research/stats-studies/.
PitchBook Data. Pitchbook Universities Report. Report. September 6, 2016. Accessed November 21, 2016. http://files.pitchbook.com/pdf/PitchBook_Universities_Report_2016-2017_Edition.pdf.
"A Quote by Abraham Lincoln." Goodreads. Accessed December 14, 2016. http://www.goodreads.com/quotes/328848-the-best-way-to-predict-your-future-is-to-create.
"A Quote by Steve Jobs." Goodreads. Accessed December 14, 2016. http://www.goodreads.com/quotes/513460-why-join-the-navy-if-you-can-be-a-pirate.
"Quotes." John Wayne. Accessed December 14, 2016. http://johnwayne.com/legacy/quotes/.
Schwaff, Angelika. "Fun Facts Hamburg." – MEININGER Hotels. December 11, 2014. Accessed December 13, 2016. http://www.meininger-hotels.com/blog/en/fun-facts-hamburg/.
"Screw It, Let's Do It." Virgin. December 12, 2015. Accessed December 14, 2016. https://www.virgin.com/richard-branson/books/screw-it-lets-do-it.
S&P Global Market Intelligence. Accessed November 21, 2016. www.capitaliq.com.
"Startupquote." Startup Quote. November 20, 2010. Accessed December 14, 2016. http://startupquote.com/post/1624569753.
"Startups Solving Indonesia's Big Problems Are Next $1b Company: Investors | Jakarta Globe." Jakarta Globe. Accessed December 14, 2016. http://jakartaglobe.id/tech/startups-solving-indonesias-big-problems-next-1b-company-investors/.
"Sydney to Launch Precinct for Thousands of Entrepreneurs as NSW Commits $13 Million to Startups – StartupSmart." StartupSmart. December 02, 2016. Accessed December 14, 2016. http://www.startupsmart.com.au/news-analysis/sydney-to-launch-precinct-for-thousands-of-entrepreneurs-as-nsw-commits-13-million-to-startups/.
Teare, Gen é , and Ned Desmond. "Female Founders On An Upward Trend, According To CrunchBase." TechCrunch. May 26, 2015. Accessed November 21, 2016. https://techcrunch.com/2015/05/26/female-founders-on-an-upward-trend-according-to-crunchbase/.
"Ten Fun Facts about Sydney, Australia." UDrive Car Hire Blog. July 01, 2014. Accessed December 13, 2016. http://www.udrive.com.au/blog/facts-about-sydney-australia/.
"Tokyo – 9 Facts About the Most Fascinating and Bizarre City in the World." Just One Way Ticket. February 19, 2013. Accessed December 13, 2016. http://www.justonewayticket.com/2013/02/19/tokyo-9-facts/.
"Top 10 Unbelievable Facts About Dubai." TheRichest. Accessed December 13, 2016. http://www.therichest.com/rich-list/the-biggest/top-10-unbelievable-facts-about-dubai/.
"Top 100 Inspirational Quotes." Forbes. Accessed December 14, 2016. http://www.forbes.com/sites/kevinkruse/2013/05/28/inspirational-quotes/#783f8c7d6697.
"Tweetwars: The Social Challenge in Twitter 'capital', Indonesia." Reuters. February 12, 2016. Accessed December 13, 2016. http://www.reuters.com/article/us-twitter-indonesia-idUSKCN0VK2LP.
"Venture Capital Database." CB Insights. Accessed November 21, 2016. https://www.cbinsights.com/.
Weinstein, Louis. "Bay Area to Standard American English Translator." McSweeney's Internet Tendency. Accessed November 21, 2016. https://www.mcsweeneys.net/articles/bay-area-to-standard-american-english-translator.
"Why Vancouver? Start-up Tips from Grow Conference." Hootsuite. Accessed December 14, 2016. http://www.slideshare.net/hootsuite/why-vancouver-startup-tips-from-grow-conference.
"Yahoo Finance – Business Finance, Stock Market, Quotes, News." Yahoo! Accessed December 14, 2016. https://finance.yahoo.com/.

图片来源

Page 2, Dallas City skyline at sunset, Texas, USA, dibrova/Shutterstock.com; Waterfront views of Tel Aviv, Dance60/Shutterstock.com; Tokyo cityscape and Mountain Fuji in Japan, jiratto/Shutterstock.com; New York City skyline with urban skyscrapers at sunset, USA, ventdusud/Shutterstock.com; MUMBAI, INDIA—17 JANUARY 2015: Chhatrapati Shivaji Terminus at sunset. It serves as headquarters of the Central Railways, Paul Prescott/Shutterstock.com. Pg. 3, Traditional old buildings in Amsterdam, the Netherlands, S. Borisov/Shutterstock.com; Dusk Chinese ancient buildings under the sky background (Nanchang Poetic), gyn9037/Shutterstock.com; Downtown Atlanta, Georgia, USA skyline, ESB Professional/Shutterstock.com; London at night with urban architectures and Tower Bridge, ESB Professional/Shutterstock.com; Nashville, Tennessee, USA downtown skyline on the Cumberland River, ESB Professional/Shutterstock.com. Pg. 4, Pioneer Hotel, Ryan Demo/GSV Asset Management. Pg. 5, Michael Moe Headshot, Ryan Demo/GSV Asset Management. Pg. 11, GSV 4P Star, GSV Asset Management. Pg. 12, Silicon Globe, GSV Asset Management. Pg. 16, An expansive panorama of the South San Francisco Bay area including the downtown San Jose skyline from Coyote Peak, Jeffrey T. Kreulen/Shutterstock.com; Pg. 17, The Founder, Ryan Demo/GSV Asset Management; The Investment Banker, Suzee Han/GSV Asset Management. Pg. 18, The Engineer, Suzee Han/GSV Asset Management; The Lawyer, Nick Franco/GSV Asset Management. Pg. 19, The Venture Capitalist, Suzee Han/GSV Asset Management; Pair of road cycling shoes on white background, badins/Shutterstock.com; Blue male leather loafers pair isolated on white background, Yevgen Romanenko/Shutterstock.com; Mens summer brown leather sandals isolated on white background, andregric/Shutterstock.com, Athletic shoes, Albanili/Shutterstock.com, Male person with hairy legs, walking towards, against white background, Arve Bettum/Shutterstock.com. Pg. 22, STANFORD, CA/USA—NOVEMBER 11: view of historic Standford University campus seen on November 11, 2013, California, USA, turtix/Shutterstock.com; Stanford Logo, Stanford University. Pg. 24, The Old Pro, Ryan Demo/GSV Asset Management. Pg. 25, Bucks in Woodside, Li Jiang/GSV Asset Management; Rosewood Sandhill, Li Jiang/GSV Asset Management; ; Village Pub, Suzee Han/GSV Asset ManagementPhilz, Ryan Demo/GSV Asset Management. Pg. 26, CHICAGO—FEBRUARY 8: A Toyota Prius C on display at the Chicago Auto Show media preview February 8, 2013 in Chicago, Illinois, Darren Brode/Shutterstock.com; Hong Kong, China Feb 6, 2013: Tesla Model S Electronic Car test drive on Feb 6 2013 in Hong Kong, Teddy Leung/Shutterstock.com; Contemporary Car Elegance Vehicle Transportation Luxury Performance Concept, Contemporary Car Elegance Vehicle Transportation Luxury Performance Concept/Shutterstock.com; Metal model car with a sun roof, HSNphotography/Shutterstock.com; ISTANBUL, TURKEY—MAY 21, 2015: Land Rover Range Rover in Istanbul Autoshow 2015, EvrenKalinbacak/Shutterstock.com; SANTAGATA BOLOGNESE, BOLOGNA, ITALY—JAN 20—Toy Lamborghini hurricane on white background, Tuesday 20 January 2015, Hetman Bohdan/Shutterstock.com; Horse and nice vintage coach with big yellow wheels. Isolated on white, cosma/Shutterstock.com; black sport bike on a white background, MiloVad/Shutterstock.com; DETROIT—JANUARY 13: The BMW M2 Coupe on display at the North American International Auto Show media preview January 11, 2016 in Detroit, Michigan, Darren Brode/Shutterstock.com. Pg. 29, Google Maps. Pg. 31, View from Alamo Square at twilight, San Francisco, prochasson frederic/Shutterstock.com. Pg. 33, Judgmental Map of Silicon Valley, GSV Asset Management; Judgmental Map of San Francisco, GSV Asset Management. Pg. 34, San Francisco Cable Car on California Street, November 13 2015, San Francisco USA, Pung/Shutterstock.com; Island and lake, Ashton Burton/Shutterstock.com; Mason Street houses, San Francisco, Gary Denham/flickr.com. Pg. 35, GSVlabs Building, Krista Paolella/GSVlabs. Pg.36, 2015 Pioneer Summit Team, Krista Paolella/GSVlabs; Joe Lonsdale at 2017 Pioneer Summit, Krista Paolella/GSVlabs. Pg. 37, Bill Campbell Power Pose, GSVlabs. Pg. 38, Office Slide Edited, Ryan Demo/GSV Asset Management; Donut Table, Li Jiang/GSV Asset Management; Trailer Home in Office, Li Jiang/GSV Asset Management. Pg. 39, Ping Pong Chandelier, Li Jiang/GSV Asset Management; Chess and Fooseball, Chegg; Office Bar, Li Jiang/GSV Asset Management; Coursera Wall, Coursera; Chegg Chair, Chegg; Flexport Cubbies, Li Jiang/GSV

Asset Management; Couches, DogVacay; Putt Green, Chegg; Bunk Bed, Chegg; Bear and Bag, Chegg; Oval Office at Github, Li Jiang/GSV Asset Management. Pg. 40, Top Accelerator Map, Suzee Han/GSV Asset Management. Pg. 41, Spotify Logo, Spotify. Pg. 42, Facebook Logo, Facebook. Pg. 43, Twitter Logo, Twitter. Pg. 44, New York City skyline with urban skyscrapers at sunset, USA, ventdusud/Shutterstock.com. Pg. 47, Portrait of senior business man with ostrich egg, Rayman/Gettyimages.com; Hot Dog Truck, NYC, Tony Fisher/Flickr.com; Istanbul, Turkey – 15/06/2014: street musicians are present in a lot of streets of Istanbul and tourists are accompanied by their music during the visit of the city, COLOMBO NICOLA/Shutterstock.com; SEGOVIA, SPAIN – DECEMBER 12TH 2015: group of Asian tourists taking photographs, Kike Fernandez/Shutterstock.com; Attractive female freelancer hold smart phone while sitting at wooden table front open computer in modern coffee shop,young creative woman work on laptop while having breakfast on terrace, flare sun, GaudiLab/Shutterstock.com; Taxi Driver, Jim Pennucci/Flickr.com. Pg. 49, Downtown Los Angeles, California, ESB Professional/Shutterstock.com; Pg. 50, Snapchat Logo, Snapchat; Pg. 51, Tinder Profile, GSV Asset Management; Tinder Picture, GSV Asset Management. Pg. 53, Facebook Logo, Facebook; Groupon Logo, Groupon; Yahoo Logo, Yahoo; Twitter Logo, Twitter. Pg. 54, Snapchat Guide, GSV Asset Management; Snapchat Shot, GSV Asset Management. Pg. 55, Downtown San Diego at night, S.Borisov/Shutterstock.com. Pg. 59, Golden Gate at dawn surrounded by fog, Francesco Carucci/Shutterstock.com. Pg. 61, PALO ALTO, CA 9 NOVEMBER 2013 Considered the birthplace of Silicon Valley, the garage where Hewlett–Packard was founded is now a museum listed on the National Register of Historic Places, EQRoy/Shutterstock.com; Google bicycle, akoppo/Shutterstock.com; Satellite dish pointed to the sky, sp.VVK/Shutterstock.com; MENLO PARK, CA—MARCH 18: A sign at the entrance to the Facebook World Headquarters located in Menlo Park, California on March 18, 2014. Facebook is a popular online social networking service, Katherine Welles/Shutterstock.com; LOS ALTOS CA / USA NOVEMBER 12: Famous house with garage where Steve Jobs and Steve Wozniak assembled their first computer the Apple I in 1976, turtix/Shutterstock.com. Pg. 64, London at night with urban architectures and Tower Bridge, ESB Professional/Shutterstock.com. Pg. 66, LONDON—AUG 3: Interior of pub, for drinking and socializing, focal point of the community, on Aug 3, 2010, London, UK. Pub business, now about 53,500 pubs in the UK, has been declining every year, Bikeworldtravel/Shutterstock.com; London city skyline silhouette background, Ray of Light/Shutterstock.com. Pg. 73, Dusk Chinese ancient buildings under the sky background (Nanchang Poetic), gyn9037/Shutterstock.com; Shanghai skyline with historical Waibaidu bridge, China, dibrova/Shutterstock.com. Pg. 79, Jack Ma Headshot, Alibaba Group. Pg. 82, China Map, GSV Asset Management. Pg. 84, Bill Campbell, GSV Asset Management; Steve Jobs, WikiCommons; Donna Dubinsky, GSVlabs; Marc Benioff, Salesforce; Ron Johnson, GSVlabs; Tim Cook, Apple. Pg. 85, Bill Campbell, GSVlabs; Justin Kitch, GSVlabs; Marc Andreessen, Andreessen Horowitz; Eric Schmidt, Alphabet; Jeff Bezos, Amazon; Danny Shader, GSVlabs; Mike McCue, ASU GSV Summit; Dan Rosensweig, ASU GSV Summit; Ben Horowitz, Andreessen Horowitz; Larry Page, Alphabet. Pg. 86, Chicago skyline. Chicago downtown skyline at dusk, Pigprox/Shutterstock.com. Pg. 88, PayPal logo, PayPal; University of Illinois Logo, University of Illinois. Pg. 89, Lollapalooza Logo, Lollapalooza; EPIC logo, EPIC. Pg. 90, Berlin skyline panorama during sunset, Germany, Mapics/Shutterstock.com. Pg. 92, Rocket Internet logo, Rocket Internet; SoundCloud logo, SoundCloud; U8 logo, U8. Pg. 93, Waterfront views of Tel Aviv, Dance60/Shutterstock.com. Pg. 96, Israel Map, GSV Asset Management. Pg. 100, View on Eiffel tower at sunset, Paris, France, S. Borisov/Shutterstock.com. Pg. 102, Paris 11 April 2015: facade of the cozy cafes in Paris, yari2000/Shutterstock.com. Pg. 103, Europe Map, GSV Asset Management. Pg. 104, Toronto skyline at night in Ontario, Canada, Javen/Shutterstock.com. Pg. 106, Hack the North Logo, Hack the North. Pg. 108, view of Austin, Texas downtown skyline, f11photo/Shutterstock.com. Pg. 110, AUSTIN, TEXAS—FEBRUARY 3 2014: Bars, restaurants and other businesses in the Sixth Street Historic District, a major tourist destination that is listed in the National Register of Historic Places, Stephen B. Goodwin/Shutterstock.com. Pg. 112, BANGALORE INDIA—MARCH 3: Bagmane Tech Park is a software technology park equipped with all modern class facilities and is surrounded by a pond near the entrance. On March 3, 2011 Bangalore, India, Noppasin/Shutterstock.com. Pg. 115, India Map, GSV Asset Management. Pg. 116, Sundar Pichai Headshot, Alphabet; Indra Nooyi Headshot, Pepsi; Shannon Narayan Headshot, Adobe; Satya Nadella, Microsoft. Pg. 117, Most famous bridge in the city of Sao Paulo, Brazil, Celso Diniz/Shutterstock.com. Pg. 120, CARNIVAL RIO DE JANEIRO—FEBRUARY 19: Samba School parade float at the Sambadome February 19, 2012, in Rio de Janeiro, Brazil. The Rio Carnival is the biggest carnival in the world, Leanne Vorrias/Shutterstock.com. Pg. 121, explosion nuclear bomb in ocean, Romolo Tavani/Shutterstock.com. Pg. 124, Seattle Skyline, TomKli/Shutterstock.com. Pg. 126, Singapore city skyline, Singapore Marina Bay cityscape at night, Noppasin/Shutterstock.com. Pg. 128, Traditional old buildings in Amsterdam, the Netherlands, S. Borisov/Shutterstock.com. Pg. 130, Denver Skyline with City Park in Foreground at Sunset, Albert Pego/Shutterstock.com. Pg. 132, The White House on a beautiful summer day, Washington, DC, ESB Professional/Shutterstock.com. Pg. 134, Downtown of Miami, Florida, USA, ESB Professional/Shutterstock.com. Pg. 136, MUMBAI, INDIA—17 JANUARY 2015: Chhatrapati Shivaji Terminus at sunset. It serves as headquarters of the Central Railways, Paul Prescott/ Shutterstock.com. Pg. 138, Downtown Atlanta, Georgia, USA skyline, ESB Professional/Shutterstock.com. Pg. 140, Bongeunsa Temple in the Gangnam District of Seoul, Korea, ESB Professional/ Shutterstock.com. Pg. 142, Gamla Stan (old town) at night in Stockholm, Sweden, Mapics/Shutterstock.com. Pg. 145, Vinod Khosla, ASU GSV Summit. Pg. 147, Ron Conway, GSV Asset Management. Pg. 148, Humayun' s Tomb, New Delhi, India, saiko3p/Shutterstock.com. Pg. 150, Dallas City skyline at sunset, Texas, USA, dibrova/Shutterstock.com. Pg. 152, DUBLIN, IRELAND—APRIL 1: Grattan Bridge in Dublin, Ireland on the evening of April 1, 2013. This historic bridge spans the River Liffey in Dublin, Ireland, littleny/Shutterstock.com. Pg. 154, Downtown Dubai, zohaib anjum/Shutterstock.com. Pg. 156, Evening view of Pittsburgh from the top of the Duquesne Incline in Mount Washington, Pittsburgh, Pennsylvania, ESB Professional/Shutterstock.com. Pg. 158, Minneapolis. Image of Minneapolis downtown at twilight, Rudy Balasko/Shutterstock.com. Pg. 160, The Saint Joseph Oratory in Montreal, Canada is a National Historic Site of Canada, Click Images/Shutterstock.com. Pg. 162, Independence Hall in Philadelphia, Pennsylvania, f11photo/Shutterstock.com. Pg. 164, Vancouver at night, Dan Breckwoldt/Shutterstock.com. Pg. 166, Salt Lake City, Utah, Andrew Zarivny/Shutterstock.com. Pg. 168, Sunset over Victoria Harbor as viewed atop Victoria Peak, Ronnie Chua/Shutterstock.com. Pg. 170, Skyscrapers by the water in Detroit, Joseph Sohm/Shutterstock.com. Pg. 172, Tokyo cityscape and Mountain Fuji in Japan, jiratto/Shutterstock.com. Pg. 174, Panoramic aerial view of Gran Via, main shopping street in Madrid, capital of Spain, Europe, Matej Kastelic/Shutterstock.com. Pg. 175, Sunrise View of Portland, Oregon from Pittock Mansion, Josemaria Toscano/Shutterstock.com. Pg. 178, Panoramic cityscape of Indonesia capital city Jakarta at suny day, Aleksandar Todorovic/Shutterstock.com. Pg. 180, Draper Family, Draper Family. Pg. 181, Socrates,ancient greek philosopher, Anastasios71/Shutterstock.com; Lab, researcher, research, Billion Photos/Shutterstock.com; ST. PETERSBURG, RUSSIA—MARCH 24, 2016: Chief curator of the Literary Museum Ksenia Chudakova holds the presentation for tour operators and media representatives, Lilyana Vynogradova/Shutterstock.com; JULY 10, 2008—BERLIN: the wax figure of Albert Einstein—opening of the waxworks Madame Tussauds, Unter den Linden, Berlin, 360b/Shutterstock.com; prophets of Congonhas / prophets / prophets of Congonhas, lucas nishimoto/Shutterstock.com. Pg. 182, Australia Sidney City CBD close up view over harbour waters at sunset dark sky and reflections of city lights in blurred water, Taras Vyshnya/shutterstock.com. Pg. 184, landscape of kuala lumper, zhu difeng/Shutterstock.com. Pg. 186, Scenic summer evening panorama of the Old Port pier architecture with tall historical sailing ships, yachts and boats and Uspenski Orthodox Cathedral in the Old Town in Helsinki, Finland, Scanrail1/ Shutterstock.com. Pg. 188, Nashville, Tennessee, USA downtown skyline on the Cumberland River, ESB Professional/Shutterstock.com. Pg. 190, Scenic summer view of Nyhavn pier with color buildings, ships, yachts and other boats in the Old Town of Copenhagen, Denmark, Scanrail1/Shutterstock.com. Pg. 192, Hamburg- Speicherstadt. Image of Hamburg- Speicherstadt during twilight blue hour, Rudy Balasko/Shutterstock.com. Pg. 194, Moscow, Russia, Red Square view of St. Basil' s Cathedral in winter, Reidl/Shutterstock.com. Pg. 196, Close up detail of skyscrapers the business district of Johannesburg—Aerial view of modern buildings of the skyline in South Africa biggest city with South African flag painted on structure walls, View Apart/Shutterstock.com. Pg. 198, Lagos Nigeria, Bill Kret/ Shutterstock.com.